ファッションと東アジアの近代

劉建輝
西村真彦
森岡優紀
編

法藏館

口絵1　2010年、北京で行われたコシノヒロコ氏によるファッションショーの衣装、水墨画を意識して「アジア」を全面的に出したデザインとなっている。

口絵2　戦前、「つづみ錦紗」という大阪の織物会社が自家製品宣伝用に発行した絵葉書、昭和期の着物のデザインや色合いをよく表わしている。

口絵３　大正・昭和時代、「朝鮮風俗」の代表の一つとしてたびたび登場する妓生（キーサン）の絵葉書、どうやらチマチョゴリは彼女たちの「正装」にもなっていたようである。

口絵4　月份牌（カレンダー）に描かれた1930年代のファッションリーダー、女優陳雲裳の旗袍（チャイナドレス）姿（杭穉英作）、当時の旗袍のもっとも典型的なデザインである。

はじめに

　東アジア、つまり日韓中三国の近代を考える時、われわれは往々にして、政治や経済、軍事などの側面からその「西洋化」の度合いを基準に、三者の間で「先進」と「後進」、ひいては「文明」と「未開」（ないしは「野蛮」）と序列を付けたがる。

　たしかに、明治以降、日本はいち早く西洋の諸制度を取り入れ、その見事な「模倣」を通して、わずか数十年で「近代化」を達成し、一躍西洋諸国と肩を並べる「文明国」となった。一方、韓国も当初はさまざまな紆余曲折があったが、結局、日本を始めとする列強の圧力に屈してやむなく「開国」し、その後は日本による植民地支配のもとでいわゆる「植民地近代化」が進み、多大な苦しみを強いられながらも多くの「近代性」を獲得し、戦後の発展につなげた。

　このような日韓に対し、中国はというと、二回にわたるアヘン戦争の例を挙げるまでもなく、西洋との接触こそもっとも早かったが、たびたび悲惨な敗北を喫したにもかかわらず、その諸制度をめぐる受容が遅々として進まず、清王朝末期以来、歴代政権によってさまざまな「改革」を繰り返してきたが、未だに多くの古き「慣習」を残したままで、いわゆる「近代国家」になったとはなかなか言えない。

　日韓中に対するこうした世間一般の認識はけっして間違いではない。いや、「近代化」をめぐる「先進」と「後進」という視点から見れば、おおむねこの「序列」の通りだろう。ただ、このストーリーはそう簡単に纏められないところもある。例えば、文化の側面からこれを検証する場合、三者の間に相当な齟齬が見られ、場合によっては、一部の「反転」現象さえ確認できる。そして、本書で取り上げている三国の服飾・装飾文化はまさにその典型的な事例にほかならない。

本書の中で、井上章一氏が、日本人男性の洋装化が早く始まったのに対し、女性は長らく伝統を守り、戦後の高度成長期まで和装を貫いたという従来の「常識」を確認した上で、下着の着用に注目し、日本人女性はおよそ一九三〇年代後半からすでにパンツを穿き出したが、男性はこれに随分遅れて、大体二〇世紀半ば頃まで「褌」を締め続けていた事実を検証し、むしろ男性の方は日本伝統の「保守」者だったと指摘する。

井上氏のこの近代日本服装史の構図を逆転させた奇抜な「発見」を敷衍して、例えば日韓中三国の近代ファッションを観察した場合、われわれはより大きな文化的構図の中でこれと類似する「逆転」や「反転」現象を幾つも見付け、前述した東アジアにおける先進と後進の「序列」を覆すことができる。

近代に入って、日本、続いて韓国はかなり早い段階から服装の近代化をはかり、礼服、軍服、公務員服、学生服などを洋装化した。これに比べて、中国の服装改革は一向に進まず、一九二〇年代にようやく「服装条例」を制定し、その近代化に乗り出した。ただその際に、日本や韓国のように、男性は洋装、女性は伝統衣装（着物、チマチョゴリ）を温存したのと違い、男性は「中山服」（孫文が最初に提案した中国式洋装）、女性は「旗袍」（チャイナドレス）という伝統を活かした新しい服装を生み出したのである。とりわけ「旗袍」は従来の満洲族女性の「袍服」をベースとして、これに西洋女性のドレスを合体させたような形で考案され、女性の「正装」として確立して以来、今日まで愛用され続けている。

近代化はそのまま「西洋化」ではなく、むしろそれを「内面化」し、伝統を堅持しながら自らの革新を目指すべきだと言われて久しい。多くの面で日韓に後れを取った中国はこの「旗袍」の存在によって、少し従来の構図を「逆転」させたとは言えないだろうか。

また、逆方向ではあるが、本書冒頭の鼎談で登場されるコシノヒロコ氏の活動も「西洋」と「東洋」の間で一種の「逆転」をもたらしている。コシノ氏は西洋発祥のファッションに幾多の「東洋」的要素を注入し、まさに「東西融合」という形でその真の意味の「近代化」を促した。世界トップのデザイナーとなったゆえんである。

本書では、われわれの従来の「常識」を覆した事例はこの他にも多々紹介、分析されている。いずれも東アジア、ひいてはグローバルな視点とその間の比較から得た新知見である。

「逆転」、「反転」事例満載の本書をぜひ読者の皆さまに手に取ってご覧頂きたい。

国際日本文化研究センター教授、総合研究大学院大学教授　劉建輝

ファッションと東アジアの近代

目次

口絵
はじめに……i
鼎談「世界に翔く日本のファッション――過去から未来へ」
コシノヒロコ、井上章一、劉建輝 1

日本

……47
Chapter 1 褌の近代――ジェンダー分析への新視点 井上章一（国際日本文化研究センター）……48
Chapter 2 セーラー服の普及と生活文化――女子生徒の持ち物と身体感覚の変化
刑部芳則（日本大学） 60
Chapter 3 「誰」がモダンガールか？――モダンガールのリアリティ、可視化、そして、「モダンガール写真」 斎藤光（京都精華大学・マンガ学部） 89

韓国……119

Chapter 4　洋服の導入と大韓帝国の服飾政策　李京美（韓京国立大学）……120

Chapter 5　近代女性のチョゴリの形態美と生地の変遷　崔銀水（前・国立民俗博物館学芸研究官）……138

中国……157

Chapter 6　近代日本と中国の装いの交流——制服、ファッションをめぐって　劉玲芳（東京大学東洋文化研究所・学振ＰＤ）158

Chapter 7　近代上海服装史　卞向阳（東華大学）……182

Chapter 8　国際化の観点から見る中国旗袍及びその流行の変遷　劉瑜（東華大学）……214

Chapter 9　清朝宮廷旧蔵品から見るソロン毛皮文化の変遷　多麗梅（故宮博物院）……235

付録

「国際日本研究」コンソーシアムについて　257
設立の趣旨と経緯　258
会員機関一覧　259
ロンドン大学アジア・アフリカ研究学院（SOAS）——日本研究センターと日本学関係のプログラム
佐藤＝ロスベアグ・ナナ（SOAS）　262
パリ・シテ大学社会人間学部東アジア言語文明学科——パリから発信する国際日本研究の歩みと現在
臺丸謙（パリ・シテ大学、東アジア文明研究センター）　266
北京日本学研究センターの教育・研究・国際交流について
郭連友（北京外国語大学北京日本学研究センター）　270
編集後記　272
執筆者・編著者一覧　274

鼎談「世界に翔く日本のファッション
——過去から未来へ」

二〇二三年一〇月一三日

コシノヒロコ、井上章一、劉建輝

劉建輝

井上章一

コシノヒロコ

劉　それでは、世界でご活躍なさっているコシノヒロコ先生を迎えて、井上先生と私が質問する形で進めていきたいと思います。実は先ほど開催の前に、先生とちょっと雑談し、三人で大いに盛り上がりました。きょうは今までのご活動について、また、先生のファッションに対するお考えなども伺えると思います。一応、井上先生と二人で質問を用意したのですが、お話次第で少し展開が変わってくるかもしれません。

最初は、先生の幼少時代、またお母さまの存在についてのお話になるかと思います。皆さん、ご存じかと思いますけれども、二〇一一年度のＮＨＫ連続テレビ小説『カーネーション』でモデルとなられた、コシノ先生のお母さまでありますす小篠綾子様が、戦前から戦後にかけてデザイナーとしてご活躍されたわけですね。そのお姿に多くの方々が多大な感動を覚えたはずです。先生に対して様々な影響のあったお母さまですので、やはりそこからまずお話を伺いたいと思います。

コシノ先生との先ほどのお話では、もちろん影響もあったでしょうけれども、ご反発もあったそうで、その辺りも含めて、ぜひまず語っていただきたいと思います。既に先生はいろんなところで語ってこられたと思うんですが、きょうは外国からの方も多いので、申し訳ないですが、あらためてお話しいただければと思います。どうぞよろしくお願いします。

コシノ　どうも、きょうはありがとうございます。コシノヒロコでございます。よろしくお願いいたします。私が子どもの頃については、ちょうど『カーネーション』でも出てきて、いろいろご紹介していただいておりますけれども、正直言って、私は母がやっていることに対して、決して憧れていたのではなくて、むしろ反抗的だったんです。実は小さいときから一番興味があったのは絵を描くことだったんですね。私の祖父が非常に美意識の高い人で、呉服屋さんをやっていたんですけれども、そのおじいちゃんの影響で私の美意識が育ったと。歌舞伎や文楽やいろんなきれいなものを小さいときからたっぷり見せていただいて、今、クリエーションの中で非常にどこかほとばしってくるのが、子どものときに得たその美意識で、確実に私の血になり肉になっているんですね。

母の影響というのは、その頃、ちょうど五歳、六歳、物心が付いたとき、遠足とかに行くときにはすごくかわいい洋服を作ってくれるっていうぐらいで。母がやっている仕事は、若いお縫い子さんが地方のほうからやって来て、うちに寝泊まりをしながら、お盆とかお正月とか忙しいときには毎日、徹夜ですよね。何日もそういった状態でお洋服を作っているんです。洋服を作るということは、人さまを美しくするためですから、お客さまはとても喜んでいらっしゃいます。けれども私から見ますと、母のやっている仕事に対して、なんでこんなに人が楽しむための犠牲にならなきゃいけないのだという頭しかなかったんです。ですから、洋裁はもう絶対にやりたくないと思っていました。

それともう一つは、海外からの直接の情報はそんなになくて、その辺にあるスタイルブックを見て、いわゆるコピーをしてお洋服を作っている。独自のデザインで洋服を作るという次元ではないんですね。とにかく作り上げるだけで、その技術ということを提供するだけで十分に通用した時代ですから。じゃあ、母のこと、お母ちゃんと言いますけれども、お母ちゃんの独自のアイデアは何なのって言いたくなるようなことを、私の目の前でいつもやってるんです。実は私がデザイナーになるきっかけは、そういったことに対する反発があったんです。決して人のものまねじゃなくて、自分独自のものを作りたい。そうでないと駄目じゃないっていうのが高校時代。むしろ、絵を描くことに専念しているが故に、洋裁という、洋装店のやっている仕事っていうのは、私にとっては決して魅力的な仕事ではなかったんです。

劉　ありがとうございます。反発からデザイナーを目指されたと。多分、当時は洋裁店が相当珍しくて、一種の過渡期的なものですから、そういう流行を意識しながらやっていくのは、ある意味で当然なんですけれども、それでも先生はご不満だったわけですね。

コシノ　そうですね。まず呉服屋という一つの背景がおじいちゃんの時代にあって、そこからミシンというものが導入されて、ミシンを使って洋服を縫い上げるということがすごく多くの人たちの興味を引いたわけです。手でちくちくやるんではなくてミシンでもって、あっという間に洋服ができる。ですから、たくさんご注文いただいても、クリアしていけるわけでしょう。だから、お母ちゃんにとってはもう面白くて、どんどん注文を受けていた。

いってみれば呉服の世界から洋服の世界に移るさなかに、うちの母なんかが活躍をして、そして着物の世界から、ちょうど終戦の前ですから、着物を全部もんぺに作り替えましたよね。そのもんぺにするにしても、ミシンがあったから、あっという間に作れた。そういうことから、恐らくファッションという流行的なものには全く関係なくて、今、毎日、着るということ、自分の体を保護するというぐらいの感覚でしか考えられなかったんですけれども、やはりさすが女性ですよね、そういう状態の中でも本当に自分らしいおしゃれをしたいという気持ちが切々と、母の話から感じられるんです。そういうのに引きずられて、母もやはり、ものづくりをしてたんではないかなと思うんです。それはそれとして素晴らしいなと私は思うんですけれどもね。

井上　私が子どもの頃、一九六〇年代の初め頃ですけれども、女性がよく読まれる雑誌には、付録として洋服の型紙が付いていて。

コシノ　ありましたね。

井上　ご家庭でもお裁縫はできますよというお手本が、いろんな雑誌にあったと思います。私は子どもだったので気が付いていなかったんですけど、洋裁学校も各地にありましたよね。

コシノ　そうですね。

井上　その意味では、戦前から手掛けておられたお母さまのお仕事は先駆的でいらっしゃったと思うんです。その後に花開くことを多分、相当ご苦労なさり、先取りしておられた。

コシノ　母はちゃんとした学校には行っていないんですよ。『カーネーション』にも出てきましたが、ミシンを売る人がいて、そこにミシンで洋服を作ることが非常に上手な女性がいて、その人の影響で、祖父が何とか洋裁をうちの娘に教えてやってくれないかというようなことがあって、母はその女性からミシンを習うんです。祖父は、その代わり私はお謡いをやっているから教えますということで、交換条件だったんです。私はその頃はまだ生まれていないので分かりませんけれども、お母ちゃんはどうしてもミシンが欲しかったし、扱えるようになりたかった。それから洋服という形にするようになってきたわけですが。

井上　ミシンが各家庭に普及する前のお話ですよね。

コシノ　そうです。

井上　ちょっと話の角度がずれるかもしれませんが、私は関西人なんですよ。関西の身びいきをしたく思うのであえて申し上げます。二〇世紀の初め頃から大阪が工業都市になって発展しました。大阪の町中に工場の煙突がたくさんできます。それで大阪のお金持ち、特に船場の呉服屋さんなんかは、それ以後家族をみんな阪神間へ移転させます。奥さんや子どもたちは阪神間、芦屋とか岡本で暮らして、自分は仕事の現場である大阪の船場に残り続けるということがあったと思います。船場のおうちでは、ごりょんさんも、いとはんも、こいさんも、あまり表には出なかったんです。家長、父が君臨していて、あまり外に出るなという抑制がはたらきました。だけど阪神間に移って、お父ちゃんのいない状態が月曜から土曜まで続きます。家長の目はなくなり、しかも船場と違って世間の目がありません。世間をこれからこしらえるという辺りですから。そんな地域で最初に、日本のモード文化は花開いたと思います。
　というのは、東京の雑誌を見ていて時々、見かける言葉なんですが、大阪洋行や上方洋行という言葉がある。上方って大阪や京都のことなんですが、大阪は東京と比べると上海に近いわけです。上海に一九二〇年代のパリモードが入っていたんです。

コシノ　関西のほうが近いですからね、上海に。

井上　はい。そのパリモードがまず神戸、大阪にたどり着くわけです。大阪へ行って学ぶことが手軽な洋行だと、手軽なヨーロッパ旅行だと見なされた時代がありました。ただ、お母さまの、お店を開かれた場所は確か、岸和田ですか。

コシノ　岸和田です。

井上　ひょっとしたら大阪洋行とまで言われた阪神間の文化が、こんな言い方はちょっと失礼になるのかもしれないけど、岸和田には届いていなかった。どうでしょうか。

コシノ　そういうことはあまり関係なかったんじゃないかなと思います。確かに芦屋マダムのファッションというのが素晴らしいっていうのは、もちろん当然、聞いているんでしょうけど、具体的にあまり交流はないんですよね。

芦屋にお金持ちのお嬢さんや奥さまがたくさんいらっしゃって、そしてぜいたくなきれいなお洋服をどんどん求められる。その当時、田中千代先生がちょうど芦屋に開校されているんですね。田中先生は皇室関係のお仕事もなさっていらっしゃって。私は何か自分の意識の中では、田中先生がやはり日本のファッションの先駆けではないかなという感じがいたします。そういう方のアドバイスもあって、芦屋マダムの人たちのファッションにとって、非常に新鮮な内容のいいものをお召しになるようなチャンスになったんじゃないかなと。

岸和田で仕事している母の場合は、そういったことよりも、むしろ近所のおばちゃんやお嬢さんがみんな、洋服を作って作ってって言って、同じ形で同じ布のバリエーションで作っていくというようなタイプですから、とにかくちょっとでも新しい要素が欲しかったと思います。そして面白いことには、フレアスカートを発明したと言うんです。円の中に人間が立つ

と、ひゅっと広がって、これ、面白いスカートだなということで、「お母ちゃんはフレアスカートを発明したんやで。そしてすごいでかい水玉模様のフレアスカートを作ったら、みんなそれをすごく喜んで、私もそれ欲しいという人ばかりで。もう世の中、岸和田近辺は水玉のスカートで埋まったというぐらい」と言っていました。それは『カーネーション』のドラマにも出てきましたけれども。だから、どっちかっていうと大衆、近所の人たちと集まって、そこから始まったみたいなところがあるんですね。

井上 面白いですね。私も家政学、あるいは服飾史の人から田中千代さんのお名前は聞くことがあります。多分お偉い方だったんだと思います。その方がまず芦屋に学校を作られたというのは、やはり芦屋が始めるにふさわしい場所だと思われたんでしょうね。

コシノ そうでしょうね。一番、女性がそういったことを求めるようなマーケットだったんでしょうね。そこに開校することによって、たくさんのお弟子さんを入れて、お洋服の作り方を教えていったのかなと思います。

井上 芦屋が、大阪が、一時期は洋装モードの、いわば先進基地だったのに、今はもう間違いなく東京ですよね。

コシノ 今の芦屋はなんか古くさいコンサバティブなおばさんがいっぱいいて、決して新しいとは言えませんけれども。逆にその時代の確執みたいなものが今ずっとそのままつながっていて、私のスタイルはこうよっていうふうに独自のものを持っていらっしゃるんだけれども、どうも私にとってはクラシックで、非常にコンサバティブな感じがするんですね。頑固にそれを押し続けている人が結構、多いんです。私の印象ですけど。

井上　分かります。だから、かつての先端モードの保存地区みたいになっているんですね。

コシノ　そういう感じ。

井上　私はまだ関西の可能性を信じたい。例えば神戸コレクションとかにエールをおくりたいという思いもあるんですが。でも趨勢を見ていると、やっぱり中心は東京だなというふうにも思います。コシノさん自身、多分オフィスは今、東京に置いてらっしゃるんですよね。

コシノ　はい。

井上　大阪が、あるいは阪神間がまだ輝いていたのは、いつ頃までだと思われます?

コシノ　私がスタートしたときには、もうどちらかというと東京中心。まず基本的にマスコミ関係が圧倒的に東京中心で、関西のほうのマスコミはそれにつながっているって感じで。例えば一つの企画を考えても、予算が東京と関西では全く違うんですよね。ものづくりに対する予算の掛け方が全然、違う。それぐらい、関西のほうがかなり遅れていた。

私はデザイナーとして、関西、大阪からスタートしているんですけど、東京に行きましても、「ああ、あなた、大阪のデザイナーね」っていうふうな言われ方をしていました。大阪であっても東京であっても関係ない、そういう目で見られるっていうのは嫌だなと思って。

じゃあ、そういうコンプレックスを解消するために、海外でやっちゃおうと。日本人って変なのは、海外で何か事を起こすと信じるんですよね。日本の中で何か一生懸命やって、これだけのものを作ったって言ってもあまり理解してくれない。でも海外の人が、これ、すごいとか何とかって言うと、一遍にそれを信じちゃうんです。独自性のない民族という意味ではないんですけれど、やはり日本だけでは自分のやりたいと思うことはやれない。

井上　おっしゃっていただいてありがとうございます。私たちも京都の郊外にいるんですが、目指しているのは国際日本研究です。すごく価値観を分かち合えたと思います。

コシノ　私は国際的に通じる仕事をしたくて、ローマでオートクチュールのコレクションをやることになったんです。それも大変にラッキーなチャンスでした。イタリアで毎年一人若いクリエイターを発掘するという企画があって、『ハーパーズ バザー』とか『コスモポリタン』の社長や、そして別に生地のメーカーも経営していた方なんですけど、ジュゼッペ・デラ・スキアーヴァというおじさんがいて、私に目を付けてくださった。最高の白羽の矢が立ったという感じなんですね。その人から、ローマでコレクションやらないかと。お金は全部出すから、生地も作ってやるから。だから、生地のテキスタイルなんか全部デザインをしろ。そして流通は伊藤忠がやるからっていうことで、本当に素晴らしいプレゼントをいただいた。

今から考えると、あのコレクションが私の人生の中で最高に充実したコレクションだったなと思うんですけれども、初めてローマでコレクションを発表したんです。オートクチュールです。生地自体、どういうテキスタイルを作るか、海外の人たちがやっているような服を作るんじゃなく、日本人である私でないとできない服を作って持っていかなければ、みんな驚かないだろうと。オートクチュールとはいえ、その頃のデザイナーはミラ・ショーンとかヴァレンティノとかですね。まだアルマーニとかフェレは出ていませんでした。

そのとき私は、日本には素晴らしい文化があることを見せたかった。ヨーロッパには洋服という歴史はいっぱいあるんだけれども、その洋服に憧れてコピーをしているのが現状の日本なんだけれども、私はそれを持っていったって絶対に勝てないと思った。何を私の武器とすべきかっていうなら、子どものときから徹底的に見た歌舞伎や、日本の伝統芸能。日本には着物という素晴らしい文化があり、それを一つの下敷きにしながら、新しい世界をつくればいいんじゃないかなということを考えたときに、四季という一つの世界に思い至りました。四季という環境の中で、日本人はそこから新しいデザインをどんどん作り上げていったわけです。旬みたいなものですね。これは衣服においてもそうですけれども、お料理においてもそうだし、インテリアにおいてもそうだし。日本文化の底では、四季が本当に重要。ということで、私はそれを集中的に勉強して、コレクションとして自分の作品を持っていったんですね。

作品の内容的には、平面からの発想です。日本は紙文化だから。だから立体、いわゆる石を削ってものを作っていくような建築ではなくて、フラットなものの重なり方、折り紙みたいなものですけれども、そういうデザインの基本的概念が、ヨーロッパの人たちと全然違うわけですよね。それがわれわれの本当に大切にしていかなきゃいけないことなんじゃないかなっていうことを思い付いたわけです。

まだ三〇代そこそこで海外でやるなんていうのは、実にプレッシャーがかかったんですよ。だけど、このプレッシャーをクリアするには、結局そこしかなかったんですね。

井上 ショーアップされたステージだと洋服と着物が混ざったような衣装、作品はあり得ると思うんですが、日本人の暮らしを見ていると和服と洋服はありますが、あまり中間服を見かけないですよね。だけど、中国には清朝のチーパオと洋服を溶け合わせたチャイナドレスが一定程度、普及していると思います。私たちはステージ衣装はともかくとして、日常着に和洋の溶け合ったものを着てこなかったような気がするんですが、こういうことはどうお考えでしょうか。

コシノ 着物は着物、洋服は洋服というふうにはっきり分けて考えていますね、今でもね。

井上 分けて考えているので、これは中国のたどった服飾史の在り方と違うところだなと思うわけです。

コシノ 中国とは違いますね、そういう意味ではね。日本の場合は、私がやろうとしてきたこともそうですが、いわゆる洋服の世界の中に新しい風を吹かせたかった。チャイナドレスのような、あそこまで普及するようなことはできないかも分からないけれども、デザインっていうのは本当に千差万別、毎年どんどん流行があって、変わっていくわけですけれども、そのたびごとに、やはり底辺になるものは何かという基軸ですね。この軸として絶対的なものを持って、そしてどんなに世の中が移り変わろうが、私の好きなものはこれなのよというのを、何とか持ちこたえながらやっていきました。それがいわゆるステージ衣装といわれるものになっているんですけれども。

特にローマでコレクションをやったときに、海外の人たちがスタンディングオベーションになるぐらいにすごい絶賛されたんですけれども、それを日本に持ち帰ったとき、皆さんから「これ、どこで着るの？こんなの日本じゃ着れないじゃない」といった答えしか返ってこなくて、全然、プレスも相手にしてくれなかったですね。その状態から極端に日本に入れたために、確かに抵抗があったと思います。けれども、この考え方はファッションの一つの流れの中に必ず起こってくるだろうと、その後、その考え方を決して曲げずにずっとやってきたというのが私のやり方だったんですけど。これも小さいときから歌舞伎を見たり、いろんな日本の古いものを見せていただいたおかげで、私の持っている美意識自体が、やはり一般的な皆さんが着る洋服の中にも生きている。

例えば、きょう着ている私のこれ。これで一つの結びなんですね。帯から来るアイデアです。その帯の結び方一つを見ても、素晴らしいフォルムなんですよね。いろんな形で結べる。着物は着方によってどんなシルエットも出せる。これほど素晴らしい世界はないですよ。けれども、それは確かに着る人の能力によって表現できるんだけれども、誰でもやれるわけじゃない。じゃあ、それだったら良い部分を洋服という形にして出せばいいじゃないというのが私の考え方です。

井上　分かりました。私なりに受け止めると、和服、着物はあまりに完成されているので、日常着として崩していく装いがなかなか普及しなかったということなんでしょうね。

コシノ　近頃、着物をね、なんか足をぴゅっと出して、そしてフリルの付いた帯を巻いたりとか、京都を歩きますといろんな着物のスタイルを見られますよね。あれもやはり一つの時代だと思いますね。

井上　ゆくゆくはチャイナドレス的な着物ができるのかもしれませんね。

コシノ　そうかも分かりません。

劉　両先生、どうもありがとうございます。コシノ先生はヨーロッパで一九七〇年代や一九八〇年代に、本当に衝撃的なデビューを飾られました。少し後ですけれども、パリの美術館でファッションと絵画を合体させるような作品の展示もあったわけですね。

これからちょっと別の話題に入りたいと思います。実は先生はヨーロッパでご活躍された当時、アジアの各地にもいらっしゃって、中国や韓国、台湾などでもご活動されたわけですね。この中国に関しては後でまたいくつかご質問させていただきたいんですけれども、実は私は服装に関して非常に恥ずかしい思いをしたことがあるんですよ。ちょうど四〇年前に私が、国費派遣留学で日本にやってきたんですけれども、当時はまだ人民服の時代ですね。国の派遣ですから、ちゃんとした背広で一張羅を作って行けと言われたんです。

確か、普通のサラリーマンの年収くらいの金をもらっていたと思います。ただ、お金をもらったのはいいんですけども、全然、周りに背広を作れる人がいませんでした。うちの母がいろいろ探して、満州国時代に洋裁したことのある人を見つけて、それで作ってくれって頼んだら、もう四〇年以上、作ったことないと。ずっと人民服を作ってきていて、もう背広の作り方は忘れたと。無理して作ってもらったら、満州国ばりばりの、襟の短い軍服みたいな背広を作ってくれて、私はそれを着て日本にやって来たわけです。そしてうちの先生と会ったら大笑いされましてね、おまえ、どこからそれを拾ってきたのって言われました。

井上　ちょっと口を挟みますけれども、劉さんは今や満州研究の第一人者です。そんな劉さんの人生に満州の名残が届いていたんですね。

劉　満州国には協和（会）服というものがあったんですが、それに似た背広を着てきたんです。それはともかく、先生は一九八四年に初めて上海にいらっしゃって、ちょうどそのときは中国の改革開放の時代で、海外に対してまだ知識がなかった。もちろんファッションなんて全く未知の世界でした。まさにこの人民服の町の中に、ファッションを持ち込んでいくっていうのは中国全土で非常に衝撃だったと思います。

コシノ　そうですね。

劉　先生がショーをやられた錦江飯店は、調べたらとんでもないところで、これは、戦前からある「ブロードウェイ・マンション」という名前の建物なんですね。上海の最高級の場所です。当時、いかに国を挙げて先生のショーを大事にしていたかっていうことがよく分かります。残念ながらほとんど写真が残っていないんですよね。

コシノ　そうなんですよね。

劉　探してもなかなかなくてね。当時の様子を少しご紹介いただけますか。

コシノ　実は、パリコレを一九八二年から始めているんです。そのときの作品は、上海の絲綢公司を通じて、刺しゅう関係などを全面的に中国でやったんです。中国で刺しゅうをやっている若いお嬢さん方が、とにかく二四時間、たくさん働いている。もちろん三交代ですけれども。ですから、大量にやるにも特殊なものをやるにも技術がすごいんです。それほどの技術の一部をわれわれの作品の中に取り入れて、パリコレをやったんです。その刺しゅうが本当に素晴らしいので、パリでも受けたんです。

自分たちが、世界の人たちを喜ばせるぐらいの仕事をやっているという意識が、あの人たちには全然ないんですよ。彼女たちがただ言われたとおりに淡々とやっている刺しゅうが、これほど世界の人たちを魅了しているのよ、という。そういう意味で、彼女たちに自分たちの仕事の価値を理解していただくために、これは中国で私のショーを見せなければ駄目だなと思ったんです。

ちょっと大変だなと思ったエピソードがあります。全員がどこに行っても人民服を着ていますよね。車もありません。自転車で走っています。おトイレに行っても外から見えるような怖いようなトイレだし。錦紅飯店に大きい丸いボールルームがありまして、そこでコレクションをすることになったんです。私が日本から一二人のモデルを連れて行きました。中国でもモデルをやれそうな、きれいな人たちをオーディションで選んで、全部で二二人のモデルさんを使ってやることになった。

作品を持ち込んで、フィッティングと呼ぶ衣装合わせをいたしますね。彼女たちは、ぴしっとガードルのようなものとブラジャーをしていて、体を固めているんですね。日本の場合はその頃からノーブラという、自然の体を美しく見せる洋服がかなり進んでいましたから、その観念でブラジャー取ってくれない？と言ったら、泣きだすんですね。そんなこと私、できない、と。それを説得して、とにかくやりました。そして今度は歩き。纏足という歴史がありますね。歩き方がちょこちょこで、全部こういう形で歩くんですよ。どうしても、すっすっと、まっすぐ前に足が出ないんです。これじゃ洋服がきれいに見えない。それで中国のモデルさん方に、日本から連れて行ったモデルを先生にして歩き方を教える。

そしてリハーサルを八回やりました。その八回のリハーサルの間に、整理券を持って八〇〇人、入るんです、一回にね。たくさんの工場の女工さんとか、皆さんがいらっしゃる。解放軍の軍人さんたちもいっぱいいらっしゃる。八回のリハーサルも見に来るんです。八回っていうから、八〇〇人×八回＝六四〇〇人。それで本番が三回。その三回は本当にＶＩＰばっかりですよね。

そうすると皆さん、口を開けて、あんぐりした感じで見るわけですよ。一台、電視台テレビが入っておりまして、この電視台テレビを通じて中国全土に流したんですね。中国始まって以来の非常に大きいステージを組んでやったショーですから、もう皆さん、びっくりで。地方では一台のテレビで二〇〇人から三〇〇人が見るんです。それで私のファッションショーを中国全土で見られる形になったわけですね。

その当時の市長が汪道涵先生だったんですね。この方が上海のその後の発展に対して非常に大きな力を持っていらっしゃった方で、私のこのショーをご覧になって、「新しいものが、新しい風が窓から吹き込んできても、必ず風だけではなくて悪いウイルスだとかいろんなものが入ってくる。でも、それを怖がっちゃいけない。そういうことを考えないで、どんどん前向きに上海をこれから変えなきゃいけないんだ」っていうことで。私たちが何日もかけて船で持ち込んだ機材を、竹を組みまして台を作って、そこに置くわけです。汪道涵先生はその機材を、こういうものが上海に全然ないので、全て残していってくれと言うんですよ。そういうわけにいかないんで、取りあえず一部、置いてきましたけれども。そういった新しいものに対しては非常に貪欲に取り入れたいっていう気持ちがあったみたいです。そのウイルスじゃないけれども、数年後に天安門事件が起こった。若い人たちのいわゆる改革、そういう一つのきっかけになったのかも分かりませんね。

劉　そうですね。実はほぼ同時期に、フランス人デザイナー、ピエール・カルダンも来たんです。しかし北京で三〇人ほどの小さなショーしかやっていなかった。

コシノ　そう。ＶＩＰの方を三〇人くらい呼んで、ちっちゃなショーをやったらしい。

劉　ですので、先生の場合はテレビ中継はもちろん、リハーサルまでみんな見に来るっていうのが多分、初めてのことで、その影響力はすごかったと思います。実は、その翌年あたりに中国もファッションモデルを育てるために、何人か日本に留学させたんですよ。確か神戸あたりに来て、いろいろ勉強していたらしいです。ちょうど私が日本に来たばっかりのときでした。

井上　劉さんも、じゃあ、モデルさんと一緒に神戸へ来られた？ 最初の留学先は神戸大学ですよね。

劉　いや、私は単にうわさで聞いただけで、中国からモデルが来たよみたいな。そういうこともあって、コシノ先生の影響はその時点に限らず、実はずっと続いていったと思います。先生はその後も断続的に上海、また北京にも来られたわけですから、その影響は今日まで続いていると思います。先生は、先ほどヨーロッパの場合もそうですけども、単にファッションだけではなくていろんな要素を融合させるとおっしゃいました。非常に感心したと言ったら失礼ですけども、私が特に面白いと思ったのは二〇〇七年にマイケル・ナイマン氏と一緒に、音楽とファッションを融合するイベントをなさったことですね。この辺り、何かお話しなさることはありますか。

コシノ　オペラハウスっていう素晴らしい場所が上海にできたんです。私がショーをやってから、これ、何年後になるのかな。

劉　だいぶ後ですね。

コシノ　もう見違えるほど変わっているんです。たったこれだけの時間の間に、上海ってここまで世界が変わったかなと思うくらいに。私がショーをやりました錦紅飯店は、その後確かホテルオークラになったんですね。あっという間にこの上海のあの変わりよう。その中で再びわれわれのショーを持っていって中国の人に見ていただくためには、今度は中国のバレリーナと日本のモデル。そしてそこでイギリスからマイケル・ナイマンを呼んで音楽。この三つどもえの面白いコレクションをやろうじゃないかということになりまして、またちょっとセンセーショナルなショーをやったんですね。

劉　すごく新鮮だったんだと思います。だから上海はとても縁が深かったわけですけども、その後北京でもこういうファッションショーをやっておられ、それで北京服装学院から名誉教授に任命されたのですね。

コシノ　そうです。台湾にも行きましたね。台湾と北京と同時にやってるんですね。それをきっかけとして、台湾と北京で服飾大学を持っているところから同時に名誉教授というお役目を頂戴しました。

劉　今、スクリーンに二〇一〇年に行われた北京のショーの様子が、映し出されておりますが。

コシノ　これ、全部、中国のモデルさんですよ。

劉　そうですか。もうこの時点になると、日本から連れて行かなくても大丈夫になったわけですね。

コシノ　そうです。モデルになりたいっていう人がいっぱいいましたからね。

井上　一点だけ、確かめさせてください。一九二〇年代には上海が東アジアにおけるパリモードの輸入拠点だったんですよ。大阪阪神間のモード人も、上海へ勉強に行ったんですよ。当時の上海にはモデルさんもいたと思います。文化大革命に原因があるんだろうとは思うんですが、もうコシノさんが行かれたときには、片鱗もなかったということでいいんですよね。

コシノ　でしょうね。

井上　それがコシノさんの訪中後ほどなく、すっかりよみがえったという辺りに、これは言い過ぎかもしれないけれども、やはり上海はモードの拠点だったという歴史があるからということは考えてもいいものでしょうか。

コシノ　ええ。やはり中国の中では、上海が一番。北京は政治的に非常に重要な場所なんですけれども、上海はいわゆる服飾であるとか芸術であるとか文化であるとか、そういったことに対して非常に力を入れているところです。われわれにとっては上海のほうがとても魅力的。北京でもやったんですけど、とても硬いんですよね。中国の首都ということもあってか、非常に政治的には強いところなんです。そういう意味では受け入れてくれるところは上海のほうが素晴らしかったですね。

井上 それでも日本では首都東京のほうがいいんだろうな。

コシノ そう。

劉 その点は中国とちょっと違うかもしれませんね。

井上 今、中国のモデルさんはミラノでもパリでもすごくたくさん見かけますよね。

コシノ もう世界的にそうですよ。

井上 どう思われますか。

コシノ 今、一つのブームとして東洋的なフェイスのモデルが、意外とヨーロッパでも絶対的にもてるんです。日本人のモデルももちろんそうですし。いわゆる能面のような美しさっていうか、やはり非常にミニマルな美しさっていうのかしら。そういうものをヨーロッパの人たちは、非常に美しいと感じられると思います。もちろんわれわれも大好きなんですけど。日本のファッションの中にそれを取り入れるよりも、むしろヨーロッパのほうから取り入れていくという。私はちょっと悲しいかな。

井上　外見にこだわるルッキズムというのは今、批判の刃を受けるんですが、覚悟の上であえてお尋ねします。ファッションデザイナーさんとしたら服を際立たせたいわけだから、あまりに顔立ちに主張がありそうなモデルさんは、ちょっと使いづらいなと思われませんか。

コシノ　いや、違うんですよ。洋服っていうのは、ヘアスタイル、顔、それから洋服、靴、持ち物、全部トータルで表現していかなくちゃいけない。ですから、コレクションをやる前は、必ず今回のメイクはどういうメイクにしようか、ちょっと能面のメイクやってみようかとか、考えるんですね。もう何年もいろいろやってきましたけれど、トータルでの表現なんです。

井上　分かりました。決まりきった型があるわけではなく、ショーのテーマごとにそれは変わるわけですね。

コシノ　そうです。そのテーマをいかに伝えるか、洋服だけではなくその全てを伝えることによって、コレクションの思想を分かってもらえるということですね。

劉　先生はファッションのためのファッションではなくて、むしろ非常に理念的なものを込めてずっとやってこられたと感じます。先生が二〇一五年、二〇一六年と連続して中国の季刊誌『Japan Premium 日本自遊行』に登場されたときも、特に理念のことを語っておられたわけですね。西洋に対して東洋的なものをいかに取り入れてファッションという世界をつくっていくかというお話だったんですね。

ここで少し話題を変えましょう。先生は書道もやっていらっしゃいますし、水墨画もお描きになる。デザイナーとしてのお仕事と、そういう画家としてのお仕事において、両方とも非常に伝統を意識される。中国のもの、日本のもの、それぞれの伝統。そういう融合を常に意識されて作品を作っていらっしゃいますが、その辺りについて何かお話しいただけますか。

コシノ　はい。私にとってはファッションもアートも音楽も全部、一つなんです。どうも世の中は、音楽は音楽ですよ、アートはアートですよ、ファッションはファッションね、っていうふうに、分けて考えることが多々あるんです。けれども、われわれデザイナーは、いろんな場面で基本は自分のファッションを見せるんですけれども、どのような音楽・環境で見せていくかというトータル的な考え方によって、何倍もの効果が出るわけです。その効果のためというよりは、私の中にそういった全てが入っているからこそ、表現のやり方が非常に多様的になっていくというか。

たまたま私は絵を描くということに子どものときからずっと興味を持っていて、むしろ洋服のデザイナーになるなんて思ってもみなかったぐらいに、私は絵描きになるんだって考えていました。そういう中で初めて東京に出たときに、筆を使ってスタイル画を描きました。実は一年に何百枚と描いたんです。そのときに東洋人の独特のテクニックですけど、筆を使って表現する面白さを再発見しました。文字に筆を使うのは恐らくヨーロッパにはないと思います。東洋人の独特のテクニック、それを絵だとか絵画、それから文字、そして洋服のテキスタイルデザイン、私は全て取り入れることになったんです。

私は長唄を九歳からやっておりまして、長唄三味線の師範なんです。ただ伝統芸能を見せるだけじゃなしに、アーティスティックな背景が入ることによって演目をもっと若い人たちにも分かってもらえるようなことができるんじゃないかと思って、実は何年か前、所属している杵勝会の全国大会を歌舞伎座でやりましたときに、舞台背景美術を担当しました。背景に私の絵を全面的に出して、回り舞台でどんどんシーンが変わるたびに、絵が、だっと降りてくる。

私の傘寿祝いの会のときに、直接墨で絵を描いた洋服の写真を拡大して背景にしたんですね。この雰囲気の中で洋服とアートが一緒よ、みたいな形。そこにパーティーがあって、そこに音楽があって、長唄があってお客さまが来て、お酒を飲んで、お食事を食べ

© 株式会社ヒロココシノ

て。そしてそのお食事もお箸にもアートがあって、そして出てくるしつらえも全部、和と洋のミックスというふうに。私が出したいというファッションのコンセプト、全てこの会の中で表現した。

井上　総合芸術と言えますか。

コシノ　そう。

井上　昔のワーグナーが志したような。オペラは音楽だけではない。舞台、そして客席まで含めた全部が芸術だというのがワーグナーの志だったと思います。

コシノ　そうですよね。

井上　それを御自身で三味線までね。

コシノ　そうですね。先日、東京の国立劇場で三双の屏風を背景に置きまして、長唄『喜三の庭』っていう演目で使いました。先ほどの拡大写真の洋服は、布じゃなくて紙なんです。紙の上に直接、墨を使って筆で描いている。ちょっとこういったパフォーマンスをやって、やはり墨の美しさっていうものが、洋服の中ではどんなふうに活かされるか、こういう形で表現してみたんですね。

このデザイン、見ていただいたら分かるんですけど、全部フラットな面を折りたたみながら付けていっているんです。いわゆる折り紙的な発想でこのデザインをしたんですね。墨を使って折り紙的な発想でフォルムを作ったもののなかで、これが私の最も代表的な作品です。兵庫県立美術館で三か月、ちょうどコロナの真っ最中に展覧会をやったときの作品です。

劉　日文研の学問の目標は、学際的と国際的なんですよ。学際的っていうのは全ての学問をジャンル横断的に一緒に入れて考える、考察する。それと同時に海外のことも意識する。まさに先生と同じ趣旨です。紙、音楽など全ての素材を使って一つの作品にする。こういうふうに日本の要素も中国の要素も、いわゆる東洋的なものを全部融合するというのは非常に素晴らしいと思います。

コシノ　この真ん中の打ち掛けはオペラの『蝶々夫人』のときに描いたものなんですけれど、これも黒の布は紙で作った布、紙布なんですね。

井上　それも、楮の和紙ですか。

コシノ　糸自体を紙で作っていて、それを織っていくわけですね。

井上　なるほど。

劉　北京のときも、墨の要素をかなり入れておられましたね。

コシノ　山水画ですね。もう、一筆で、さーっと描いちゃうんですね。

劉　多分そういう発想は中国には全然なかったですね。山水画を体にまとうというのが。

コシノ　中国に行くと山水画の素晴らしい作品をいっぱい見られますよね。私はあれに影響されましたね。

劉　中国も実は「外圧」に弱いんで、先生のこういう試みがあると多分、まねする人が出てくると思うんです。

井上　でも、いい話やん。コシノさんは上海で暮らす人たちのファッション意識を変えはったと思うんですけど、コシノさん自身も中国で山水画を取り入れてみようというふうな、相互交流がね。

コシノ　そうですね。中国に行けば行ったで、やはり中国の素晴らしい文化がたくさんあって、たくさん面白い筆を買ったり、はんこを買ったり、欲しいものがいっぱいあります。

劉　自著の宣伝で申し訳ないですが、「支え合う近代」だったわけですね（劉建輝『日中二百年――支え合う近代』武田ランダムハウスジャパン、二〇一二年）。こちらの歌舞伎が全面に出たデザインもびっくりしたんですけど。

コシノ　そうですね。体操日本代表のユニフォームは、二〇一〇年からずっとデザインをしてますね。今、パリでのオリンピックのためのデザインがちょうど終わったところです。

劉　次を見ますと、これは東アジアよりも中東あたりのような感じですが。

コシノ　そう。中東に対しても私は非常に思いがありましてね。四〇年以上前ですかね。アフガニスタンに撮影で四〇日間くらい入っているんですよ。その辺りからフォークロアっていういわゆる民族衣装に対する考え方にとても興味があって。アフガニスタンに行ったときは非常に衝撃的でしたね。あの美しさっていうのは何十年も昔にタイムマシンで、ぽーんと昔に帰ったような感じなんですけれども。ちょうど日本がプレタポルテといって大量生産に入ってきた時代なんです。私がアフガニスタン行ったときは、一点一点の、女の子が着ている洋服、こんな小さな小切れを全部パッチワークして絶対に捨てないで自分の中に、体の中に全部、取り込んで、この洋服が私のすべての財産よ、みたいなところがあって、なんていう世界だろうと思ったの。

　確かにオートクチュールは、とても今の時代にはそぐわないかも分からない。でも、非常に貴重な、手で作った大切なお洋服は、時代がどんなに進んでも、すたれることはない。そのときの基本的な精神は、プレタの中でも大切に洋服を作っていく、そのときに感じました。完成されたものを作っていくための基本的な概念が、アフガニスタンで完全に作られたんです。それからフォークロアや、いろんなことやってきましたけどね。

劉　地球規模ですね。ヨーロッパ、中東、アジア、日本という。

コシノ　やはり旅をすることで、海外のいろんな空気感を体験することによって、発想が全然、変わってきます。色に対する見え方も、場所によって違ってくるんですね。ここではこの緑の色がすごいきれいだったとか、紫がきれいだった。インドに行ったときなんか、歩いている学生が、紫色のTシャツを着てパンツがグリーンなんです。なんて素敵なんだろうって。色をふんだんに世界各国で見てきますと、色に対する感情っていうかしら。その都度いろんな旅の

© 株式会社ヒロココシノ

思い出が出てくるんですね。

井上　一緒にしてはいけないんだと思いますが、私は社交上の便宜もあって、会場を沸かすためにちょっとエッチな話をすることがあります。日本ではピンク色、桃色と言われるんですが、中国へ行くとそれに該当する色は黄色だと言われます。

コシノ　そうですか。

井上　私は南京で「黄色い先生」と言われたことがありました。色についての感覚が違うんだなと。ちょっと的外れのコメントだったやろか。大丈夫？

劉　大丈夫です。色彩の問題なので全然、問題ないですよ。

コシノ　感覚が違うのですね。

劉　ところで、先ほどもご紹介しましたように、画家としてのご活動とアーティストとしてのご活動が、先生の中で一緒になっていらっしゃるんですね。日本の各地で個展を開き、水墨画も、洋画もお描きになるんですが、そういったご活動についてもぜひ少しご紹介いただきたいと思います。

コシノ　もともと私は絵描きになりたかったんで、デザイナーになるつもりはなかったんです。けれども、うちの母が「絵描きなんていうのは世の中、貧乏な人ばっかりだから、貧乏絵描きになるんだったらやめてよね」って。それでファッションやりなさいということになったんです。ファッションでおかげさまで成功したんで、これでよかったなと思うんですけれど。
　結局アートっていうのは売るとか売らないとか、そんなこと一切関係なく、自分の考えていること、例えば目に見えない、口でも表現できない、そういったものをどのような形で表現するかって、これアブストラクトしかないんですよ。絵に表現するっていうことは、自分の精神を吐き出すっていうことです。色にしろ、形にしろ、それが私にとっては私の絵なんです。アートなんですけど、その出来上がったアートが、洋服にするととても面白いなという発想が今度は来るわけですよ。だから、アートがテキスタイルデザインになり、洋服になり、そして今度は着てくださる人たちの背景にもなっていく。このアートっていうものは、やはり人間の生きるためのエネルギーだと私は思います。

劉　そうですね。これはそれぞれ単独でもいいし、一緒に並べるのもいい、まさに同じようなエネルギーが湧いてくるような気がします。本当に雄大な自然の中に、人間や魚などいろんな生物が元気いっぱい生きているという感じですね。

コシノ　実はこれ、展覧会の中では『ピョン』っていう部屋のタイトルなんです。ぴょんと額縁の中に飛び込んだら、その絵の中に入っちゃうというような仕掛けをしたんです。お部屋の前に額縁を作って穴を開けて、子どもがそこからぴょんと入るんですよ。そうすると絵の中に入りました。そうするとプロジェクションマッピングで、わーっと絵の内容が変わって動いて、そしてそこに、例えば鳥がいたら鳥が飛んでいくみたいな。平面的なものだけではなくて、空間映像、そういったものが今はどんどん進んできておりますけれども、とても面白いファンタジーな世界なんですね。

劉　すごく先端的だと感じます。人間が中に入ったり、外に立ったりするというのが。

コシノ　そう。この中に入ると、変な錯覚を起こします。ふわーっとなってきてね。子どもがとっても喜んで。私のこの展覧会というのは、未来につないでいく、『To the Future』っていうテーマだったんです。われわれがやっていることが次世代にどのように影響を与えて、次の日本、次の世界をつないでいく子どもたちが、子どものときにきれいなものを見たり、楽しいものに接したり、私が歌舞伎を見てこうなったのと同じように、そういったものを持ってクリエーションしていくというそのリアリティーを感じてもらいたいと。この展覧会に関しては、その目的でやったんですね。

劉　表現の世界だけではなく、教育の現場でも子どもを集めて啓蒙する、次世代を育成するという非常に大切なご活動もされているようですが、この未来へバトンをつなぐ取り組みについて、もう少しご紹介いただけますか。

コシノ　ある幼稚園に行きまして、幼稚園の子どもたちと一緒に顔を描いたんです。みんな、お母さんの顔でもいいし、お父さんの顔でも、お友達でもいいし、「笑っている顔」というのをテーマにして絵を描いてみたらって言って描かせたら、なんと、ものすごくユニークな絵ができてきたの。子どもが描く絵っていうのは、純粋に何もない中で描くわけですから、目が一つであろうが、口が上にあろうが、目がどこにあろうが関係ないですね。自分の発想のとおりにどんどん描いていっちゃうんですね。具体的にそれをポスターというか、大きい画面に映しまして、われわれが色を付けて、子どもたちと一緒にワークショップをやったんですけれども、子どもと一緒に絵を描くことによって、私はすごい影響を受けました。

劉　要するに、そこから若い何か、あるいは天真爛漫な何かをもらっていらっしゃるわけですね。

コシノ　そう。だから、私は絵を描くとき、いつも子どもを見

幼稚園での作画風景

て、常に一八歳のまなざしで物をクリエーションするというのが、私の心の中ではテーマになって、絶対、固定観念の中でものを作らない。常に柔らかい頭の中で、常に切り替えながら、これでいいのかって、次から次へと湧いてくるものを、フットワークをよく表現していく。やはりそれが私のものづくりの基本になりましたね。子どもの気持ちなんですよ。

劉　好奇心もいっぱいおありですね。

コシノ　そうですね。

井上　アートに溢れていらっしゃるんだと思うんですが、ちょっといけずな質問になったら申し訳ないんですけど、私は若い頃、建築の勉強をしていました。そして私たちの世代にとって偶像の一人が安藤忠雄でした。その安藤さんが設計したおうちにお住まいですよね。

コシノ　そうです。

井上　私、あるときテレビで拝見したんですよ。コシノさんは、出ておられる番組の中で、散々ぼやいていらっしゃったんですよ。横で安藤忠雄が小さくなりながら、「営業妨害やがな」というふうに言っていたのも覚えています。

コシノ　そうなんですね。とにかく安藤さんのうちは寒いんですよ。家に帰ってきて、真冬にコートを脱いで家の中に入ってきたら、普通はもう少しリラックスできるお洋服に着替えるのが当たり前なのに、綿入れのつなぎの、びゃーっとファスナーがあるスキーウエアに替えるんですね。

井上　つまり屋外より寒いんですね。

コシノ　そうです。外より中のほうが寒い。でも私は確かに安藤さんって、「この人、本当に人間の暮らしっていうのを分かってるのかな?」と思うぐらいに非常に疑問に思ったところはあるんですけれども、彼がつくる空間は素晴らしいです。私は芸術をやり、ファッションをやって、いろんなことをやっていますけど、ものをつくるっていうのは非常に心があらがう抵抗的なものです。疑問に思う気持ちはあったとしても、それがあるが故に知恵を絞り、そこに一生懸命それを何とか解消しようという努力。この住みにくい家と葛藤する人生だったんですね。

安藤さんは私について「あのおばはんは、けちで暖房もろくにたかないで」って言ってますが、私は寒い中でも、自分が住みやすいように、どうすればこのうちを自分のものにできるかという努力をするうちに、本当の意味での建築に対する愛情が、私の中で芽生えてきたんですよ。だから、お金がたまったら自分の好きなようにやるって。でもその都度、安藤さんと相談するんですよ。勝手にやったら絶対、怒られますからね。これをこうしたい、ああしたい。だから、今の私の家っていうのは、この四〇数年間に、一〇年ピッチで変わってます。

井上　つまり安藤さんとコラボレーションをしながら、ご自宅を変えていかれる。いわば空間創造の一端に携わられたことも、ここで示していただいた展開につながっているように感じました。建築びいきの言葉に過ぎるでしょうか。

コシノ　それはあったかもしれませんね。

劉　私は打ち合わせのために芦屋のご自宅、兼アトリエ、兼ギャラリーへ伺いました。感じましたよ。そういう創造的な空間性、まさにイメージのほうの「想像」と作るほうの「創造」という二つの空間になっていると思います。そしてこれはお二人の共通の趣味になるかと思うんですが、すごいピアノが置かれているんですよ。確か井上先生も、四〇歳のときでしたっけ、ピアノを始めたのは。

井上　四一歳からですね。

劉　その辺り、何かコメントありませんか。

コシノ　うちにはすごいピアノがあるんだけど、バーカウンター代わりになってます。芦屋のうちにあるのが、プレイエルっていうピアノなんですね、ショパンが愛したピアノで。東京の自宅にあるのがエラールっていって、これまた古いんですね。ベートーベンの時代からある。

井上　日本にピアノはいっぱいありますけど、プレイエルやエラールを置いていらっしゃるおうちはそんなにないと思いますよ。

コシノ　アンティークみたいなもんです。そういうのが好きで。でも、音をちゃんと出すためには、調律をしょっちゅうやってないと駄目ですね。

井上　多分、三味線を長らくやられていると、指使いが随分違うと思うので。

コシノ　そうです。お三味線とピアノとでは、指の腱を全然違う方向で動かさなきゃいけないんで、私は三味線を九歳からずっとやってますけど、ピアノは駄目ですね。右手だけは動きます。だから、左手はうまい先生がやって、私が右手やるというような。これが私の理想のピアノ。連弾です。

劉　これは身体論的に東西の違いかもしれませんね。使う道具も違う、楽器も違う、それに応じて身体の動きも多分違うと思います。東洋の身体を持って西洋の楽器を迎えるときの一種の戦いのようなものですね。

コシノ　確かにね。お三味線とピアノの違い。なかなか同じようにはできないですね。

井上　三味線とギターでも難しいかもしれませんね。

コシノ　やっぱり違います。

井上　ひょっとしたら、半分は劉さんに聞いてもいいことかもしれないんだけども、申し上げましょう。私は六年ほど前に上海へ行ったことがあります。そして三五〜三六年前にも上海へ行ったことがあります。私の上海体験はその二回だけなんですよ。そして、三〇数年前は町中の人が上海語をしゃべっていらっしゃったんです。北京の方は何を言っているか分からないって。

コシノ　言葉が全然違いますもんね。

井上　言葉が違うらしいんですよ。全然、分からないというふうに言われた。だけど六年前に同じ上海へ行ったときは、多くの人が北京語になっていたんですよ。私を案内してくれた人が、こうやって指さして、「あそこのあの二人、上海語でしゃべっている」って。まるで後ろ指をさすように。事情を聞くと、別に北京政府が北京語を全国に強要しているわけでもないし、北京のテレビドラマが全国に普及したおかげでもないと。私に説明してくれた方は、こうおっしゃったんですよ。上海は一九八〇年代から、ものすごい勢いで発展した。それこそその初期の様子を今回は見せていただいたんですが。

コシノ　本当、そうですよね。

井上　ものすごい勢いで発展したおかげで、世界中からビジネスチャンスを求めて多くの方が上海に群がった。人口も飛躍的に膨らんでいるんですって。そして、海外からビジネスチャンスを求めて来られる人はみんな、北京語の学習者なんですね。中国の他地方からも北京語を学習した人がいっぱいやってくる。上海のビジネス世界は、彼らと対応するために北京語をいや応なしに学ぶようになりました。そのおかげで北京語が公用語のようになったと。

コシノ　そうですね。国際線の飛行機の中でも客室乗務員さん、北京語ですもんね。

井上　上海は素晴らしい発展を遂げたんだけれども、私はちょっと切ないなと思うんですよ。大阪も京都も、幸か不幸かそんなに発展していません。ですから、関西なまりで堂々と過ごせるじゃないですか。

コシノ　それぞれの地方色みたいなものを持って。私、東京に長いんですけど全然、関西弁ですよ。例えば、ちゃんと公式な場所に出ているときは標準語になるんですけど、鶴瓶ちゃんと二人で対談するときは大阪弁になる。

井上　鶴瓶さんとはね。

コシノ　阿川佐和子さんとやるときは東京弁になるんです。だから。

井上　バイリンガル？

コシノ　使い分けが自然にできちゃうの。

井上　私はそれができないんですよ。これ、自分の話なんやけどいい？　ボストンで英語でスピーチをする機会があったんですよ。短いスピーチです。ただ、私は英語がそんなに上手じゃないので、行きの飛行機の中で相当、反復練習しました。私のスピーチをボストンにいらっしゃる日本人も聞きに来てくださっていたんですよ。その聞きに来てくださっていた方々が、お昼のお休みのときに私のところに近寄って来られて、関西の方ですよねっておっしゃったんです。

コシノ　分かります。何となく大阪弁英語なんですよ。

井上　英語をしゃべっているんですよ、英語を。ものすごいショックを受けました。話をもどします。私は上海のような発展にちょっと切ないなと思うことをどうお考えでしょうか。

コシノ　昔、私のアシスタントで、（高田）賢三の所に行った入江（末男）君っていう子がいるんですけど、IRIEっていう素晴らしいブランドをつくっているんです。彼がしゃべるフランス語、ウイーとかね、大阪弁なんですよ。フランス語が全部、大阪弁。もうアクセントが全部、大阪なんです。だから、その人の独特の表現の仕方っていいんじゃないですかね。

井上　もうおまけみたいな話なんですが、『奥の奥』という雑誌が一九三〇年代にあって、古い雑誌なんですが、その座談会に宝塚のお嬢さんたちが会話をしていらっしゃるのを収録してあったんですよ。みんな大阪言葉でしゃべっているわけです。これに対して東京の編集部がコメントを添えているんですよ。彼女たちは日本におけるフランス語と言うべき大阪言葉でしゃべってるというふうに。つまり、ある時代までは大阪弁がフランス語めいた語りと見なされていた。そんな時代もあったんですが、今、誰もそうは思わないですよね。

コシノ　そうですね。大阪弁でもまたいろいろありますからね。柔らかくて、それこそ特に関西と言うより、京都の言葉ね。独特ですよね。花柳界の方たちがしゃべっていらっしゃる。

井上　いや、多分、船場の言葉もそうだったんだと思います。

コシノ　そうですね。そういうものは、私は残すべきじゃないかなと思うんだけど。大いに方言でしゃべりましょうよ。

劉　コシノ先生、井上先生、どうもありがとうございました。もうそろそろ時間ですが、いかがでしたでしょうか。皆さん大変、楽しんでいただけたのではないかと思います。先生のお話は、本当に全部われわれの学問の世界に通底しています。まず好奇心、そして広い視野、さらに内外の全ての文化を取り入れる。方法論的にもいろんなチャレンジをする。特に「国際日本研究」コンソーシアムとの絡みで言うと、次世代育成にも大変ご熱心でいらっしゃる。どの話を取っても今回のわれわれのシンポジウムに大変ふさわしい内容だったと私は思います。

コシノ　ありがとうございます。

劉　こちらこそ、本当に、ありがとうございました。今回、われわれがこの服飾・装飾というテーマを考えたのは、これまで日文研が取り組んできた大衆文化研究の中で、服飾・装飾については掘り下げが足りなかったためですが、その遺憾をこ

こでだいぶ解消できたと思います。先生のお話を受けて、今後、そのご経験も活かす形で、さらに服飾文化について掘り下げていきたいと思います。

幸い、そのためにそういう専門の先生方が中国からも韓国からも来られています。今回のシンポジウム、「服飾・装飾から考える東アジアの近代」に、わざわざアジアを入れたのは、日本の中だけで考えるのではなく、広い地域の中で考える、さらに東西にまたがってグローバルな展開を模索する、そういう展望のもとでこのような企画を考えたわけです。

そういう意味で、きょうは本当にありがとうございました。素晴らしいお手本を見せてくださったコシノ先生にもう一度、盛大な拍手でわれわれの感謝の意を表したいと思います。

コシノ　ありがとうございました。

（了）

日本

Japan

昭和 10 年代の「外地」（大連）でも日本婦人外出着の主流だった伝統衣装――着物

Chapter 1

褌の近代――ジェンダー分析への新視点

井上章一（国際日本文化研究センター）

1　夷狄の衣服に袖をとおす時

現代の日本人は、日常的に洋服を着用する。グローバル・スタンダードとされる西洋起源の服装にあわせている。とりわけ、仕事の場ではその傾向がいちじるしい。和装は儀礼むき、もしくは遊戯用の衣裳だと、みなされている。男女をとわず、そう認識されているはずである。

日本人は一六世紀のなかごろに、西洋人とであった。主にポルトガルの商人、そして宣教師と遭遇する。その後も、オランダを相手とした交易が、ほそぼそとつづけられた。しかし、彼らに感化され、民族の衣服を西洋風へあらためてはいない。日本では、伝統的な和装が、あいかわらず維持された。

様相がかわったのは、一九世紀のなかばすぎからである。この時、いわゆる西洋列強が通商的な門戸開放をもとめ、日本へおしよせた。日本側も、けっきょくこれをうけいれ、彼らとの交易にのりだしている。以後、日本は西洋の先進文明を導入することに、力をいれだした。あちらにならわなければ、彼らにのみこまれてしまう。そんな危機感にもあおられ、さまざまな領域で西洋化がおしすすめられた。服装もこの趨勢にあとをおされ、和装から洋装への変更を余儀なくされていく。

ただ、列強との接触がはじまった段階では、この変化をうけいれようとしていない。伝統的な和装の温存に、たとえば江戸幕府の官僚たちは、最後までこだわった。科学技術を西洋からまなぶのはいい。軍事面でもあちらの模倣は、やむをえないだろう。しかし、衣服に関しては日本風をたもたせるべきだというこだわりも、いだいていた。

幕府は欧米へ外交使節や留学生をおくりこむさいに、しばしば誓約をさせている。彼の国々へいっても、夷狄の衣服には袖をとおすな、と。科学や軍学などをまなぶことが期待された人びとに、服装はならうなと命じていた。いでたちは、それだけゆるがせにできない部分として、了解されていたのである。

明治の新政府も、数年間ほどはこの姿勢をとりつづけた。しかし、そうながくはつづかない。しばらくすると、洋服の導入にふみきった。たとえば、一八七三年に徴兵であつめた兵士へ、洋式の軍服をくばっている。以後、中央の軍隊や官僚からひろがる形で、洋装は普及した。

服装を和魂洋才の魂にあたるところとしては、もう位置づけない。夷狄、野蛮人の衣服としてあなどることも、やめてしまう。むしろ、国際交流の場では洋服が標準服になっていると見きわめ、そちらへ雷同した。

この変化は、隣国の中国、清とくらべた時、たいへん対照的である。

中国が西洋の列強とむきあったのは、日本よりはやい。一八四〇年代もそうそうに、アヘン戦争で敗北をこうむり、その力と直面している。西洋に手本をおく洋務運動も、一八六〇年代からはじまった。こちらは、日本とほぼ同じころから端緒についたとみなしうる。

この洋務運動には、中体西用というスローガンがともなった。儒教を根幹にすえる統治の精神は、うごかさない。だが、実用的な部分は西洋のそれにおきかえる。日本の和魂洋才ともつうじあうそんな理念が、高らかにとなえられた。そして、清も江戸幕府と同じで、じゅうらいの民族服を堅持することにこだわっている。日本は伝統的な衣服への執着を、短期間でうしなった。いっぽう、中国では、かなりあとまでこの尚古精神が維持される。その違いは、たとえば日清戦争（一八九四～一八九五年）の戦闘服にうかがえる。日本軍の兵はみな洋装だったが、清の兵は民族服でたたかった。

戦争終了後の講和条約は下関でむすばれている。その交渉へのぞんだ日本全権は伊藤博文、清の全権は李鴻章であった。この場で、伊藤らは西洋の、また李らは民族的な礼服に身をつつみ、むきあっている。そして、日本側の洋装を実見した李は、そのいでたちを見下した。夷狄になびいた様子への侮蔑感をしるした記録が、のこっている。

李鴻章は、清末期に洋務運動をおしすすめた政治家であった。当時、アジア最強と評された北洋艦隊をそだてた指導者でもある。反動的な伝統主義者では、まったくない。にもかかわらず、洋装の日本人たちは夷狄へ魂をあけわたしていると見た。それだけ、衣服には重大な象徴性がこめられていると、みなされたのである。

いずれにせよ、その中国も、今はグローバル・スタンダードにしたがっている。国際的な外交の舞台へ、漢服などでのりだすことはない。その点で、アラブ諸国やイスラム圏ほどの拘泥はなかったということか。まあ、若い世代に漢服へのリバイバル運動はあるのだが。

2　股間は何でまもるのか

日本では、一八七〇年代以後、服装の洋装化がすすめられた。官庁の職員から、それはひろがりだしている。公的な領域から私的なところへと、拡散した。一九二〇年代の定点観測によれば、銀座街頭の男性は、その六、七割が洋装だったらしい。官庁のみならず、民間企業のサラリーマン全般へも普及したことが、よくわかる。ただし、一九二〇年代だと、洋装の女性はほとんどいない。大半が和装で街を歩いている。ようやく、小学校へかよう女児が洋服を着はじめたころであったろうか。

さきほど、洋装は公的な場からひろがったと書いた。そして、そういうところで、はじめから勤めがあたえられたのは男性である。女性は社会への進出がはばまれ、私的な場にながらくとめおかれた。洋装の浸透が、半世紀ほど男性におくれたのはそのためだと、とりあえずみなしうる。

じっさい、勤務を洋服でこなした男性は、自宅へかえれば和服に着がえていた。公的なところは洋装、私的な場は和装という分裂状態を、彼らは生きていたのである。そして、男性も和装となる家庭に、女性は拘束されていた。女性には和装という選択しかなかったのもそのためだと、いちおう見ておきたい。

公的な場、たとえばはたらくところでは洋装になる。一九二〇年代以後の男性は、おおむねそういう状態におかれていた。それはたしかなのだが、しかし下着にまで目をむけると、ちがった様相が見えてくる。

伝統的に日本の男性は、股間がつつみこめる下着を身につけていた。褌《ふんどし》である。その代表例である六尺褌と越中褌を、ここに図示しておく。和服が一般的であった時代から、男性はこれで局部をおおってきたので

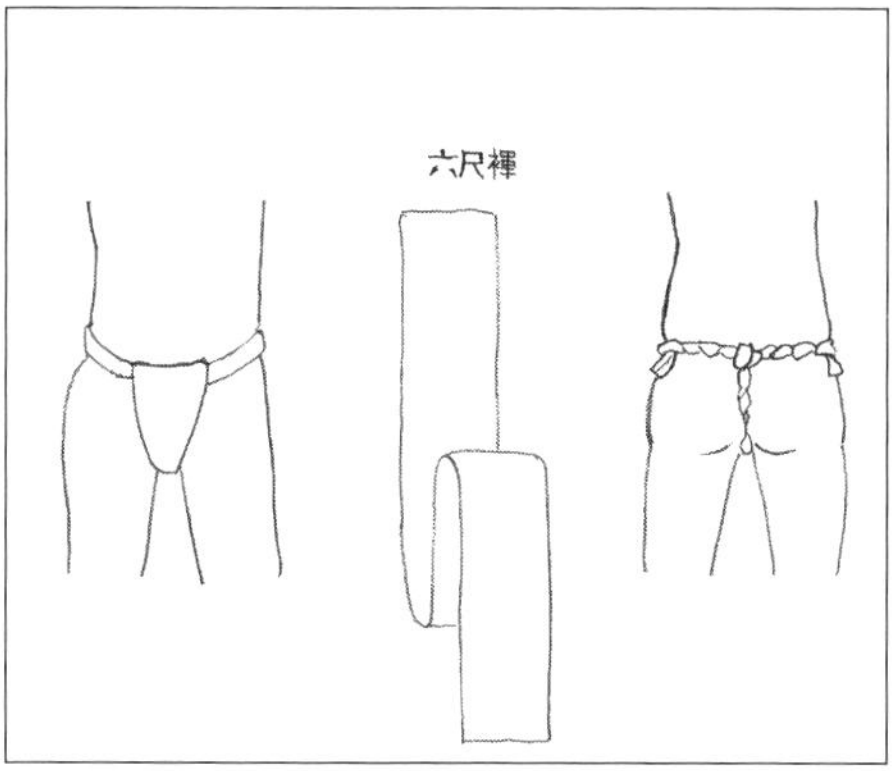

図1

ある（図1、図2）。

明治以後に洋装が普及したことを、ここまで何度ものべてきた。だが、陰茎や睾丸を直接おさえる下着は、その後も褌でありつづける。西洋的な下着、イギリス英語のいわゆるパンツには、なかなかならなかった。アメリカ英語のパンツ、つまりズボンをはいても、そこだけは褌という状態が、つづいている。

明治の新政府は徴兵制をしいたその当初から、兵士に洋風の軍服を配給した。大半の庶民男性がズボンや洋靴をはいたのは、これを嚆矢とする。洋服が男性一般へひろがっていく、その下地を近代の軍隊はととのえていた。ベッドでの就寝までふくめ、軍隊は生活の洋風化を促進する役目もになっていたのである。

そんな軍隊でも、兵士は褌をはきつづけた。全身を洋風の軍装にしても、局部だけは和の下着でおおわせたのである。

一九五〇年に、自衛隊の前身である警察予備隊が組織されたことは、よく知られていよう。その入隊試験となる身体検査の様子をうつした写真が、いくつかのこっている。見れば志願者のうち半数ほどは、褌姿で検査をうけていた。二〇世紀のなかごろまでは、褌が現役の下着であったことを読みとれよう。

下関での対清講和にのぞんだ日本側の外交団は、みな洋服をはおっていた。その点を、李鴻章から馬鹿にされたことは、紹介ずみである。だが、洋装の礼服に身をとおした彼らも、まちがいなく股間は褌につつませていた。局

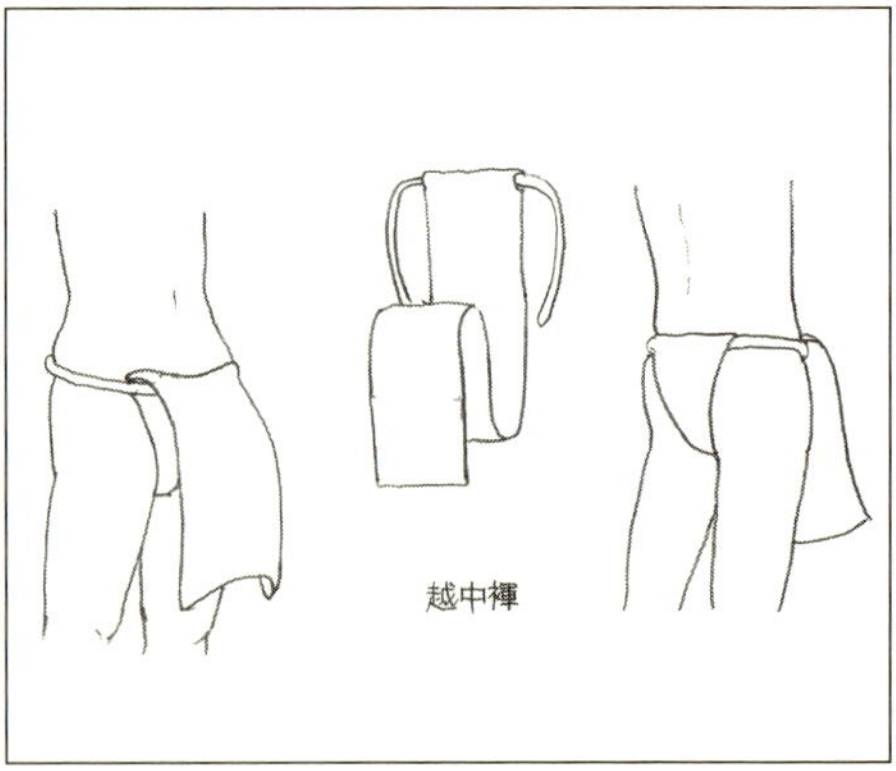

図2

部は和の伝統とともにあったはずである。

褌の利用者が、みなそのことに自覚的であったとは言わない。じゅうらいからの惰性で着用しつづけた者も、多かったろう。夷狄の風俗を股間ではねつけようという志は、一部の人にしかなかったと考える。

ただ、陰部まわりに和の下着がたもたれたことじたいは、まちがいない。洋服ではたらいた男性も、家へかえれば和服に着がえた時代のあったことを、さきほどのべた。しかし、和の伝統が温存されたのは、私的な領域の家庭だけにかぎらない。公的な勤務の場でも、かくされた部分では、それがたもたれたのである。

そして、下関にきた清の外交使節はこのことが見ぬけない。西洋的な礼服の下に伝統的な風俗のいきづいていたことが、わからなかった。ただ、上着だけをながめ、夷狄の軍門に下っていると判断したのである。

女性が日常的に洋服をはおりだした時期は、男性とくらべかなりおくれた。一九五〇年代後半の高度成長期からは、そちらが一般化していったと思う。しかし、都市部からはなれた地域には、なかなか普及していかない。また、都市部でも年齢の高い女性は、のちのちまで和装をまもりつづけた。

だが、洋風の下着であるズロースは一九三〇年代後半からひろがりだす。まだ、上には和服を着ていた女性も、下着のパンツを、おずおずはきだした。

それまでの女性に、股間がつつまれる下着の着用経験はない。腰部がおおわれるだけの腰巻きを、つけてきた。しかし、股のつけ根を布でおさえる下着は、装着したことがない。陰部には開放的な状態をたもたせてきた。それが、和装女性のならわしになっていたのである。

彼女たちの股間は、下着の空白地帯になっていた。鼠径部や局部、そして肛門は下着でまもられていない。その空白部へパンツ、当時ズロースとよばれていた下着は、くいこんだのである。一九三〇年代の後半に。

男性の褌が洋風下着のパンツにとってかわられた時期は、もっとおそい。高度成長期をむかえてからも、褌の利用者はへりつづけたが、残存した。股間の西洋化は、女性のほうが男性にさきがけたと言って、まちがいない。

和装の時代から、男性は褌をしめつづけた。ズボンを着用する時代になっても、その習慣を、なかなかやめていない。褌にたいしては、それだけの執着があったのだと、みなしうる。

女性の股間は、ながらく下着がない状態におかれてきた。だから、洋風のパンツも、男性の場合とくらべればはやい時期に、およびだす。しかし、男性の股間は、伝統的に褌が占拠してきた。その長期にわたる習慣が、パンツという新参者の潜入を、一定期間くいとめたのだろう。

パンツの着用に関しては、男性のほうが女性におくれをとった。股間をつつむ西洋下着の導入は、女性のほうがはやかったのである。その理由は、今のべたとおり褌という伝統の根強さにあったと、考える。

いずれにせよ、和装から洋装へ移行する過渡期は、男女

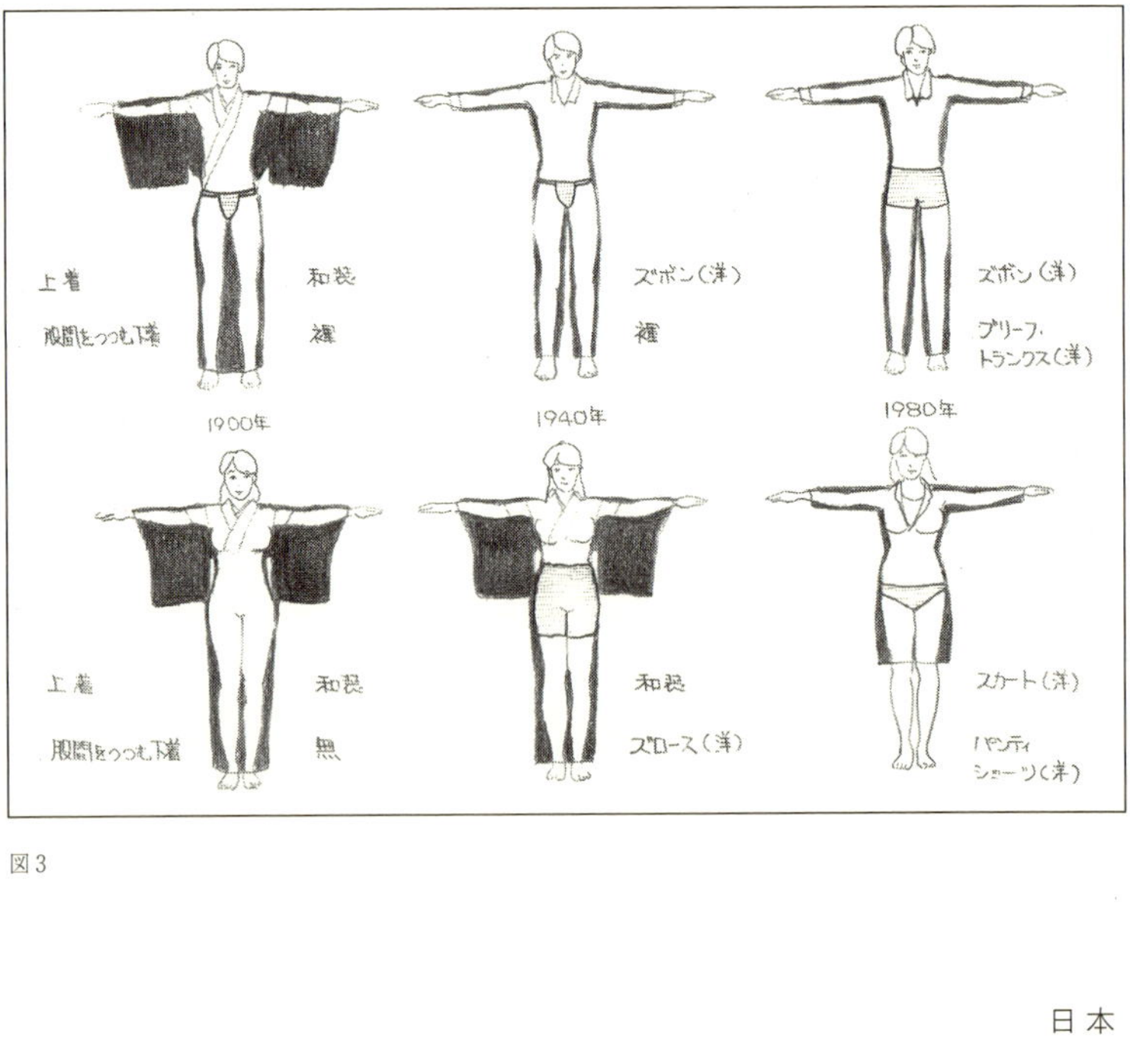

図3

の服装にある対照性をもたらした。男性の上着は、はやくから西洋化している。だが、股間の下着は、おそくまで和風をとどめた。いっぽう、女性の上着は和風から、なかなかぬけだせない。しかし、股間には西洋の下着を、男性よりはやい時期からはいている。そんな好対照をなす男女が、移行期にはいたのである（図3）。

服装の西洋化は、男性が女性にさきがけた。それは、公的な領域の仕事をになった男性から、ひろがっている。民族衣裳とよぶべき和服は、より多く女性によってささえられてきた。日本の近代服装史は、おおむねそういう構図で叙述されている。しかし、股間の下着に注目すれば、べつの見取図もありうることを強調しておきたい。

3　褌にたくされたもの

褌やパンツに目をむければ、服装史がちがう形でうきあがる。男女に関する定型的な図式が逆転されることも、ないではない。ここまで、私はそうのべてきた。だが、これには、つぎのような反論もおこりうる。

井上が論じたのは、外からうかがえない下着の話である。プライベートな領域での歴史を語っているに、とどまる。服装の西洋化にさきんじた男性も、外からのぞきにくい家では、和服へ着がえやすかった。それと同じで、公にさらさない下着が和風を温存したということではなかったか。既存の見取図を、むりに反転させる必要はない、と。

予想しうるこういう反論へ、私は水着の歴史にたいする概観を提示する。

いっぽんに、スイムウェアの歴史へ言及する記述は、女性のそれをとりあげやすい。また、時代の推移が肌の露出面積を大きくしてきたと、論じがちである。かつてのウェアは腕や脚もかくしていた。しかし、肌をかくす布の割合は、時代とともに小さくなる。とうとう、紐ビキニもありうる今日にいたった。そんな論法が一種の常套となっている。

女性の羞恥心がうすれてきた。あるいは、以前より大胆になっている。以上のような歴史観を、こういう叙述ではよく見うける。

しかし、一九世紀末の海辺では、水着など身につけず腰巻だけで海につかる若い娘もいた。一九二〇年ごろまでだと、脱衣所のない海辺で水着に着がえた女性もいなくはない。時代が下るにつれて女性の羞恥心は希薄化する。こういう歴史観には、再検討をせまらなければならないと考える。

とはいえ、小稿にそこを論じるゆとりはない。ここでは、水着史の論じ手が、あまり男性のそれへ言及しないことを、問題にしよう。女性のウェアばかりに目をむけると、歴史の実相を見うしなうことへ、注意を喚起したい。

服飾店の商品カタログなどを見ると、男性用水着も一九世紀末には商品化されていた。女性用とならんで、でまわっていたことが、よくわかる。だが、水辺でそういうものを身につけている人は、ほとんどいなかった。たいていの男性は、褌だけという姿になり、およいでいたのである。

二〇世紀はじめごろの海水浴風景がうつった写真を見ると、そのことがよくわかる。女性は西洋的なスイムウェアを身につけていた。だが、男性は褌だけという姿で、海にむきあう。そういう光景の撮影された映像記録を、よく見かける。

彼らの褌で多かったのは六尺褌である。あと、図示はしなかったが、畚《もっこ》とよばれる型の褌も少なくない。越中褌は、くらべればほとんど見られなかった。水泳には六尺か畚という暗黙の了解があったのだろう。

一九五〇年代初頭の水泳でも、少年たちの多くは褌姿になっている。スクール水着の少女と褌の少年。これが、敗戦後でも、しばらくのあいだは、一般的な光景になっていた。

水泳競技へのぞむ男子選手は、競泳用のパンツをはやくからはいている。とりわけ、国際的な試合では、それが参加の条件となっていた。しかし、練習には褌をはきながらのぞんでいる。海外でひらかれる国際試合でも、事態はかわらない。母国のみならず、現地の練習にさえ褌で参加するのが常であった。

一九五五年には、東京で日米対抗の水上競技大会がもよおされている。八月五日の開会式には、プールサイドで両国国旗がはためいた。水泳の選手とおぼしきふたりの日本人男性が、それぞれ日章旗と星条旗をかざしている。

この時、アメリカ国旗の旗手は、水泳用のパンツをはいていなかった。六尺タイプの褌姿で、自分のつとめをはたしている。身につける衣裳は褌だけというでたちを、水泳関係者は失礼な姿とは考えていなかった。儀礼の場でも有効なスタイルだと、認識していたのである。

ある時期までの褌を、水泳選手にとっての下着とみなすことはむずかしい。それは、おおっぴらにしてもかまわない衣裳となっていた。記念撮影を褌だけの姿でとることも、ままありえたのである。古式泳法の水練が褌姿でおこなわれた伝統が、まだ生きていたということか。

レジャー・ビーチの風景をふりかえると、またちがった様子が見えてくる。都会風をきどりたがる青年たちは、一九三〇年前後から水泳パンツをはきだした。どうやら、伝統的な褌をはずかしがる心性も、そのころには浮上していたようである。

そして、今はこちらのほうが一般化された。じっさい、プールや海水浴場で褌姿の男性を見かけることは、まずない。大半は水泳パンツである。今日、褌での水泳をたもっているのは、学習院や開成といった一部の学校だけだろう。褌の時代は、ほぼ終焉をむかえたと言ってよい。

だが、褌が水泳パンツにとってかわられたのは、よほど時代も下ってからであった。二〇世紀のなかばごろまでは、褌での遊泳が一般化していたのである。いっぽう、女性の水着は、一九世紀のおわりごろから、西洋風のスイムウェアになっている。前時代的な水練用の和装は、はやくから舶来の水着にとってかわられた。

水着姿を人前で見せることは、基本的にはばからない。少なくとも、プールや海水浴場では公開が原則となる。パブリックな視線にさらされうる衣類である。その点では、下着と決定的にちがう。

そして、そんな場でも、衣裳の西洋化は、股間に関するかぎり女性が男性にさきがけた。女性は欧化、そして男性は伝統の保存という役割を、になってきたのである。

いっぱんの外出着では、男性のほうが西洋化に先行した。女性の洋装は、なかなかすすまない。ただ、外からはうかがえない股間のつつまれる下着では、男性が保守的にふるまった。この部位に関しては、女性におくれをとっている。そして、外からうかがえる衣服でも、水着の場合は女性のほうから欧化は促進された。けっきょくのところ、男性の保守性を最後まで担保したのは褌なのである。褌こそが、男性からの西洋化という近代日本服装史の構図を、逆転させている。褌にたくされた民族性という問題は、あらためて見なおされるべきだろう。

じっさい、われわれは、褌に精神性が仮託されたかのような物言いを、よく口にする。日本語の慣用句に登場する褌は、しばしば心情面や思考面の役割をになわされてきた。

たとえば、気持ちをひきしめて何かにとりかかる心構えは、よくこう言われる。

「褌をしめてかかる」(①)、と。

他人のアイデアを流用して事をすすめる姿勢は、つぎのようにあらわされる。

「人の褌で相撲をとる」（②）、と。

①の場合では、褌がひきしめられるべき精神をさしている。②だと、褌がしめすのは創意工夫にほかならない。現代人は西洋起源の下穿きを身につけている。イギリス英語のパンツを常用する。褌は、もうはかない。それでも、われわれの精神や発想は、しばしば褌という言葉であらわされる。パンツでは表現されない。

じっさい、①のような場合に、パンツをしめなおす／はきなおすという人はいないだろう。②でも、人のパンツでレスリングをするという言いまわしは、なりたたない。日本語として通用するのは、やはり褌のほうなのである。褌にこめられた文化の重層性は再認識されてよいと、くりかえし言っておく。

Chapter 2

セーラー服の普及と生活文化
――女子生徒の持ち物と身体感覚の変化

刑部芳則（日本大学）

はじめに

明治時代の高等女学校（以下、高女と略称）では着物に袴が普及した。これは女性の洋装化に向けた洋服の代用品であった。(1) それが大正八年（一九一九）から始まる服装改善運動を含めた生活改善運動を受けて、洋式の制服および標準服が採用されることになる。そのなかでもセーラー服が人気となり、昭和戦前期にそれを制定する高女は全国平均八八・九パーセントにおよぶ。(2)

明治時代の女子生徒のスタイルの象徴が着物に袴だとすれば、昭和時代のそれはセーラー服にスカートと言っても過言ではない。しかし、ここで注意すべきは、着物のときに庇髪、下駄履き徒歩、風呂敷包、セーラー服のときにおかっぱやお下げ髪、黒革靴に自転車、鞄と、ステレオタイプで理解してはならないことである。

こうした点は、服装に限った微視的考察では理解することができず、通学スタイルを全体的に考察しなければならない。日本の女性の洋装化にとって、筆者は学校制服が大きな影響力を持っていたと考えている。従来の服飾史では、そのように考えられていなかったため、学校制服の歴史はほとんど取り上げられなかった。(3)

服装だけではなく髪型や装飾品なども含めて考察する場合、従来の服飾史では高橋晴子の造語である「身装文化」という用語を用いる研究者が散見される。(4) しかし、自転車を「身装文化」に入れることは無理があり、厳密にいえば風呂敷包や鞄も「身装文化」ではない。女子生徒の髪型、履物、持ち物は、学校生活において変化したものであり、その意味でいうと一般的ではない「身装文化」よりも、学校生活文化という定義で検討する方が妥当である。

本チャプターでは、大正時代の服装改善運動を含む生活改善運動を受けて通学服が変わるが、その過渡期において女子生徒の髪型、履物、持ち物がどのように変化していったかを検討する。それらの変化について、和服から洋服へと紋切型で理解するのではなく、和服と靴や洋服と下駄など、ミスマッチな組み合わせの時期が存在していたことを明らかにする。また、着物、袴、下駄で通学した生徒と、セーラー服、スカート、靴で通学した生徒とで、身体感覚がいかに変化したかを描く。そして全体を通して、学校生活文化にともなう生徒の身体感覚の変化が、服装改善運動を含む生活改善運動の結果を示していたことを検討する。

1　過酷な通学路

明治時代から昭和初期の高女の生徒にとって、遠距離を歩いて通学することは珍しくなかった。歩いて通うことのできない生徒は寄宿舎で生活した。通学時の服装だけではなく持ち物に注目すると、彼女たちの学校生活の変化が見えてくる。明治四一年（一九〇八）に高知県の私立幡多郡実業女学校（大正一一年［一九二二］に高知県立中村高女と改称）を卒業した生徒は、「白い風呂敷に何もかも包んでかるって帰りました」と書き残している。(5) 着物に袴のときに風呂敷包は自然な組み合わせだが、白や黒など地味なものが多かった。

白地と黒地は洋式の日傘の布張りの色も同じであった。明治四五年（一九一二）に埼玉県の熊谷高女に入学した生徒は、「日傘は黒と決められていました。もし色の付いた日傘をさしてきたりすると、校長室に呼ばれ、「何しに学校に来ているのか。派手なかっこうをして人に見せたいなら学校に来るな」といわれ、厳しいものでした」と振り返る。(6) 和装と洋傘という組み合わせのミスマッチは第2章で詳述するが、ここでは質素な色が奨励されていた点について触れておく。

袴の下には下駄履きが主流であった。熊本県の玉名高女では、大正元年（一九一二）に①約四キロ以上八キロ以内の通学者が四三人、②約八キロ以上一二キロ以内の通学者が五人、同四年（一九一五）に①五七人、②二〇人、同六年（一九一七）に①六七人、②二一人いた。彼女たちは毎日この距離を歩くのである。大正五年（一九一六）に卒業した生徒は、「履物は下駄ばきで特に米富、横島などの遠方から通われる方は、朝な夕なに星をいただきテクテクと一二時間もかゝってやっと間に合うなど、今の時代にくらべてとても苦労が多かった事は比較になりません。又夏ともなれば袴の裾より足もとまで真白い埃につつまれ、学校につくなり足洗いという始末、折悪しく途中で鼻緒でも切れるものなら、それこそ下駄はぶらさげ道具はふろしきにつゝんで肩や胴に結びつけ素足のいでたち、又嵐にでもあった時は傘はチャンメラ傘となってずぶぬれのあわれな姿となり、授業どころではないような事が幾度かあった」と、苦い体験を振り返る。(7)

千葉県の八日市場高女に通う生徒も同じであった。昭和三年（一九二八）入学の生徒は、「私は栄村（今の野栄）のはずれから通学したので、片道二里半（一〇キロメートル）の距離があった、急いでも二時間ちょっとかかった。途中までは裸足で行き、町の近くで下駄に履きかえた。雨の時など本当に大変でした。袴が濡れるので、高くはしょって唐笠（洋傘は高いので）で通学した」と語る。[8]

彼女の同級生は、「片道一里半（六キロメートル）の道路には、割栗石がおかれて下駄がすりへってしまう。余りへってくると二つに割れてしまい、裸足で歩いてきた。割栗石がとがっているので、痛さをこらえ〝オイティ〟〝オイティ〟と言いながら、一時間半かけて通学した」と語っている。[9] 東北地方や日本海側の積雪が多い地方の高女の生徒たちは、雪の道に悩まされた。明治四五年に青森県立青森高女を卒業した生徒は、「冬の下駄は、途中何回も電信柱にトントンと打ちつけて雪コブを落として歩いたものです」という。[10]

片道六キロから一〇キロ歩くのであるから、若いとはいえ彼女たちの健脚ぶりには驚かされる。しかし、雨の日などは唐傘と風呂敷包を持って、泥濘のような悪路を延々と歩くのであるから大変であった。下駄や足袋が汚れてしまうため、学校の近くまで裸足で歩いた者もいた。汚れた足をどこで洗ったのか気になるところである。毎日遠距離を往復すれば下駄は傷んでしまう。そのため、下駄を何足も所有する生徒が少なくなかった。そのことは、静岡県立藤枝高女を大正一一年に卒業した生徒の「高歯の日和下駄でね。じきに歯が駄目になってしまうので、誰も三足位もっていました」という証言からうかがえる。[11]

こうした遠距離を苦労しながら歩いた話がある一方、香川県立丸亀高女の回想録からは、通学路を楽しみながら歩いた生徒たちがいたこと、また下駄を何足も買うのではなく、下駄の歯だけを替えていたことがわかる。同校を明治四四年（一九一一）に卒業した生徒は、「朝六時過ぎ、季節によっては薄暗い中に家を出る。登校はいつも姉と一緒である。試験中は道々勉強しながら歩いた。靴はすぐ傷むので、学校の下駄箱にしまっておき、通学用の履物はもっぱら下駄である。週に一度はその下駄の歯替えをしなければならなかったが。途中で鼻緒が切れて、ぶら下げて帰ったこともあった。学年末には必ず、新しい、いい下駄を買ってくれたのが、とても嬉しかった」、「何しろ往復四時間の道のりである。エピソードには事欠かないが、辛いと思ったことは一度もない。むしろ、春の暖かい日など、土手で土筆やよもぎ摘みなど、道草をしながら通ったことが、とても楽しかった」と回想する。(12) 次章で述べるが、丸亀高女でも明治四〇年代に靴を履く生徒がいた。しかし、高価な靴が磨り減るのを避けるため、学校の下駄箱にしまって大切に使っていた。

大正一五年（一九二六）に同校を卒業した生徒は、「友達と八キロ余りの道をよく歩いて帰った。池の堤でつばなをつんだり、れんげ畑の畔を通ったり、四つ葉のクローバをさがして歩いたり、とても楽しく、八キロの道は少しも苦にならない」、「女の子が自転車に乗るなんて、もっての外と叱られた時代でもある」という。(13) 第4章で述べるが、大正一五年頃の丸亀高女では女子生徒の自転車通学に批判的であったことが見て取れる。

通学路で楽しみを見つけながら歩いた生徒の思い出が、香川県立丸亀高女で重なっているため、同校が特別のように見えるかもしれない。しかし両者は、明治時代から大正時代の高女に通った生徒で同じような体験をした者の思い出を代言していたと考えるのが自然である。実に健気と言いたくなるが、彼女たちは通学路で季節に応じた植物を採取することが楽しみであった。遠距離の通学路を苦労する者と、楽しみを見つけながら歩く者とがいた。

管見の限り、学校から実家までの最長通学距離は片道約二四キロである。毎日通学できるはずがない。大正九年（一九二〇）に岡山県井原町立高女（昭和四年［一九二九］に岡山県井原高女と改称）に入学した生徒は寄宿舎生活であったが、週末になると実家までこの長距離を歩いた。彼女は「赤い鼻緒の桐の下駄でホワイトライン入りの袴をひるがへして歩いて行ったものである」、「初めて六里歩いた日は足が腫れて動けなかった」という。同年の二学期から洋式の制服が定められると靴を履くようになった。しかし、「その頃から靴になりこれが又六里の道を歩くのに大変だった」という。教師から「そんなに足を痛めてまで度々家へ帰らなくてもよい」と注意を受けた。(14) さすがに約二四キロの距離は、下駄と靴とにかかわらず、足への負担の限界であったことがわかる。

2 和装に洋品と洋装に和品のミスマッチ

高女の生徒が靴を履き始めた事例は、洋式の制服に袖を通すよりも早かった。すでに明治時代の末期に確認できる。その一つが埼玉県立浦和高女である。明治四二年(一九〇九)に同校を卒業した生徒は、「私達が三年生の時、はじめて靴というものをはきました。音でそのよしあしを聞きわけました。きゅっきゅっというのが上等なのです。一円五〇銭ぐらいだといい音がしましたが、七〇銭ぐらいだと音がしませんでした」という。(15) 価格の差によって靴の音が違ったというのは面白い。

静岡県浜松実科高女(大正八年に浜松淑徳女学校と改称)では、明治四四年頃に靴を履いて登校することを校長に願い出た生徒たちがいた。ところが、質素倹約に努める校長から「一般の女性や家庭婦人を見てごらん。ふつうの婦人は靴など履いていません。あなた方も卒業すれば全部と言ってよいほど家庭に入り、ごくあたりまえの婦人になるのです。日本はまだ当分のあいだ、一般の婦人が靴など履くことはないでしょう。だから、あなた方も下駄でよろしい」と反対されて実現しなかった。(16)

これらは高女で靴を履いた、または履こうとした初期の様子を伝える記述である。珍しいものの、高女の生徒たちは下駄から靴へと変わることに抵抗がないことがわかる。そうした素地に重なるように、大正八年からの服装改善運動を含めた生活改善運動が起こり、それらが学校のなかに取り入れられるようになる。つまり、そうした運動を受け入れる姿勢が高女の生徒たちには備わっていた。

徳島県三好郡立女子実業学校（大正一二年［一九二三］に徳島県立三好高女と改称）を大正一一年に卒業した生徒は、「ある日校長先生に呼ばれて校長室に行きました。机の側に一足の黒ズック靴があり先生はこの靴をあげるから毎日はいて通学してその耐久力を調べるようにとの事で雨の日風の日もはき幾月か底のぬける迄履きつゞけた結果通学に靴を使用してよいとの許可が出ました。和服に下駄ならばですが和服に靴の対象こそこの当時でなければ見られない格好です」と証言する。この生徒によれば、靴の値段は一円二〇銭だったという[17]。

彼女と同学年で徳島県立徳島高女に通った生徒は、「靴を誂えに行きましたとき、母は「じきに合わなくなるのでゆっくり作ってくれるように」としきりに靴屋さんにたのんでいました。紫紺色の袴に中ヒールの黒靴をはいたときのうれしさは、さすがに忘れられません。（ただし指先にかなりたくさんの綿をつめて……）。これは私一人だけのことだったのでしょうか。そしてその靴が六円五十銭だったことも記憶しています」と書き残している[18]。大正七年（一九一八）から一〇年（一九二一）頃の徳島では六円五〇銭、三好では一円五〇銭が靴の相場であった。この値段の差は、高価な靴と安価なズックとの違いによる。徳島高女の生徒も靴を履いた嬉しさを忘れることがなかった。

靴やズックが登場するようになると、それらを履くことを嫌がるどころか、喜んでいる。高女の生徒たちに服装改善運動を含めた生活改善運動を受け入れる素地があったことがわかる。広島県町立土生実科高女（昭和一一年［一九三六］に広島県土生高女、同一三年［一九三八］に広島県立土生高女と改称）を大正一二年に卒業した生徒は、「元禄袖の着物に海老茶の袴」、「赤い緒をすげた桐の利休下駄に、夏でも白足袋をはいていたが、しばらくすると、ゴム靴が流行して、便利なのでみんな履いていた。しだいに革靴に変わっていって、ギュウ、ギュウいうので嬉しがっていた」という[19]。ゴム靴はズックのことである。

こうした喜び方は、前章で楽しみながら遠距離通学した生徒がいた香川県立丸亀高女も例外ではなかった。同校に大正一二年に入学した生徒は、「その頃、ゴム靴に女子用ハイヒールが流行しだし、小学生は袴なしの短い和服にハイヒールをはく者が流行の先駆者として羨望の的であったわけでした。丸女生を見た児童は、一番に黒光りの皮靴のコツコツという足音に非常に魅力を感じたものでした」と回想している。[20] この頃には学校の下駄箱に入れて保管するのではなく、往復で使用するようになった。

愛知県岡崎市立高女を大正九年に卒業した生徒は、「裾に毛べりをつけた紫紺の袴。これが学校のきまりでした。そして日和下駄。靴など思いもよらぬ時代でした。4年生ごろになってからです。運動の時にだけズックの靴を履く事になりました。その嬉しかったこと。みんな大喜びでした。得意になって通学に履いたりして、お叱りを受けた事もありました」と書いている。[21] 大正八年に運動用に許可されたズックを通学に用いて叱責されたという。一年だけとはいえ、下駄に替るズックを履けたことが嬉しかったところからは、新しいものに飛びつく若者の心理がうかがえる。

ところが、靴を履き慣れるのには時間がかかった。修学旅行のときは、電車以外はどこに行くにも歩いた。大正一二年に岡山県勝間田高女（昭和三年に岡山県林野高女に合併）の四年生は、奈良・伊勢方面に修学旅行に行ったときのことを「旅行のため初めて買ってもらった革靴で、足に大きなマメが出来、草履を買って折角の革靴を手に下げて歩いた」と書き残している。[22] 下駄に足が慣れているため、革靴で長距離を歩くのが容易ではなかったことが見て取れる。同年に関西に修学旅行を行った群馬県立安中高女も同じであった。「よそゆきの絹の元禄袖にカシミヤの海老茶の袴をつけ黒の靴下、黒の皮靴、黒いカバンを肩から下げて」いたが、「京都や奈良の町を毎日毎日テクテク見学が多いので、夜、宿についてからの、足の豆退治が大へんな仕事でした。あちらこちらでヨードチンキ

の匂と悲鳴」がしたという。(23)

こうした点は大正一一年に埼玉県立熊谷高女に入学した生徒の体験と一致する。彼女は「3年生頃になって靴が許されて、少しずつ靴を履く者も出て来ました。ヒールは一寸迄でした。今思えば、袴に靴もおかしなことですが、3分の1くらいはこの服装でした。修学旅行も勿論着物に下駄履きが大部分でしたが、中には新調した靴が途中で足にあたるようになり、痛くて歩けず、あわてて下駄屋を探すようなこともあり、関西で「田舎の女学生やなあ」と笑われてくやしがるようなこともありました」と回想する。(24)

修学旅行で歩く距離は尋常ではない。そのことを昭和五年（一九三〇）に長野県諏訪第二高女に入学した生徒の体験談が教えてくれる。関西方面に修学旅行したとき、木綿の着物に袴を穿き、白い肩掛けカバンで、下駄を履いた。彼女は「一日の行程の半分以上は、足で歩いたものですから、履いている下駄の歯のへる事は大変の《ママ》ものでして、宿の前に下駄の歯入れ屋さんがいて、ちゃんと歯入れをしてくれました。旅行中なんと、二回から三回入れてもらったものです」と回想する。(25)下駄の歯を二回から三回替えるほど歩いたのである。当時は高女の生徒はもとより、中学校の男子生徒たちも下駄を履いていた。したがって、修学旅行生が宿泊する旅館の近くには歯入れ屋が構えており、生徒たちの歯を次々と交換していた様子が目に浮かぶ。

着物、袴、下駄という組み合わせには、持ち物は風呂敷包が定番であった。ところが、生徒たちは白の肩掛けカバンを用いている。このアンバランスな関係は、広島県立松永高女の事例ではっきりする。同校に大正一三年（一九二四）に入学した生徒が「入学当時は、五つ紋ではかま姿に黒の規定の靴（多分六円五〇銭）、靴下の木綿のもの、それにかばんは肩からかける白の木綿かばんだったと思います」と語ると、翌一四年（一九二五）に入学した生徒が「それが大正末年になって、新しい制服に変ったわけです。夏はジャンパースカート（つりスカート）、冬はその上にバンドつきのオーバーのようなラシャの上衣、それに大きなえんの帽子をかぶりました。当時としては、なかなかモダンでした」と話している。(26)

ここで注目すべきは、大正一五年に大黒帽、ブレザー、ジャンパースカート、ベルトの組み合わせによる制服が制定される前に、全生徒が黒革靴、黒木綿の靴下、白の木綿の肩掛け鞄を使用していたことである。熊本県の私立尚絅女学校では「大正十四年六月になって、ついに着靴を許可した。しかし服は依然として和服のままであった。けれども、世の流行に反していつまでも和服を通すわけにはゆかないので、昭和三年久しく見なれた和服に訣別して、近代的な制服が制定された」。(27)大正一四年六月から昭和三年三月までは着物、袴、靴という組み合わせであった。

洋式の制服だけが遅れて使用されたわけである。となれば、こうした事例とは真逆で、洋式の制服だけが先行し、それ以外は着物に袴とともに用いられていたものが残り続けた事例もあるのではないかと考えたくなる。実際、この考え方を実証する事例がいくつも存在する。

その一つ目が青森県立弘前高女である。同校に大正一一年に入学した生徒は、「私達の入った年に初めて制服が出来まして綿サージセーラー服でございました。上級生は大抵和服に袴をつけ、白足袋をはいての登校で、私達は踵のついた靴を履き、セーラー服を着て、腰に大きな鞄をさげて登校したものでございます。雨が降れば、蛇の目傘をさして歩きました。上級生は任意なのですが、制服を着る人も、少しずつ増えたようです。しかし、殆んどは高下駄に蛇の目傘の姿であり、裁縫のある時には裁縫の包みを片手に持った、今考えると全く滑稽な姿でございました」と振り返る。(28)新入生はセーラー服、鞄、靴であったが、上級生は着物に袴、風呂敷包、高下駄で登校する者が多かった。セーラー服であっても唐傘というミスマッチは避けられなかった。

宮崎県立小林高女で昭和四年の修学旅行に参加した生徒は、「下駄を履き（下駄一足五十銭だった）黒の木綿の傘を持ち、カバンを肩にかけ、下関までやって来た」と証言する。同校は碁盤の柄の着物に紺の袴を制服としていたが、黒木綿の洋傘と洋式の肩掛け鞄を使用していた。和洋折衷の姿が災いして「東京行きの汽車に乗るとき、あなた達は外国から来たのですかと聞かれた。服装や、ことば使いなどから察したのか間違えられて、ひどく腹をたてたことを思い出す。その頃は他の学校は洋服だった」という記憶から消えることのない苦い体験を味わった(29)。

　セーラー服を着ていれば、高女以外の立場に間違われることがなかった。小林高女でも昭和四年にセーラー服を制服に制定した。ところが、それに合わせてすぐに洋式の組み合わせに変わったわけではなかった。昭和七年（一九三二）に同校を卒業した生徒は、「私達より三年位前の方達は縞の着物に紺の袴でしたが、私達は紺のセーラ《ママ》でグレーのネクタイでした。雨の時などセーラ《ママ》の上に三年生の時学校で縫った雨コート（和服用）を着て高下駄はいて」いたという(30)。雨の降る日は、高女の誇りであるセーラー服は和服用のコートに隠れ、足元も革靴が泥まみれになるのを避けるため高下駄を使用していた。

　こうした新旧が混在する姿で面白いのが、大分県立日田高女に昭和三年に入学した生徒である。折しも同年六月にセーラー服が制服となり、この生徒も「セーラー服になったときは嬉しかった」と回想する。しかし、続けて「ヘアースタイルはひっつめの束髪で、そのおはぎのようなまげにネットをかけなければ服装違反としてチェックされた。夏でも黒い靴下に黒い皮靴、その靴もブルドッグみたいだった」と書き残している(31)。

　ひっつめの束髪とは、明治末期の「二百三高地」と呼ばれる高さのある庇髪の流行が去り、それに替わって大正末期に登場した前髪を後ろに引っ張って、後ろを団子状に結んだ髪型のことである。島田髷のような日本髪に対して、束髪は明治一〇年代に洋式の髪型として登場した。したがって、洋髪の一種なのだが、昭和モダニズムの女子生徒の髪型はお下げが主流であり、束髪は日本髪のように古めかしい髪型になっていた。セーラー服と束髪という新旧の組み合わせはミスマッチであった。

この時期を過ぎると、セーラー服と髪型のミスマッチはなくなり、学年に応じて髪型を変えるのが主流となる。昭和一三年に鳥取県立根雨高女に入学した生徒は、「一年生はおかっぱ頭、二年は前髪を分ける、三年になったら後ろで二つにくくる、というのが原則だった」という。[32]同じような証言は、昭和一五年（一九四〇）に大分県立佐伯高女に入学した生徒にも確認できる。この生徒は、一年生のときはおかっぱ、二年生は両分けおかっぱ（横分け）、三年生はお下げ、四年生は三つ組お下げと、学年によって髪型を変えた。しかし、お下げは、「先生に再三叱られないと結ばなかった」と回想する。[33]両校では一年生のおかっぱを許容しているが、それを禁止する学校も少なくなかった。昭和一〇年（一九三五）までにセーラー服が普及するのと軌を一にして、小学生などの低学年のおかっぱと、高女の高学年のお下げとが、女子生徒の髪型として定着することとなった。

下駄から靴への移行も、昭和七年から一〇年頃には一段落する。鳥取県立根雨高女は、昭和四年にセーラー服を制服にした。昭和六年（一九三一）の入学生は「私達は素足で緑色の緒の下駄をはきました」というが、同九年（一九三四）の入学生は「セーラー服に新調の革靴、歩くとザクザクと靴底の金具の音、何とも心地よく、美しく、つつましい青春時代を想い出す」と証言している。下駄から革靴への過渡期がうかがえる。昭和一〇年の入学生は「私達は黒くつ下で、革靴、中ヒールのひも付きをはきました」という。[34]セーラー服を制定してから六年を経て、革靴と黒長靴下という組み合わせが揃ったのであった。

この前後の回想から、セーラー服に袖を通すのとともに、靴や鞄を初めて手にする生徒が散見される。昭和七年に山口県立厚狭高女に入学した生徒は、「四年生が真心こめて作った制服が長い列をして大中小で手渡され、学校指定靴屋では入学式の時、寸法を計った制靴を届けて来ました。上から下まで四年間使用出来る様に出来ておるものですから、縫い上げの出来た服で、カポカポいう靴をはいた可愛いい（ママ）一年生が出来上り、恰好は一人前の女学生になりました。靴から出る大きな音にも喜びを感じたものでございます。スカートの襞数はいくつ、スカートの丈は膝頭より何センチ白カラーはいつも清潔にとなかなかきびしい掟？がありました。すっきりした恰好でない姿でも、むしろそれが歴史の古い県立高女の誇の様に思って守ったものでございます」と述べている[35]。

昭和九年に高等小学校から大分県立国東高女の二年生に編入した生徒は、「兄から入学祝いにと、立派な手さげカバンと革靴を送ってくれ、また母も苦しいやり繰りの中から、夢にまでみた「紺のセーラー服」を買ってくれ、うれしくてたまりませんでした。「いろり」のあった板張りの台所で、新調のセーラー服を着て靴を履きコトコトと音をあてながら、歩き廻った時の感激は、きのうの事のように思われ、今だに忘れることができません。女学校までは、二里（八キロ）ほどの道のりでしたが、重いカバンを下げ歩いて通いました」という[36]。

セーラー服、靴、鞄という組み合わせが主流となるが、雨が降る日には洋傘ではなく唐傘を差していた。昭和七年に鳥取県立根雨高女に入学した生徒は、「日傘は綿の黒いものでした」、「雨の日はカラカサ」を差したという[37]。昭和六年に岩手県の盛岡女子商業学校（昭和一五年に盛岡市立女子商業学校と改称）を卒業した生徒は、「雪や雨の日は屋号の大きな字が書いてある番傘をさし」たと回想する[38]。開いた傘の表面には店の屋号、学校名、生徒の姓を書き入れたものが少なくなかった。長崎県立口加高女で昭和一一年の雨が降る日に撮影した通学時の写真があるが、セーラー服に丈の長いスカートを穿き、黒靴下に革靴を履いている。手提げの鞄を片手に抱え、もう一つの手には唐傘を差している。一人の生徒は、開いたときに蛇の目のように見えることから、蛇《じゃ》の目《め》と呼ばれた模様を差す。他の二人は、無地で「竹下」など姓を毛筆で書いたものを差している[39]。

このミスマッチは終戦後まで継続することとなる。明治時代から洋傘でも絹張りは禁止され、色も黒か白など地味なものに限る高女が少なくなかった。しかし、洋傘は日傘が主流で「晴雨兼用」の傘が流行するのは昭和八年（一九三三）頃であった。紙に油を塗った唐傘は洋傘に比べて安く、防水の面でも優れていた。このミスマッチの解消は、昭和二八年（一九五三）にナイロン製の雨傘が登場し[40]、それが一般的に普及するまで待たなければならなかった。

3　袴とスカートの連続性

和服から洋式の制服への変化の過程ではミスマッチの時期が存在したことを確認した。その過程では第1章で述べた生徒たちと、第4章で述べる生徒たちとで身体感覚が大きく変わる。しかし、袴からスカートへと形状は変化しても、それを履く生徒たちに変わることのない意識があった。第3章では、その連続性について検討する。

鳥取県立鳥取高女では、明治三四年（一九〇一）に木綿の海老茶袴を穿くようになった。そして明治三八年（一九〇五）から袴の裾上三寸（約九センチメートル）くらいのところに白線を入れたが、これが鳥取高女の伝統と矜持のシンボルであった。その頃の生徒は「皺になり易い木綿の事とて、毎日霧を吹き叮嚀に畳みて、寝床の下に敷くなど袴の皺には随分苦心致しました」と語っている[41]。自分たちの誇りである袴に皺が入っていてはみっともない。いつも張りのあるよう袴の手入れは欠かせなかった。

長野県諏訪第二高女（昭和一一年に長野県岡谷高女と改称）の証言からは、修学旅行先の旅館で全員が袴の寝押しをしていたことがわかる。昭和九年に関西を修学旅行した生徒は、「木綿の袴は一日歩いてくると皺だらけになり、寝押しする時の宿の大部屋の賑やかさと壮観さ、ほんとにみごとなものでした」という。[42]昭和一〇年を迎えると、全国のなかでも長野県の袴姿は珍しくなってきた。

昭和一一年に岡谷高女の袴が修学旅行先で事件を起こす。女子生徒たちは奈良の旅館で就寝時間に袴の寝押しをした。朝起きて袴を確認したら大変なことになった。「前日大雨に逢って濡れた袴を寝押しをしたまではよかったが、濡れ方がひどかったために袴の染料がおちてしまい、使用した部屋全部の畳をエンジ色に染めてしまった」[43]。この事件によって、昭和一二年(一九三七)にブレザー型の制服を定めることとなった。木綿の袴と染料の相性が合わなかったのか、質の悪い染料を使っていたからなのか、当時の技術では着物の染料は水分を含むと色が滲み出てしまうのか、色々なことが考えられる。洋式制服は、そうした問題点を克服することができたといえる。

昭和五年四月に埼玉県の深谷実科高女(昭和一五年に埼玉県深谷高女と改称)へ入学した生徒は、「大変なのは、はかまの手入れである。はかまのひだが丸くなっているのは、ものぐさ者であると見られた。そこで、ひだがきちんとついているようにしつけで止めてたたみ、ひもは石だたみにする。時々寝おしをするとひだがピシッときまって、はいても美しい」と述べる。この生徒が三年生を迎える昭和七年に、着物に袴からセーラー服へと変わった。上記の文章に続けて「ひだのスカートだったので、依然として、しつけと寝押しからは開放されなかった」と書いている。[44]

雨は寝押しをした襞の天敵であった。和歌山県南部町立紀南高女の生徒は、「みんな歩いての通学でしたので大変だったと。特に雨の日なぞスカートのひだもなくなる程ぬれて本当に気の毒だったのを覚えています」と回想する。[45]広島県立忠海高女を昭和一四年(一九三九)に卒業した生徒も「新調のセーラー服泣かせの雨が新学期にはよく降ったものだ。着慣れぬ雨合羽をまとい小泉峠を乗り越えて登校してみるとスカートの襞はとれて、まことにみじめなものであった」と振り返る。[46]

東京市立目黒高女に昭和一七年（一九四二）に編入学し、のちに人気作家となる向田邦子も寝押しを行っていた。向田は、当時の寝押し作業を「女学生の夜の儀式」と呼ぶ。「まず布団を敷く。それから敷布団ごと、柏餅を二つ折りにするように折り畳んでおいて、畳の上にスカートを置く。スカートは紺サージである。慎重に前と後の襞を整え、そろそろと、整えた襞を乱さぬよう敷布団をのせなくてはならない」、「朝、目が覚めると、一番先に布団をめくって、スカートを調べた。寝相が悪かったせいであろう、襞に二本筋がついていることもある。おかしな具合に折れ曲がっていることも多かった」という。スカートの襞を真っ直ぐに保つことは難しかったようだ。朝起きて、襞に二本筋がついたり、折れ曲がってしまったときには「「ああ、どうしよう」朝から気持ちが潰れた」という。また「たかがスカートの襞の一本や二本と思うのは、いま、大人になっての気持ちである。あの頃は、それが何かの目安だったのであろう」と回想する。[47]真っ直ぐに整った襞は、袴とスカートにかかわらず、女子生徒たちの誇りであった。

袴時代の裾上に入れていた白や黒などの線は、スカートに替わってからほとんど姿を消した。しかし、スカートの裾上に白線を入れた学校の生徒たちは、袴時代のそれと同じように誇りを持っていた。福岡県学事課ではセーラー服の規格を統一する指示は出さなかったが、昭和一六年（一九四一）四月以前の高女で八八・八パーセントがセーラー服を制服としていた。[48]福岡県久留米高女では、他校との区別がつきづらいため、昭和一一年六月一二日にスカートの裾上に白線一本を入れるようにした。当時の生徒は「私達はこの白線の誇りに対して益々自重し、決して過ちをしないよう、否進んで衆の範たることを心掛け、且つ九〇〇名の魂がこの白線によって固く麗わしく結ばれんことを祈る」と感想文を書いている。[49]袴とスカートの裾上の線は、高女のエリート意識の表象であった。

4　自転車通学と身体感覚の変化

明治時代に靴を履いた者がいたように、その頃に自転車に乗った女子生徒がいなかったわけではない。明治三六年（一九〇三）二月から九月まで小杉天外が『読売新聞』に連載した小説『魔風恋風』が同年一一月に単行本化されたとき、その前編の挿絵に自転車に乗るヒロインの萩原初野が描かれた。そのいでたちは、矢絣の着物に海老茶袴、白いリボンをつけた髪は結流しである。[50] これに影響されて、当時の引き札には自転車に乗る女子生徒の姿を描いたものが散見される。

しかし、東京など都市部の女子生徒で乗った者がいたとはいえ、それが全国に普及することはなかった。高女では良妻賢母を教育理念としており、その一つとして礼法の授業が行われていた。男子生徒のように活発な行動は好まれなかった。そうした教育および社会風潮が大きく作用していたと考えられる。この点は大正時代に女子の体育が競技化するのと重なる。大正八年に起きた服装改善運動を含む生活改善運動は、高女の生徒たちがより活動的に学校生活を送ることに正当性を与えた。そこに遠距離通学者を助ける自転車も含まれていた。

したがって、この頃から洋式の制服より先に、自転車通学を奨励する校長も登場するようになる。大正八年に愛知県新城高女の四年生だった生徒は、「自転車を利用したものが四年生当時全校で三人ありました。まだ自転車はめずらしく、一般女性では乗る人も見当らなかった」という。そのときの校長は「これからの女の人は、いざという時の備えに、自転車位に乗れなければ駄目です」と叱咤激励した。ところが、こう証言する彼女が大正一〇年に新城小学校に勤めるようになったとき、自転車を購入したところ、父親から「女だてらに自転車で通うなどはおてんばが過ぎる」と叱られた。[51]

愛知県宝飯郡立国府高女に大正一〇年に入学した生徒は、入学試験の口頭試問で校長から「自転車に乗れますか」と聞かれて「今は乗れませんが、入学できれば一心不乱に稽古をして通学に間に合わせます」と答えた(52)。そうはいうものの、自転車屋には男性用しかなく、大阪から女性用の自転車を取寄せた。それが到着するまで男性用の自転車で練習し、入学から一月で乗れるようになった。自転車通学までは片道一二キロを靴を履いて歩いたが、「帰路の半ばぐらいまで来るとさすがに足も疲れて来ます。入学と同時に初めて履いた靴も馴れないためか重くて脱いで手に提げて素足」になったという(53)。

そして女性用の自転車が到着すると、それに乗って通学を開始した。友達たちも同じように自転車の訓練をしたようで、学校まで隊列を組んで進んでいる。そのときの模様を「みんな上手に乗れるようになって隊伍を組んで通学する姿は質素な中にも時代の先端を行く乙女達の晴れやかな姿そのものでした。服装は和服の木綿の飛白に胸高に海老茶の袴を着け、黒靴下に踵の高い黒革靴、袴の裾の記章は円満、向上、貫徹、謙譲の美徳を兼備するのをシンボルとしたものでこの記章の付いた袴を銀輪にひらめかしてさっそうと通学したものです」と書き残している(54)。

埼玉県の児玉高女は、大正一一年四月に三年制の町立児玉裁縫学校から、四年制の組合立児玉高女へと昇格した。児玉高女の第一期生として入学した生徒は、「入学当初は制服もなく、元禄袖に海老茶の袴をはき、朴場の下駄を履いて通学しました」という。そして「その頃は女性の靴と自転車は珍しくて、最初に自転車に乗って来たMさんを、靴を履いて来たSさんを、同級生がかこんでガヤガヤと物珍しそうに騒いだものでした。そのうちに上級生にも下級生にも自転車通学の人が多くなって、登下校時の町は自転車に乗って袖をヒラヒラさせた女学生の行列が、華やかなもので人目を引いたものでした」と語る(55)。上記二例からも洋式の制服だけが遅れていたことがわかる。

女子生徒が自転車に乗る姿は、初めて目にする人たちを驚かせた。江戸時代を中心とした農村史の研究者である古島敏雄は、大正一三年の夏に「半田の町あたりで制服の女学生が多数自転車に乗っているのをみて驚いた」、「セーラー服の制服をきめてなかった飯田の女学生は和服に袴であり、女学生の自転車通学はなかったのである。中学生のやっていることを愛知県では女学生もやっているという感じで驚いた」と振り返る(56)。

長野県飯田高女がセーラー服を制定するのは昭和二年(一九二七)四月だが、愛知県知多高女(昭和一三年に愛知県半田高女と改称)は大正一二年に洋服着用許可を出すと多くの生徒がセーラー服(大正一四年に制服)を着るようになった。またセーラー服を着るだけでなく、靴を履いて自転車に乗っており、飯田の女子生徒に比べると時代を先取りしていた。古島は、モダニズムの文化の差に驚きを隠せなかった。

静岡県富士郡吉原町外七ヶ村学校組合立富士高女(昭和二年に静岡県立富士高女と改称)では、大正一一年に教師が生徒に「将来の嫁入道具の二大要件はミシンと自転車である」と説明している(57)。大正一五年に同校の自転車通学者は五八名、昭和三年には九四名に達した。山口県立久賀高女では、昭和九年七月から自転車通学が許可され、同一五年には六一人が自転車通学を行っている(58)。宮城県涌谷高女では、昭和一〇年頃から自転車が使われ、同一三年には父兄の寄付金で自転車置き場が設置された(59)。

この間に全国の高女で急速に自転車が普及したことが理解できる。それでもまだ女性が自転車に乗ることに批判的な人がいたのも事実である。そのことは大分県立佐伯高女の生徒の証言からわかる。彼女は、昭和一三年の三年生の終わり頃に徒歩から自転車通学へと変更した。その頃は「女が自転車に乗ると子供が産めなくなる」と言われていたという。その直後にバスも開通したため、「お天気の日は自転車で雨の日はバスでというように、私達の生活にもあれこれと文明の光がさし込んで来るようになりました」と回想する(60)。

佐伯高女の生徒が自転車を乗る頃は、すでに前年七月から日中戦争が始まっていた。国民精神総動員中央連盟は、昭和一三年七月一四日および八月四日に「非常時国民生活様式ニ関スル決定事項」を決定し、服装の簡素化や新調見合わせなど国民生活の自粛を求めた。この方針を受けて山口県学務部は、県下学校に「生徒制服の新調の見合わせ」、「皮革製品の購入禁止」、「皮靴の代わりに下駄、草履の使用を認める」などの物資節約を指示した。山口県立萩高女では、昭和一四年九月から下駄履き通学を奨励し、靴下は先を二つに割って下駄履き使用に改修させた。そして昭和一五年からは全生徒が下駄履きに統一され、桐下駄や塗り下駄を禁止した。(61) また同校では昭和一五年から植林作業で履いたモンペが、翌一六年に運動会で用いられ、同一八年(一九四三)には制服となった。(62)

こうした方針は同時期に全国の高女へと広がっていく。山形県立第二高女では、昭和一四年六月七日に校長が「国策ニソフ為本日ヨリ校内ニテ靴下ヲ使用セヌ」との訓話があり、七月四日には「明日ヨリ下駄ヲ使用スル事ノ許可ヲ与ヘタ」(63)。昭和一五年三月に岡山県味野高女を卒業した生徒は、「セーラー服に紅緒の下駄で通学したのもこの頃でした」と回想している。(64)

昭和一五年に愛知県立蒲郡高女に入学し、同一九年(一九四四)に卒業した生徒は、「セーラー服で、衿にはまっ白なカラーを付け、黒の紐のネクタイ、寝押しのきいた細い襞のスカートを穿いて、ま、颯爽としていたつもり。ところが、足もとの方は、下駄を履いていたことが多かった。下駄を履く時は黒い鼻緒と決められていた。だから、ノーストッキング、白いふっくらとした足に黒の緒がその足をいっそう白くみせたのであった。黒の靴下、黒の皮靴のピカピカを履くのは特別の学校行事のある時だけだった。そんなわけで、学校へ着くと、これまたスカートを脱いでモンペに穿き変える習わしであった」と証言する。(65) 彼女はセーラー服、スカート、靴を大事に使っていたことがうかがえる。昭和一五年の入学生がこのセットを新品で揃えることができた最後の生徒たちであった。

日中戦争の長期化は、女子生徒の脚を見せてはならないという躾をなくすこととなった。しかし、脚が露出するのはスカートを穿く場合であり、それに代わって脚を隠すモンペが通学着となる。蒲郡高女の生徒は学校でスカートからモンペに着替えたというが、全国の女子生徒のほとんどがセーラー服は「特別の学校行事のある時だけ」に着て、そのときに備えて大切に保存した。入手困難な黒長靴や黒革靴も同じであった。日中戦争下の佐賀県立伊万里高女に通った生徒は、「学生は、靴下なしで、靴なしで、素足に下駄ばき、銃後は固し」という歌を詠んでいる。[66]

昭和一六年四月から文部省標準服という統一型の制服が施行されると、上衣は文部省標準服、下はモンペ、履物は下駄という和洋混合の姿が多く見られるようになる。それらは戦時体制がもたらした女子生徒たちが好まない姿であった。[67]その証拠の一つに、昭和一六年に佐賀市立成美高女に入学した生徒が「女学校には入学したものの憧れのセーラー服は着せて貰えず、国民服という、なんとも奇妙なダブダブの服を着せられ、モンペに下駄履と今では想像もつかないような変な格好でした。せめて一年早く生れていたらセーラー服にひだの一杯あるスカートが着れたのにと何度思った事でしょうか」と、[68]悔しい思い出を書き残している。

昭和一六年一二月八日に太平洋戦争が始まると、生徒たちの制服や持ち物を充実させるのは難しくなっていく。昭和一七年に岩手県立高田高女を卒業した生徒は、「履物はゴムの短靴か長靴、それも配給制ですから下駄をはいて通学です」という。[69]山口県立熊毛高女では、昭和一八年に七〇七人の生徒のうち一二三人が自転車を利用していた。また自動車通学が四人いるのには驚く。同校では「自転車通学生徒の一列縦隊通行」を指導していた。[70]しかし、太平洋戦争が長期化すると、自転車通学は難しくなる。

そのことは昭和一八年に山形県立酒田高女に入学した生徒の証言からわかる。彼女によれば「当時は、物資はすべて配給制度でしたので、一、二年の時は砂越駅まで自転車通学をしましたが、三年生からはタイヤが手に入らず、片道六キロの道をげたで歩きました。げた屋さんから買ってきたままの鼻緒では、足がマメだらけになり痛くて歩けないので、母が鼻緒の中に綿を入れて特別に作ってくれたのをはいて歩きました。それでも、雨の日などはすれてはかれないので、田んぼ道ははだしで歩いたものでした」という。[71] セーラー服とともに靴や自転車を入学時から使っていた生徒の身体感覚は、着物、袴、下駄で歩き慣れていた生徒たちの身体感覚に戻ることが困難になっていたことがわかる。ここに大正時代までの生活習慣が後退し、戦後に昭和モダニズムの生活習慣が広がっていく過程を見て取ることができる。

セーラー服、黒長靴下、黒革靴という組み合わせが板についてきたが、昭和一二年の日中戦争、同一六年の太平洋戦争が起きると、それらの調和が難しくなっていく。セーラー服、黒長靴下、黒革靴、鞄、自転車という組み合わせが再び定着するのは、昭和二〇年代に衣服の配給制度が終わり、全国の新制高等学校で新制服を制定する段階まで待たなければならない。戦時経済によって、大正末期に起きた服装改善運動を含む生活改善運動が一時的に断絶を余儀なくされるが、それが収まることで再始動したわけである。そのように考えると、学校教育および学校生活の場では、服装改善運動を含む生活改善運動は連続性を帯びていたと位置づけることができる。

おわりに

高等女学校の生徒たちに入ってきた洋式文化は、束髪、洋傘、靴、靴下、鞄、自転車の方が洋服よりも早かった。全国的に見れば下駄が主流であったが、少ないとはいえ袴に長靴下に革靴というミスマッチの姿が登場した事実は見逃せない。また着物に袴なのに、風呂敷包ではなく肩掛け鞄を用いる生徒もいた。明治時代から大正時代まで、片道一〇キロを下駄履きで歩くことは珍しくなかった。革靴を初めて履いたときの嬉しさを忘れなかったという回想が散見される一方、それを履き慣れるまで時間がかかったことも確認できた。とくに遠距離を歩く修学旅行では、途中で靴から下駄へと履き替える女子生徒がいた。

大正一〇年から昭和一〇年までの間にセーラー服が普及する。それに袖を通した最初の学年のなかには、靴下に革靴ではなく下駄を用いる生徒もいた。風呂敷包を抱えたり、雨の日には和服用のコートを着たりと、和洋折衷のスタイルは継続した。とくに雨用の唐傘は太平洋戦争が終わるまで用いられた。このように、セーラー服という制服に焦点を当てるのではなく、それにともなう学校生活文化に注目することで、着物に袴は風呂敷包、下駄、徒歩、洋式の制服は鞄、長靴下、革靴、自転車というステレオタイプで理解することが妥当ではないことがわかる。

女子生徒の身体感覚が変化しても、袴とスカートの襞と裾の線に対するエリート意識は変わらなかった。

女子生徒の遠距離通学を助けた自転車も、セーラー服が制服に制定される前から導入する学校が存在した。そして自転車は、セーラー服の制定に少し遅れを取りながら普及していった。女性が自転車に乗ることを批判する時期の終わりを告げさせたのは、高女の生徒たちがそれに乗って通学する光景が珍しくなったことが大きい。これは着物に袴から洋式の制服へと衣替えしたことで、女子生徒の洋装姿が定着したのと重なっている。これらとともに、風呂敷包から鞄、下駄から長靴下と革靴、という組み合わせに自然と移り変わっていった。それらがすべて洋式となって組み合わさる頃には、下駄で長距離を歩くことが困難になった。

高女の生徒と言っても、大正時代までと、昭和時代とでは身体感覚に大きな違いがある。着物に袴のときから洋式の靴や鞄を用いていたことは、大正八年の服装改善運動を含めた生活改善運動を受け入れる素地があったと位置づけられる。そして、本チャプターでも述べたように、和洋折衷の過渡期を経て、洋式の組み合わせが女子生徒の学校生活で主流になっていく。筆者が論じてきたとおり、学校教育および学校生活の場では、服装改善運動を含めた生活改善運動は成果を上げていたのである。そして、女子生徒たちの身体感覚の変化は、戦後に彼女たちの娘の生活習慣へと結びついていく。そうした長期的かつ巨視的な視点で見ると、大正時代の服装改善運動を含めた生活改善運動は、昭和三〇年代の高度経済成長による生活様式の変化に連続していると位置づけることができる。[72]

註

（1）拙稿「明治時代の高等女学校と服装論議―女子生徒の着袴―」（『大倉山論集』六四輯、二〇一八年三月）、拙著『洋装の日本史』集英社インターナショナル新書、二〇二二年参照。

（2）拙著『セーラー服の誕生―女子校制服の近代史―』法政大学出版局、二〇二一年参照。

（3）難波知子『学校制服の文化史―日本近代における女子生徒服装の変遷―』（創元社、二〇一二年）は、高女の服装について検討しているが、その問題提起はお茶の水女子大学で所蔵する通学服の変遷図の変化を明らかにすることに重きが置かれ、女性の洋装化や身体感覚の変化について分析しているわけではない。そのため、着物と袴に関する紹介記事が多く、洋装化が本格的になる昭和時代についてはほとんど書かれておらず、本チャプターで取り上げる女子生徒の身体感覚の変化という観点から、髪型、履物、持ち物、自転車などを分析することもしていない。
（4）高橋晴子『近代日本の身装文化―「身体と装い」の文化変容―』三元社、二〇〇五年。
（5）『中村高校八十年史』高知県立中村高等学校創立八十周年記念事業実行委員会、一九八〇年、八六二頁。
（6）『鈴懸とともに―創立七〇周年記念―』埼玉県立熊谷女子高等学校、一九八一年、二九頁。
（7）『玉名高校七十年史』熊本県立玉名高等学校、一九七三年、三五〇頁。
（8）『創立七十周年記念誌』八日市場敬愛高等学校、一九九一年、二〇九頁。
（9）同右。
（10）『青森県立青森高等学校史』青森県立青森高等学校、一九七四年、七六頁。
（11）『藤蔭　創立五〇周年記念』静岡県立藤枝西高等学校、一九六九年、四九頁。
（12）『亀城のほとり』香川県立丸亀高等学校創立百周年記念誌編集委員会、一九九三年、三〇三頁。
（13）香川県立丸亀高等学校創立八十周年記念文集『想い出』一九七三年、一三九頁。
（14）『80周年誌』岡山県立井原高等学校80周年誌編集委員会、一九八三年、一〇六頁。
（15）『麗・ゆうかりとともに』埼玉県立浦和第一女子高等学校創立百周年記念事業実行委員会、二〇〇〇年、三三五頁。
（16）『西遠女子学園の八十年』静岡県西遠女子学園、一九八六年、六～七頁。
（17）『六十年誌』徳島県立辻高等学校、一九七六年、三四頁。
（18）『六十周年記念誌』徳島県立城東高等学校城東高校渭山同窓会、一九六二年、六一頁。
（19）『創立七十周年記念誌』広島県立因島高等学校同窓会「たちばな会」、一九九三年、二〇頁。
（20）前掲註（13）『想い出』一四三頁。

(21)『愛知県立岡崎北高等学校写真六十年史』一九六七年、三〇頁。
(22)『岡山県立林野高等学校創立80周年記念誌』岡山県立林野高等学校創立80周年記念実行委員会、一九八八年、九頁。
(23)『安中高校の六十年』群馬県立安中高等学校、一九八〇年、三一頁。
(24)前掲註(6)『鈴懸とともに』七八頁。
(25)『創立六十周年記念誌』長野県岡谷東高等学校、一九七二年、一二頁。
(26)『松高50年の歩み』広島県立松永高等学校、一九七一年、九五~九六頁。
(27)『尚絅七十年史』尚絅学園、一九六〇年、一二九頁。
(28)『八十年史』青森県立弘前中央高等学校創立八十周年記念行事実行委員会、一九八〇年、三六九頁。
(29)『創立六〇周年記念誌』宮崎県立小林高等学校、一九八二年、一〇一頁。
(30)同右、一〇三頁。
(31)『陽柳会五十年記念誌』日田高等学校、一九七一年、一〇一頁。
(32)『鳥取県立根雨高等学校創立八十二周年記念誌』鳥取県立根雨高等学校・同双葉同窓会、二〇〇二年、八九頁。
(33)『鶴城—開校70周年記念誌—』大分県立佐伯鶴城高等学校、一九八一年、一七七頁。
(34)前掲註(32)『鳥取県立根雨高等学校創立八十二周年記念誌』五八頁、七八頁。
(35)『山口県立厚狭高等学校百拾周年記念誌』山口県立厚狭高等学校、一九八三年、一五三頁。
(36)『大分県立国東高等学校創立七十周年記念誌』大分県立国東高等学校創立七十周年実行委員会、一九九二年、七三頁。
(37)前掲註(32)『鳥取県立根雨高等学校創立八十二周年記念誌』五八頁。
(38)『21世紀への新たなる息吹』盛岡市立創立80周年記念誌編集委員会、二〇〇〇年、九三頁。

(39)『口加百年史』長崎県立口加高等学校、二〇〇二年、二三頁。
(40)今村淩之佑『日本洋傘ショールの歴史と名鑑』日本洋傘新報社、一九六四年、『洋傘ショールの歴史』大阪洋傘ショール商工協同組合、一九六八年、参照。
(41)『鳥取西高百年史（本文編）』鳥取西高百年史編纂委員会、一九七三年、三四三頁。
(42)『岡谷東高校七十年誌』岡谷東高等学校創立七十周年記念事業実行委員会、一九八三年、二〇七頁。
(43)同右、二二三頁。
(44)『七十周年記念誌』深谷第一高等学校、一九七八年、一七五頁。
(45)『南部高等学校の百年』和歌山県立南部高等学校、二〇〇五年、二七九頁。
(46)『広島県立忠海高等学校創立80周年記念誌』一九七七年、二一五頁。
(47)向田邦子「襞」（『太陽』一九八〇年二月号）。
(48)拙稿「昭和戦前期の高等女学校とセーラー服の統一化」（『大倉山論集』六七輯、二〇二一年三月）、前掲註（2）『セーラー服の誕生』第4章「セーラー服に統一を図った県」参照。
(49)『明善校九十年史』福岡県立明善高等学校明善校九十年史刊行会、一九七〇年、三〇一頁。
(50)小杉天外『魔風恋風　前編』春陽堂、一九〇三年、口絵。
(51)『創立五十周年記念誌』愛知県立新城高等学校、一九六二年、八〇～八一頁。
(52)『国府高校創立60年誌』国府高等学校創立60周年実行委員会、一九七八年、一三四～一三五頁。
(53)同右。
(54)同右。

（55）『児玉高校五十周年誌』埼玉県立児玉高等学校、一九七六年、二〇頁。
（56）古島敏雄『子供たちの大正時代―田舎町の生活誌―』平凡社、一九八二年、二九〇〜二九一頁。
（57）『静岡県立吉原高等学校創立一〇〇周年記念誌』静岡県立吉原高等学校創立百周年記念事業実行委員会、二〇〇八年、八五頁。
（58）『燦―久賀高七十五年のあゆみ―』山口県立久賀高等学校、一九九四年、四〇頁。
（59）『宮城県涌谷高等学校創立60周年記念誌「涌谷の60年」』宮城県涌谷高等学校、一九七九年、一八頁。
（60）『鶴城―開校70周年記念誌―』大分県立佐伯鶴城高等学校、一九八一年、一七〇頁。
（61）『山口県立萩高等学校百年史』山口県立萩高等学校、一九七三年、五六五頁。
（62）同右、五六六頁。
（63）『山形北高等学校創立五十周年記念誌』山形県立山形北高等学校、一九七九年、八二頁。
（64）『創立七十周年記念誌』岡山県立児島高等学校、一九八九年、六〇頁。
（65）『創立七十周年記念誌』愛知県立蒲郡高等学校創立70周年記念事業委員会、一九八二年、六八頁。
（66）『伊高創立七十周年学校誌』伊高七十周年記念事業推進委員会、一九八五年、三一頁。
（67）拙稿「日中戦争と太平洋戦争における高等女学校の制服―セーラー服と文部省標準服―」（『総合文化研究』二四巻一〜三号、二〇一九年三月）、前掲註（２）『セーラー服の誕生』第８章「日中戦争とアジア・太平洋戦争下のセーラー服」参照。
（68）『佐高創立百周年記念誌』佐賀県立佐賀西高等学校、一九七七年、三三九頁。
（69）『高田高校五十年史』岩手県立高田高等学校、一九八〇年、一〇八頁。

（70）『山口県立熊毛南高等学校百年史』山口県立熊毛南高等学校、二〇〇二年、一三八〜一三九頁。
（71）『有煒—創立八十周年記念誌—』山形県立酒田西高等学校、一九七八年、九〇〜九一頁。高女によっては下駄の入手を制限していたところもあった。昭和一九年に岡山県瀬戸高女を卒業した生徒は、「通学は赤い鼻緒の一円以下の下駄で、履けなくなるまで履き、許可印がなければ次の下駄が買えなくなっていました」という（『創立八十年誌』岡山県立瀬戸高等学校、一九八八年、一一二頁）。昭和二〇年（一九四五）に岡山県井原高女を卒業した生徒は、「通学距離が四キロ以内は徒歩通学で、下駄履きにモンペ、黒い布で作った背負い鞄」と記している（『九十周年誌』岡山県立井原高等学校、一九九三年、四六頁）。
（72）洋装の発展段階論としての連続性については、前掲註（1）『洋装の日本史』、拙稿「日本近代服飾史の発展段階論」（『日本歴史』九〇〇号、二〇二三年五月）で論じた。

Chapter 3

「誰」がモダンガールか？――モダンガールのリアリティ、可視化、そして、「モダンガール写真」

斎藤光（京都精華大学・マンガ学部）

はじめに

「モダンガール」が初めて日本で語られたのは、関東大震災の直前、一九二三年一月のことであった。これを出発点として、彼女や彼女たちは、はじめは少しずつ、やがて、急速に概念化され可視化されてゆく。こうした概念化や可視化は日本に始まり、すぐに東アジア全域へと広がっていったのである。

「モダンガール」は、新しいタイプの若い女性であった。街を歩くようになった彼女や彼女たちは、その外見や服飾でも注目を集めた。つまり、「モダンガール」は、「東アジアの服飾・装飾」を考えるとき、重要な対象であり主体である、と位置づけることができる。

とはいえ、「モダンガール」にはいまだ多くの謎がある。その多くの謎は、学術的な解明を待っている。このチャプターは、その謎の一つを解こうとする試みである。

では、その「謎」とは何か。

私たちは「モダンガール」がいた、ということを、いま、何の疑問も持たずに受け入れている。私たちは、いま、二〇二五年を生きているが、およそ一〇〇年前、一九二〇年代後半から一九三〇年代の日本を生きていた人々も、同時代的に「モダンガール」がいることを疑ってはいなかった。この、「モダンガール」が「いる／いた」という受け取り方は、「モダンガール」の同時代的、そして、歴史的「リアリティ」の問題、と名づけることができよう。

では、「モダンガール」のリアリティ、「モダンガール」の実在性はどのように成立していたのか。また、どのようにいまも成立しているのだろうか。このことが「謎」へ入り口である。そこから考えていこう。

「モダンガール」である彼女のリアリティの問題を、こう考えることができるのではないだろうか。

同時代のリアリティは、街頭を歩く彼女、あるいは、彼女たち、店内にいる彼女、あるいは、彼女たちを見る／見たという「経験」によってもたらされたのではないだろうか。

街頭や店内の彼女を「見る」ことができた、彼女や彼女たちを「見た」、という経験が彼女の社会的登場の真実性や社会的実在性を支えていたと考えて問題はなかろう。

ところで、この彼女を「見た」という経験は、実際に見た、ということに限定されないはずだ。同時代でも彼女が街頭を歩く、街頭にいる、店内にいる「写真」を「見る」ことにより「経験」が共有されてもいた、と仮設できるのではないだろうか。

もしこの仮設がある程度正当であるとするなら、いま、私たちが、彼女や彼女たちがいた、ということをリアルに実感できるのは、街頭を歩く、街頭にいる、店内にいる彼女や彼女たちの「写真」があるからに他ならないことになる。


これまで述べてきたことを、一つの「構図」にしてみよう。

「モダンガール」の同時代的リアリティは、「モダンガール」を実際に見る／見たという経験や、「モダンガール」の「写真」を見る／見たという「経験」がもたらしている。

一方、「モダンガール」の歴史的「リアリティ」は、もはや「モダンガール」自身は不在なので、「モダンガール」の「写真」を見る／見たという「経験」によってもたらされる。あるいは、「モダンガール」の「写真」が存在することによってもたらされている。

このように構図化するなら、「「モダンガール」の「写真」とは何か」を、考える必要が出てくるであろう。

そう、このチャプターではその点を「謎」と見て、考え、論じていく。

ただ、はじめは、「モダンガール」が、いま、公的にどう扱われているか、まずそこを押さえておこう。

1　モダンガールは公的にいかに扱われているか

いきなり結論的に言えば、「モダンガール」の存在は、日本国によって、公的に認められている。また、日本国における正規の中等教育カリキュラムでも、その存在は文化史・社会史の中に位置づけられ、若い人々に教育を通して伝えられている。

公的に認められているのは、その図像が「切手」に採用されたということから明らかといえよう。

前世紀の末、一九九九年一二月から翌二〇〇〇年三月まで「「20世紀デザイン切手」シリーズ第4集」が発行発売された。

一〇種類一〇枚の切手が一シートになっている。その一つに「モダンガール」と「モダンボーイ」が並んで歩く姿を図案化した八〇円切手が組込まれていた（図1、図2）。なお切手で採用された二人の図像は朝日新聞社が提供した写真をもとにつくられた、と説明されている。

この切手を発行したのは、当時の郵政省である。切手発行時、郵政省は、日本国の行政機関の一つであった。とすれば、この切手の発行・発売は、「大正の終わりから昭和初期にかけて」「モダンガール」という若い女性が（「モダンボーイ」とともに）日本に「登場」したことを日本国が公的に認めている、彼女や彼の存在を保証した、と考えてよいだろう。

図1 「「20世紀デザイン切手」シリーズ第4集」

図2 「モダンボーイ・モダンガール」

では次に中等教育に目を向けよう。

ここでは高等学校での日本史探究の教科書を開くことにしたい。

現在使用されている高校の日本史探究の教科書では、「モダンガール」は第一次世界大戦以降の都市化や大衆文化を扱う部分で取り上げられている。[1]「モダンガール」は一九一八年以降広がっていく新しい文化を象徴し、その要素でもあった、という理解である。そのうえで彼女や彼女たちのリアリティ、歴史的実在性を示すために教科書には写真が掲載されている場合が多い。

山川出版社が出している『詳説日本史（日本史探究）[2]』を見てみよう。

モダンガールはモダンボーイとともに「都市化の進展と市民生活」を扱った部分で言及されている。洋装の顕在化の例として、銀座や心斎橋などの盛り場を闊歩する断髪にスカート姿のモガ（モダンガール）の存在が本文に記述されているのだ。その姿にリアリティを与えるものとして「モガが行く」とキャプションされた写真が使用されている。一九二八年に影山光洋が写した写真だ。

銀座を三人並んで歩くビーチパジャマ姿の若い女性の写真である。そこに次のような説明が加えられている。

「モガが行く　アメリカのシネモード＝スタイルそのままのモガが、銀座通りを闊歩する姿（影山光洋撮影）」

もう一例見ておきたい。実教出版の教科書『日本史探究[3]』である。

こちらの教科書では、モダンガールは本文には登場しない。しかし、「都市文化とメディアの発達」を教える部分で、人々の「洋装への移行が顕著」となったという文章に註が打たれている。その註を見ると、「ワンピース姿のモガ」とキャプションされた写真が掲載されている。撮影年代と撮影者に関しての情報はない。都会の歩道をワンピースに帽子をかぶった二人の若い女性が並んで歩いて行く写真で、説明はこうだ。

「ワンピース姿のモガ　繁華街には、流行の先端を行くモダンボーイ（モボ）やモダンガール（モガ）が闊歩した。」

彼女や彼女たちについての記述や存在そのものをめぐり、疑問や批判が出されたということは聞いていない。文科省も、教科書の著者たちも、モダンガールの存在を疑ってはいない。その存在を確証できる写真があることは自明視されている。文化の変容時に「彼女や彼女たちは、現に、いたのである」ということが、生徒へと教えられているのだ。

このように、「モダンガール」は、公的立場・政府的立場からも、また、中等教育においても、その歴史的実在性は疑問の余地のないものとされている。また、教科書を確認すると、彼女や彼女たちの実在性／リアリティの根拠は、街頭を歩くつまり「闊歩する」「モダンガール」の「写真」に求められている。彼女や彼女たちの写真が、彼女や彼女たちが確かに「いたのだ」ということを伝え示しているのである。

2 「モダンガール」記号の登場あるいは鋳造

「モダンガール」は、もともとは「modern girl」という英語のカタカナ読みであったと思われる。しかし、日本語文化圏において、このカタカナの「モダンガール」が登場すると、「新しいタイプの若い女性」、「日本社会にこれまで存在しなかった女性のタイプ」といったニュアンスの新概念として把握されていった。

この「モダンガール」記号の出現状況については、七〇年代以降の研究で、明らかになっている。(4) その状況とその後の経緯を、簡単に振り返っておこう。

「モダンガール」という記号は、一九二三年一月一一日号の『読売新聞』に「モダーン・ガール」や「モダーンガール」という表記で初めて出現する。北澤秀一《ひでいち》（一八八四〜一九二七）(5)が、長梧子という筆名で連載していた「滞英雑記」のうち「近代の女」を論じた部分で登場したのだ。(6)

「滞英雑記」は、筆者の長梧子すなわち北澤秀一が、ロンドンに滞在しつつ日本に通信するというフィクショナルな設定で、一九二二年一一月二九日にスタートした。比較文明論的・比較文化論的エッセイ（社会批評）であり、好評を博して、翌年一月二三日の最終回まで長期連載された。長梧子は、ここで様々なトピックを取り上げるが、二三年一月七日に始まった「近代の女」では、第一次大戦後のイギリスの若い女性や、同時代の日本の若い女性について、さらに女性一般に関しても七回にわたり論じた。「近代の女」の最終回（第七回）が掲載されたのは、一月一四日付の『読売新聞』であった。

北澤が、「近代」の「女性」をいかに論じたか、また、「モダンガール」という記号で、何を示そうとしたのか、といったエッセイの内容などについての分析は、別の機会に譲りたい。ただ、この「モダンガール」という記号が、『読売新聞』の読者へも、新鮮なものとして届いていた可能性は確認しておこう。

というのも、「滞英雑記」の最終回が載った『読売新聞』では、「かける生」という筆名の「モダーンガール」という投書が投書欄「斬馬剣」に掲載されるのだ。(7) それは、「▲モダンガール所謂ミステリーな日本の娘の話、毎日面白く読んで居ます。」で始まる肯定的な投書であった。この例からは次のように推測できよう。すなわち、「近代の女」の内容や「モダンガール」という記号を『読売新聞』読者は、興味深いものとしてポジティブに受け取った、ということである。「モダンガール」という記号が魅力的に捉えられていた可能性が示されている。

北澤は、すぐに雑誌『女性改造』に「モダーン・ガールの表現」という論考を発表する。さらに、「滞英雑記」(『読売新聞』)とこの「モダーン・ガールの表現」(『女性改造』)は改訂編集され、改造社から『近代女性の表現』という著作として出版された。出版が実現したのは、おそらくであるが、厨川白村(一八八〇〜一九二三)の推薦があったからであろう(8)。

ただ、「モダンガール」記号の日本語文化圏での展開は、すぐに中断された。一九二三年九月一日に、関東大震災が起きたからだ。

ここでは、「モダンガール」記号の登場、一九二三年一月一一日から、関東大震災の勃発、同年九月一日までの経緯を簡単にたどった。この段階では読者たちに魅力的にひびいたとはいえ、「モダンガール」はまだせいぜい記号的であり、北澤による語りが中心であった。また、この段階では、可視化はされていない。この可視化はどのように進むのか、その点を次に検討しよう。

3　モダンガール「写真」の謎

モダンガールの可視化は、モダンガール写真の登場とともに始まった、といまの時点では考えておきたい。この節では、その起源から、のちの展開までを簡単にたどり、そこから見える問題や「謎」について考察してみたい。

ただし、モダンガールには視覚化という側面もあり、その場合は、漫画やイラストや絵画などの検討も必要になるであろう。

1 最古のモダンガール写真、あるいは、令嬢写真としてのモダンガール写真

では、このチャプターの主題に入ることにしよう。「モダンガール」の同時代的・歴史的リアリティの担保は、いかに始まり進んだのか、ということである。

同時代的には、彼女を実際に見るという経験と彼女が写る写真を見るという経験が、そして、現在においては彼女たちの写真があり、それを見るという経験が、彼女や彼女たちのリアリティの基礎となっている。

そういう構図を「はじめに」で提示した。

とすれば、実際に見るという「経験」はひとまずおき、「写真」に注目して、次のような問いを立てても問題はないはずだ。

最古の／最初の「モダンガール写真」はどれなのか。また、それはどこにあるのか。

現在のところ、最古のモダンガール写真、モダンガールを被写体としている写真は一九二四年九月七日付の、『読売新聞』に掲載された記事「運動ならなんでも遣る／上原みよさん」に出ている写真（図3）だ。これがメディア上から探し出せる、モダンガールの可視化のはじまりである。

まず、どうしてこの写真が、モダンガールを被写体としていると判断できるのか、その点を説明しよう。

「よみうり婦人欄」に載ったこの記事（図4）は、「お嬢さん」を紹介したものだ。上原さんがどういうお嬢さんで、どういう人となりかが記事（テキスト）では説明されている。そのうえで、一言でまとめられている。

つまり、彼女を「全くテイピカルなモダーン・ガールと云ひたい」というわけだ。

上原さんがモダンガールである、と記事が語っているのは確実だろう。そのうえで、モダンガールと名指された上原さんの写真が紙面にある。とすれば、この写真は、上原さんの写真でもあるが、モダンガールの写真でもある、と捉えることができるはずだ。

記事を書いた記者は、ティピカルなモダンガールとして、被写体の上原さんを婦人欄の読者に提示した。写真自体に注目するならば、これはモダンガールを被写体とする写真となっている、と考えられる。

こうしたお嬢さん・令嬢の写真としてのモダンガール写真は、この上原さんのもの一例にとどまっているわけではない。

図3　最古のモダンガール写真
1924年9月7日『読売新聞』

よみうり婦人欄……

運動ならなんでも遣る

上原みよさん

水泳には自信がある

婦人の野球チームを造りたいが……少數で出來ぬ

英語と聲樂も上手

快活な少女のスポーツマン上原みよ子（一八）さんは、赤坂…の令妹で

香蘭女學校の五年生

でありスポーツは熱心でない學校にもかゝはらず、スポーツマンのお兄様を…お店の使用人を入れて野球のチームを作つてゐられると云ふ御家庭に育つたので小さい時から運動にはなか〳〵熱心で、今では水泳は四五年も房州…

の用意をする、食料がなくなるとオートバイを飛ばして出まで買出しと云ふ愉快な生活をして、眞黒になつて歸つて來たみよ子さんは、いゝ體格の肩をゆすり、無邪氣な美しい瞳をかゞやかせて、御自分の運動に對する抱負を語る「私は常に自分自身がしつかりした能力を養ひたいと云ふ事を考へてゐます

日本から

オリンピツ

クの競技に婦人が出てゐないと云ふ事は、支那にもおとつてゐると思ひます、そして私は今、婦人ばかりの

野球のチ

ームを作りたいと思つてゐますが、なさる方が少いのでまだ殘念ですが出來ません」と、そして英語がうまくて殊に會話が秀で、聲樂が上手だとはまつたくテイピカルなモダーン・ガールと云ひたい

…習ひに行つて自慢を持つと

云ふ腕前

その外テニス、ランニング、野球、その上オートバイで郊外を自由自在に乘りまはすと云ふ、珍しい元氣のある人で、アルプスへも二度目の登山を今年やつて歸つて來るとすぐに多摩の上流、調布の平原に、お兄様達と一緒にキヤンピングをして一日そこいらをかけずり廻つて

皆てかは

り番に食事

図4　「運動ならなんでも遣る／上原みよさん」『読売新聞』1924年9月7日号
（記事内の囲み線は筆者による加筆［以下同じ］）

時期的には、二年後ではあるが、『京都日日新聞』の「若き歡びもつ人々」というシリーズで当時の京都帝国大学総長荒木寅三郎（一八六六〜一九四二）の娘・薫嬢が写真入りで紹介された（図５）。記事では「薫さん　美事な體格、之もモーダンガールとしての持たねばならぬ條件の一つです」と書かれている。令嬢としての荒木薫がモダンガールである、と規定されていることは明らかだ。つまり、この写真も、モダンガール写真である、ということができる。

もう一つ、「モダンガール写真」であるか検討の余地があるものを参考資料として見ておこう。『アサヒグラフ』の一九二七年一一月二三日号に載った「水泳の達人／増田敏子さん」だ（図６）。キャプションでは、「よい意味でのモダーンなお嬢さんです」と表現されている。「モダンガール」とはされてはいないが概念的に関係がありそうな「モダーンなお嬢さん」という規定だ。

さて、二例のモダンガール写真と、一例の参考事例を見てきたが、ここからどういうことがわかるであろうか。

若き歡び
もつ人々

荒木京大總長令孃　薫さん

美事な體格、之もモーダンガールとしての持たねばならぬ條件の一つです、荒木薫さんはそれを遺憾なくお持ちです、いま御影の聖心女子學院に在學中ですが、ピアノにも深い趣味があり水泳の選手でもあります。

図５　『京都日日新聞』1926年1月10日号の「荒木京大總長令孃」写真

最古のモダンガール写真を含む初期のモダンガール写真（と「モダーンなお嬢さん」写真）の被写体には共通の社会的文化的特徴が見られる。いずれも高学歴の若い女性だ（増田さんの場合は学歴不明であるがその社会的ステータス等から見て女学校で学んだのではないかと推測される）。彼女たちは、スポーツを嗜み、洋楽に親しみ、欧米文化と近しく、令嬢である、という共通の特徴がある。

では被写体、あるいは、写真の在り方には、どういう特質があるだろうか。

第一に、被写体は実名を持っている。というか、被写体の姓名が、情報として写真に結び付けられている。誰が写されているか、被写体は「誰」かが、明確に示されているのだ。この場合モダンガールは、特定の名前の判明している個人である、ということになる。

第二に、被写体は、被写体になることを、認識し受け入れている。おそらく写真に写ることを了解しているはずだ。もちろん、これについては被写体から直に情報を得たり、周辺の情報で確認できたわけではない。しかし、写真内の被写体の目線や姿勢などからそれを読み取ることができる。

第三に、被写体は基本的に静止している。ポーズをとり動いてはいない。

第四に、撮影は、主に屋内でなされている。屋外的な場合でも、「街頭」や「商業施設内」ではない。

第五に、これは第四ともかかわるが、スナップ写真的では

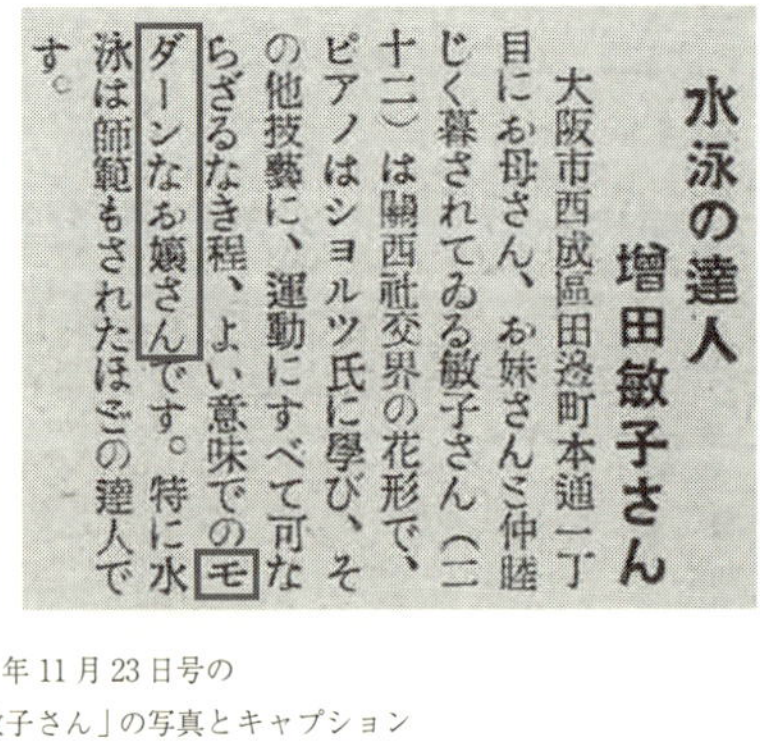

水泳の達人
増田敏子さん

大阪市西成區田邊町本通一丁目にお母さん、お妹さんと仲睦じく暮されてゐる敏子さん（二十二）は關西社交界の花形で、ピアノはショルツ氏に學び、その他技藝に、運動にすべて可ならざるなき程、よい意味でのモダーンなお嬢さんです。特に水泳は師範もされたほどの達人です。

図6 『アサヒグラフ』1927年11月23日号の「水泳の達人／増田敏子さん」の写真とキャプション

ない。

以上五点を写真の在り方の特徴として挙げておくことができそうだ。

最古のモダンガール写真を探すという試みは、私たちがイメージしているのとは異なるモダンガール写真の存在をうき上がらせる。いままで隠されてきた「新しい」モダンガール写真が「発見」された、と表現してもいいかもしれない。

「新しい」ものであるので、ここでは、このモダンガール写真に名前を付けておこう。すなわち、第一形態／初期形モダンガール写真、と名づけよう。これまでの検討で明らかなように、第一形態での被写体は、令嬢としてのモダンガールであった。

2 当時的モダンガール写真と再帰的モダンガール写真

ところで、この「発見」は、モダンガール写真についてどういう事態をもたらすであろうか。それを簡単に論じておきたい。

まずは、最古のモダンガール写真が、どうしてモダンガール写真であるとわかったのか。もう一度確認しよう。最古のモダンガール写真が掲載されている記事に、「全くテイピカルなモダーン・ガールと云ひたい」と書かれ、被写体の上原みよさんが、記者やカメラマンによって、モダンガールと認識されていることが示されていた。もちろん本人も自らモダンガールであることを受け入れていたに違いない。あるいは、記事を見て、そう自認したであろう。

このように、写真への記事やキャプションに、被写体がモダンガールである、または、のちにはモガである、と、明示されている場合、その写真はモダンガール写真であり、写っている彼女や彼女たちはモダンガールである、と捉えることができる。

こうしたモダンガール写真を「当時的モダンガール写真」と名づけておこう。

ところで、キャプションなどに「モダンガール」と明示されていなくても「当時的モダンガール写真」であると認めることができそうな場合はまだある。どういう場合その可能性があるかについて、「表1」(②から⑤)にまとめておいた。

このように、複数の基準によって当時的モダンガール写真は判定される。これには大きな問題はないだろう。

しかし、この基準に合わない写真をどう考えるべきかという問題は残る。例えば、「当時的モダンガール写真」と判定されないもので、いまの私たちにはモダンガール写真と見えてしまうものがある。そうした写真はどう位置づけるのが妥当なのだろうか。

本チャプターでの主張は、それらに関してはモダンガールが写っている写真とみなすべきではない、というものだ。

表1 「当時的モダンガール写真」の判定基準

① 写真へのキャプションや記事に、被写体がモダンガール、または、モガであると明示されている場合。
② 写真の同時代評価として、被写体や写真がモダンガール、あるいは、モガであると明示されている場合。
③ 時間的空間的に一定の組になる写真が配列されていて、その全体にモダンガール、または、モガという説明があるとき、その組を構成している個々の写真。
④ 時間的空間的に一定の組になる写真が配列されていて、その個別の写真にモダンガール、または、モガという説明があるときに、その組を構成している個々の写真で被写体の外形が類似している場合。
⑤ モダンガール、モガと被写体が明示されていなくとも、「モダン」という形容詞が被写体の若い女性に結び付けられている場合。(ただしこのケースはさらなる検討の余地がある。)

当時、同時代的にモダンガールが被写体であるとされていない写真。そうしたもののうち、いま（または、同時代以降）、モダンガール写真に見えてしまうものは、厳密な意味では、「モダンガール写真」とは言えない。被写体は「モダンガール的」と形容されるのがせいぜいではないか。

ただ、当時、同時代的にモダンガールが被写体であるとされなかった写真で、いま、モダンガール写真とみなされているものはあるだろう。その場合は、「再帰的モダンガール写真」と名づけてはどうか、と思うし、そう提案したい。

「当時的モダンガール写真」と「再帰的モダンガール写真」という区別をふまえつつ、街頭を歩く彼女や彼女たちの写真の問題に移ろう。

3 「街」のモダンガールが写される、あるいは、第二形態のモダンガール写真

まえ論じたところに少し話を戻そう。

高校の教科書でのモダンガールについて触れたときを思い出してほしい。モダンガールのリアリティを支えるものとして、「街を歩く彼女たち」の写真が使われていた。それらの写真は、第一形態／初期形モダンガール写真とは異なる種のものだった。

そこで、とりあえず、そうした「街を歩く彼女たち」系の写真群に名前を付けておこう。第二形態／街頭上モダンガール写真、または、街頭を歩くモダンガール写真と名づけておきたい。

では、このモダンガール写真の第二形態は、いつ登場するのだろうか。その起源をどの時点に求めることができ

るのであろう。当然、そう問われることになるはずだ。

ただ、この問題に、精確な答えを出すのは、写真資料の多さやアクセスの難しさから考えると、なかなか大変なことだ。ではあるが、とりあえず、暫定的にでも答えを得るために『アサヒグラフ』に焦点を当て見ていくことにする。

雑誌『アサヒグラフ』は、一九二三年一月二五日に創刊されたグラフ誌である。はじめはテキスト、活字の部分も多かったが、すぐに写真やイラスト・漫画などのビジュアル要素を中軸に据えてゆく。一九二三年九月一日の関東大震災発生日までは、日刊で発行された。しかし、震災後、休刊及び震災特集の臨時号発行を経て、一一月一四日から週刊発行体制へと移行した。

この雑誌を資料とする上でポイントとなるのは、第一に、『アサヒグラフ』の創刊（一月二五日）と、モダンガール記号の登場（一月一一日）が、ほぼ同時だという点がある。『アサヒグラフ』を創刊号から閲覧していくと、モダンガール記号の誕生後、その記号がどのように拡散し、また、どのように概念化され可視化されるかを、記号誕生のスタート時点からたどることが可能だ。

第二に、写真などビジュアル要素が中軸に据えられているということもあり、特にモダンガールの可視化を知り測るうえで、貴重な枠組みや基盤となる、ということである。

さて、『アサヒグラフ』を資料として検討してみると、第二形態の「最古／最初」のモダンガール写真は、一九二六年一一月一〇日号に登場する。

当時の東京一五区の性格や特質を「写真」、「スケッチ」、「記事」で切り取ろうという企画が「新東京見物」と題され、一九二六年の六月二日（一三四号）からスタートした。まず、浅草区から始まり、一〇月一三日（一五三号）からは「麹町区」が対象となる。麹町区の第五回（一一月一〇日［一五六号］）では、東京の最先端のビジネス街のビジネスビル・丸ビルが扱われ、そこにモダンガールが登場（図7）するのだ。

記事によると、「新流行の装ひ麗しいモダーン、ガールは待てど暮らせど姿を見せず…（中略）…モダーン、ボーイばかり」とあるので、この写真の撮影では被写体（つまりモダンガール）と出会うのがかなり大変だったことが読み取れる。とはいえ、ここで初めて、街頭を歩くモダンガールが写真に撮られたのである。

一気にこの状況を進めるのが、『アサヒグラフ』一九二七年六月八日号での「街頭の近代色」という特集（図8）だった(9)。

キャプションなどからは、銀座と丸の内の街頭で写した写真群と推定でき、英語ではあるが「The Modern Girls of Japan」と書かれている。被写体の女性たちが「モダンガール」と把握されていたのは明白だ。

一応、「「当時的モダンガール写真」の判定基準」（表1）を参照してもらおう。「③時間的空間的に一定の組になる写真が配列されていて、その全体にモダンガール、または、モガという説明があるとき、その組を構成している個々の写真」は「当時的モダンガール写真」とするいう基準で、ここにある写真群は、左下の海外物を除いて、「当

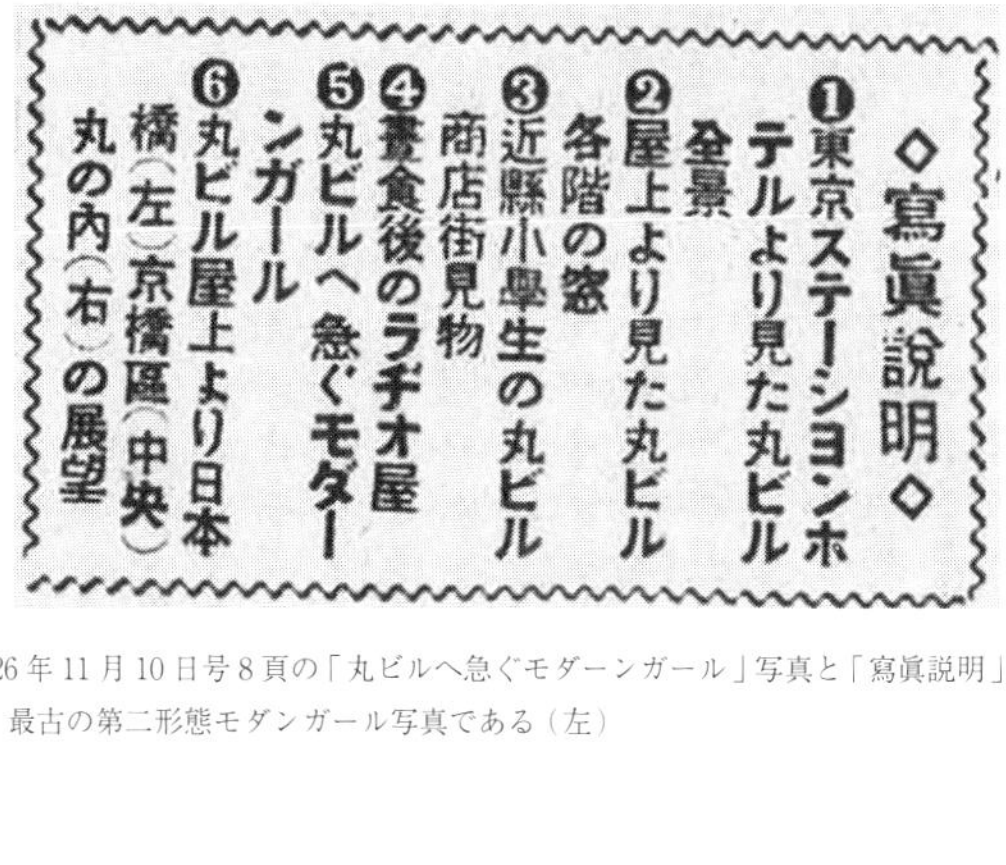
◇寫眞說明◇
❶東京ステーションホテルより見た丸ビル全景
❷屋上より見た丸ビル各階の窓
❸近縣小學生の丸ビル商店街見物
❹晝食後のラヂオ屋
❺丸ビルへ急ぐモダーンガール
❻丸ビル屋上より日本橋（左）京橋區（中央）丸の內（右）の展望

図7 『アサヒグラフ』1926年11月10日号8頁の「丸ビルへ急ぐモダーンガール」写真と「寫眞説明」
暫定的ではあるが、最古の第二形態モダンガール写真である（左）

時的モダンガール写真」と判断できる。
ここでは日本の街頭における「モダンガール」が九枚の写真に収められた。「モダンガール」の人数は、総勢一三人であった。一人だけ人力車に乗っているが、あとの一二人は街頭を歩いている。単独では、五人、複数では、三組、七人である。

これを一つのきっかけとして、『アサヒグラフ』では街頭のモダンガールを写す試みが展開されてゆく。一九二七年のものを以下で簡単に見ておこう[10]。

『アサヒグラフ』一九二七年六月一五日号には、大阪のモダンガール写真が掲載された（図9）。

心斎橋筋を歩く浴衣姿の二人連れのモダンガールだ。大阪における、第二形態のモダンガール写真の最も古いものである可能性が高い。

『アサヒグラフ』一九二七年一〇月二六日号では、「當世モガ・モボくらべ」という企画がなされ、街頭を歩く、六人のモダンガールと三人のモダンボーイがスナップされている（図10）。うち八人は単独で歩き、女性二人連れの

図8 『アサヒグラフ』1927年6月8日号16頁・17頁：「街頭の近代色」

写真が一枚という構成だ。英語の標題は、「"Getting-Up" of Tokyo Modern Boys and Girls」であった。

ここでの主題ではないが、「當世モガ・モボくらべ」は、最古の街頭を行くモダンボーイ写真である可能性が高いことは蛇足だが付け加えておきたい。

さて、以上のように、『アサヒグラフ』では、一九二六年一一月に、街頭を歩く「モダンガール」の可視化が始まり、一九二七年、その可視化が大きく進展したということがわかる。「モダンガール」の可視化は、「モダンボーイ」の可視化を伴っていたこともここからは見えてきた。

以上をあえて一般化すれば、一九二六年秋に、第二形態のモダンガール写真は登場し、一九二七年に、その種の写真が大きく展開していく、という状況があった、ということになる。

また、写真を通した可視化に対し、実際の可視化は先行していたのではないかとも推測される。街頭を行くモダンガールを見る実際の「経験」は一九二六年の秋以前に始まっていたとすることができそうだ。しかし、この点については、別の資料や先行研究も使いながら、改めて検証する必要があるであろう。

では、最後に、第二形態／街頭上モダンガール写真の特質を、第一形態／初期形モダンガール写真との対比で整理しておこう。

【寫眞説明】
❶大丸呉服店入口
❷戎橋下のボート屋（スケッチ）
❸心齋橋筋全景
❹をぐらやのおしろいとびんつけ（スケッチ）
❺みのや扇店
❻心ぶらの藝者
❼モダーン・ガール
寫眞　よしかつ　スケッチ　榮

図9　『アサヒグラフ』1927年6月15日号26頁の「モダーン・ガール」写真と「寫眞説明」

第一に、被写体には名前がない。つまり、匿名性を特徴としている。したがって、個人として彼女や彼女たちを把握するはできない。彼女や彼女たちの社会的位置は不明だ。第一形態では、モダンガールはお嬢さんであったが、第二形態では、公的空間を歩く／公的空間にいるモダンさを放つ新しい（かつ若い）女性としかわからないのである（丸の内で一九二六年一一月ごろに写された彼女［図7］は「職業婦人」の可能性が高いが）。

第二に、被写体は、撮影を、つまり、被写体になることを了解しているようには見えない。写真から推定すると、写されているという認識があるように見える場合もある。しかし、写す前に、写してもいいですかと聞かれ、それを承諾しているようには見えない。写真に写ることを意識していない・意図していない状態の彼女や彼女たちが、たまたま被写体になった、というシチュエーションではなかろうか。

第三に、被写体は基本的には動いている。多くは歩いている。当然ポーズをとっていない。

第四に、撮影は、街頭または公的空間内で行われている。一九二七年の『アサヒグラフ』のモダンガール写真群は、すべて街頭である。これ以降のことであるが、喫茶店などの室内のモダンガール写真も現れてゆく。

第五に、明らかにスナップ写真、あるいはスナップ的である。

こういう特徴が、写真の在り方として見られるのであった。

図10　『アサヒグラフ』1927年10月26日号10頁：
「當世モガ・モボくらべ」

4 「有名人」モダンガール――第三形態か？

これまでに、モダンガールである令嬢の「写真」と街を歩く彼女や彼女たちの「写真」について検討してきた。それらを検討する中で、諸資料を見ていくと第三形態とでもいうべき当時的モダンガール写真がある、ということが明らかになってきた。それについてもここでごく簡単に扱っておく。

それは、有名人の写真である。ある有名人が、モダンガールであると言及される記事やキャプションとつながっている写真群である。

有名人では、特に、女優が多い。

例だけを挙げておくと、一九二六年一〇月六日付の『東京朝日新聞』に載っているマリールーマニア皇后の写真や一九二六年一〇月二九日付の『読売新聞』に載っている松竹の女優旭浪子の写真がそれにあたる。それぞれの新聞で、第三種のモダンガール写真として最古のものを示しておいた。

4 第二形態出現の背景、あるいは、第二形態モダンガール写真におけるプレ的形態

さて、最後に、街頭のモダンガールが写真として定着される／可視化される背景を少し検討しておこう。

第二形態のモダンガール写真の特徴として、スナップ的である、という点を挙げた。実は、スナップ的に街頭の

人々を写すという手法の出現と広がりが、第二形態が誕生する背景として存在していたと考えられるのだ。もちろん、この手法は、カメラの進化・小型化などに支えられている。小型化された手持ちカメラで比較的簡単に写真を撮ることができる、比較的瞬時に撮影することができるというシチュエーションが誕生すると、それらのカメラや技法を街頭に持ち込むことができるようになる。つまりスナップすることが可能な状況が出現したわけであり、このことが重要であった。

この点について精査するためには、カメラ機器の変遷と日本での普及や、カメラ使用の諸技法の進展や、スナップという手法の出現・展開・拡散などを歴史研究として進める必要がある。しかし、残念ながら筆者にはその時間も能力もない。そこでここでも『アサヒグラフ』を簡単に眺めていくことで、関連する状況についての概括的な図柄を提示したい。

まず、『アサヒグラフ』の一九二三年六月四日号（一三一号）を見てみよう。前日に開催された『アサヒグラフ』主催「アサヒグラフ寫眞競技大會」の記事と大会の現場の写真が掲載されている。この「寫眞競技大會」は、「新橋より須田町迄の大通りを場面とし人間を本位とした東京人の生活」を撮るという趣旨で行われ、全国のカメラマン一五〇〇人の参加をみた。

当日の現場写真の一枚として「お嬢さん連をめがけてパチリツ（日本橋上で）」というキャプション付きの写真が載っている。そこには三人連れの若い女性を被写体としているベレー帽をかぶったカメラマンが写っている。街頭を行く人間を写すという手法の広がりが記録されていた、といってよいだろう。

こうした手法は、『アサヒグラフ』の職業カメラマンも取り入れていた。一九二三年七月一五日号（一七二号）の「婦人と衣食住」欄では、街頭を歩く二人連れの「洋装婦人」がスナップされた（図11）。

キャプションを拾うと、「東京の街に、洋風建築が聳へ立つてまゐりますと共にかうした洋装婦人が殖えてまゐりました」とある。

撮影場所は、丸の内のビジネス街と推定されるが、被写体はもちろん「モダンガール」ではない。「洋装婦人」である。ただ、街頭の若い女性を被写体にする、という構えは十分にできていることは確認できる。

次に関東大震災後のある企画を見ておきたい。

『東京朝日新聞』は、一九二四年五月三一日号（夕刊）から「カメラの鬬所」というシリーズを始めた。「銀座の十字路を遮る新風俗のさまざま」と副題がついた企画である。

「銀座尾張町の四ツ角に吾社のカメラメンがコダクを連らねて初夏と東京との交響楽をスナップしたものを」六月一日号から連載すると宣言し、銀座のシリーズは、六月一三日まで九回続いた。五月三一日の記事の写真に写った朝日新聞のカメラマンたちはブローニーのスプリングカメラを構えているように見えるし、「スナップする」ことが明記されている。

このシリーズの三回目に登場したかなり興味深い事例を見ておこう（図12）。

銀座の街頭を歩く若い女性のスナップである。洋装で緊張した表情であるのは撮影を意識したのかもしれない。しかしカメラに目線を向けてはいない。もちろん無名／匿名である。

図11 『アサヒグラフ』1923年7月15日号11頁

キャプションは「彼女達の『若い時代』の影をやどす銀座型の女」となっている。被写体は、「モダンガール」ではない。「銀座型の女」なのだ。ただ、『アサヒグラフ』で一九二七年あたりから登場する街頭を行く彼女、彼女たちの写真、第二形態のモダンガール写真と類似性があることも確かだ。

『アサヒグラフ』を検討する限り、一九二三年から一九二六年秋までは、街頭のモダンガールは可視化されてはいない。しかし、可視化をもたらす状況や条件はすでに関東大震災以前からあったということであろう。それは、街頭に被写体を求めるという構えであり、小型カメラの普及であり、スナップという手法の広がりであった。あとは、誰かが彼女を「発見」すればいいだけだったのだ。

おわりに

モダンガールのリアリティはどのように発生しているのか、というのがこのチャプターのスタート地点であった。

モダンガールを実際に、また、写真で見たという「経験」が、リアリティを支えているのではないか。これが、はじめにおかれた問題に対する一つの仮設である。特に街頭を歩くモダンガールの写真が、モダンガールのリアリティの土台にあるように見える。

図12 『東京朝日新聞』1924年6月3日号（夕刊）1頁：「カメラの關所」第3回

そこで、その写真、モダンガールの写真に関してさらに考察を続けることにした。そこから見えてきたのは次のようなことである。

まず、「当時的モダンガール写真」という概念を提示できた。同時代的に、「写真」の被写体がモダンガールである、と明確に、あるいは、間接的に明示された写真が、真のモダンガール写真、つまり、「当時的モダンガール写真」である、という考え方である。

同時代には被写体がモダンガールであるとは明示されておらず、のちの評価で、あるいは、いまの視線で被写体にモダンガールという記号が押し付けられた「写真」は、モダンガール写真とは言えない。せいぜいその被写体はモダンガール的と形容できるだけだ。また、そうした写真は「再帰的モダンガール写真」という範疇に入れる必要がある、と提案しておいた。

「当時的モダンガール写真」というコンセプトを前提として、モダンガール写真を見ていくと、いくつかのタイプがあることも整理できた。最も先行的に登場するのは、事例的には少ないが、「第一形態／初期形モダンガール写真」であり、被写体はモダンガールである「令嬢」であった。この形態は一九二四年九月七日に登場する。

別の種類のモダンガール写真、現在では最もポピュラーな街頭の彼女や彼女たちの写真は、やや遅れ、一九二六年一一月一〇日に登場する。このタイプは、「第二形態／街頭上モダンガール写真」、または、「街頭を歩くモダンガール写真」と名づけることができる。

第二形態のモダンガール写真は、『アサヒグラフ』を検討する限り、一九二六年秋に出現し一九二七年に大きく展開する。これが、モダンガールの可視化の表れであり、また、可視化を推し進めた動因となるものであった。さらに言えば、現在疑問を持たれることのない、文化史上・社会史上に「存在する」モダンガールの実在性を支持する要素となっているのである。

第二形態のモダンガール写真の出現は、小型カメラの発明と普及、小型カメラによる撮影場としての街頭の成立、スナップという撮影手法の広がり、などから生じたものであり、そうした条件は一九二〇年代初め、関東大震災以前にすでに日本社会で整えられていた。

なお、第三形態のモダンガール写真（有名人モダンガール写真）も存在するが、その点に関しては、このチャプターではほぼ扱っていない。

今後、ここで示したいくつかのコンセプトや説明が、正当なものであるのかどうか、事例も含めて検討されていくべきであろう。また、モダンガールの記号の展開、モダンガールの概念の展開（概念化の問題）、そしてモダンガールの視覚化の問題などが、本チャプターで論じた事柄とどう交差するのか、分析検討される必要があるであろう。

註

（1）高等学校のカリキュラムでは二〇二二年度から日本史探究という科目が設定されている。しかし、それ以前、およそ二〇年間は日本史Aと日本史Bという科目が継続して教授されていた。その二つの科目の教科書では、以下のようにモダンガールは扱われていた。

日本史Aの教科書は七種類あり、そのうち五種類の教科書で「モダンガール」という用語が掲載されていた。掲載率は七一・四パーセントである。日本史Bの教科書は八種類あり、そのうち五種類の教科書で「モダンガール」の掲載があり、掲載率は六二・五パーセントであった（全国歴史教育研究協議会『諸説日本史 改訂版 A・B共用』山川出版社、二〇一九年）。

（2）佐藤信、五味文彦、高埜利彦、鈴木淳ほか『詳説日本史（日本史探究）』山川出版社、二〇二三年（二〇二二年 文部科学省検定済）。

（3）平雅行、横田冬彦ほか『日本史探究』実教出版、二〇二三年（二〇二二年 文部科学省検定済）。

（4）垂水千恵「モダンガール」垂水千恵編『コレクション・モダン都市文化 第1期 第16巻 モダンガール』ゆまに書房、二〇〇六年、六七五～六八七頁、など。

（5）北澤秀一は、一八八四年一一月一〇日生まれ。一九二七年八月二五日に亡くなった。新聞記者として活躍し、のちに、映画輸出入会社を経営。海外へ日本映画を紹介しようと企てたが、志半ばで急死した。明治末期に世間で高い注目を集めた千里眼事件を扱った『神通力の研究』（東亜堂書房、一九一一年）の著者薄井秀一と同一人物（神保町のオタ「日記のすき間から掘り出す近代日本出版史」［『近代出版研究』創刊号、二〇二二年、一四七～一五一頁］、また、左記のウェブサイト記事を参照）。
小池直也「モダンガール１００年、提唱者ひ孫語る／Y2Kで共鳴したギャルマインド」『note』（二〇二三年一〇月七日投稿）
https://note.com/naoyakoike/n/na803d91351ed（二〇二四年六月一九日閲覧）

神保町のオタ「モダンガールの北澤秀一」『神保町系オタオタ日記』（二〇〇七年九月九日投稿）
https://jyunku.hatenablog.com/entry/20070909/p1（二〇二四年七月四日閲覧）
神保町のオタ「久米正雄が昭和2年に失ったもう一人の友人北澤秀一（その1）」『神保町系オタオタ日記』（二〇一一年六月一三日投稿）
https://jyunku.hatenablog.com/entries/2011/06/13（二〇二四年七月四日閲覧）
神保町のオタ「久米正雄が昭和2年に失ったもう一人の友人北澤秀一（その2）」『神保町系オタオタ日記』（二〇一一年六月一五日投稿）
https://jyunku.hatenablog.com/entries/2011/06/15（二〇二四年七月四日閲覧）
神保町のオタ「久米正雄が昭和2年に失ったもう一人の友人北澤秀一（その3）」『神保町系オタオタ日記』（二〇一一年六月一七日投稿）
https://jyunku.hatenablog.com/entries/2011/06/17（二〇二四年七月四日閲覧）
神保町のオタ「微苦笑の人久米正雄とモダーン・ガールの人北澤秀一」『神保町系オタオタ日記』（二〇一一年六月二四日投稿）
https://jyunku.hatenablog.com/entries/2011/06/24（二〇二四年七月四日閲覧）
神保町のオタ「横田順彌先生に薄井秀一の経歴を解明したと報告したかった」『神保町系オタオタ日記』（二〇一九年五月一日投稿）
https://jyunku.hatenablog.com/entry/2019/05/01/214955（二〇二四年七月四日閲覧）

なお北澤は一九一九年からイギリスに滞在し、一九二二年二月または三月に、アメリカ経由で帰国した（神保町のオタ氏所蔵の北澤のパスポートによる）。

（6）長梧子（北澤秀一）「滞英雑記　近代の女（五）——日本の妹に送る手紙」『読売新聞』一九二三年一月一一日号（朝刊）、三面。

（7）かける生「モーダンガール」（「斬馬剣」欄）『読売新聞』一九二三年一月二三日号（朝刊）、三面。

（8）厨川白村は、『読売新聞』の「厨川白村氏より」という長梧子および編集者への手紙（一九二三年一月一七日執筆）で、連載「御完了の上は是非一冊のブック。フオームになつて上梓の事と窃に祈願してゐるのです」と書いている（厨川白村「厨川白村氏より」『読売新聞』一九二三年一月二三日号〔朝刊〕、三面）。

（9）「街頭の近代色」にある写真群のうち最も右側に配置された断髪和装モダンガールの写真は、撮影者がわかっている。大久保好六（一九〇〇～一九三六）である（左記のウェブサイトを参照）。

大久保好六「街頭の近代色、所謂モガ」一九二七年（東京都写真美術館・収蔵品検索）

https://collection.topmuseum.jp/Publish/detailPage/27839/（二〇二四年七月四日閲覧）

（10）一九二七年五月一日付の『京都日出新聞』には、「モダンガール——四条通の所見」というキャプションで、二人連れの並んで歩く洋装と和装の若い女性の写真が掲載された。これは、『京都日出新聞』で初めて載った第二種のモダンガール写真で、当然「当時的モダンガール写真」であった（斎藤光「尖端少女　モダンガールの／と京都（14）」『京都新聞』二〇〇九年一二月九日号、八面）。

韓国

Korea

近代以降、ほぼ着用されなくなった男性のパジチョゴリと
女性に愛用され続けていた伝統衣装——チマチョゴリ

Chapter 4

洋服の導入と大韓帝国の服飾政策

李京美（韓京国立大学）

1　はじめに

一八七六年の開港以降、朝鮮は洋服を受け入れ、伝統服飾を再編した。洋服の導入という結果は日本と同じであったが、その過程は異なった。最も顕著な差としてあげることのできる断髪令の場合、朝鮮では一八九五年末に公布されたが、その事案をめぐる政治外交的深刻性により民衆が義兵を起こして抵抗し、以降、国王の露館播遷（高宗がロシア公使館に居所を移した事件）につながり、一八九七年の大韓帝国宣布につながった。[1] 言い換えれば、朝鮮における断髪令は政体の変化をもたらした重要な原因となったのである。断髪令の場合のように、朝鮮の民衆は洋服導入過程においても反対意見が強く、単純にヘアスタイルや服飾様式の変化として捉えるアプローチでは、物事全体を理解することができない。その理由は、外観に表れた自己のアイデンティティと当時の国内外の状況に対する理解が前提となるからである。

この文章は、朝鮮が開港した一八七六年から一九一〇年までを研究対象として、韓国でなされた服飾政策の流れを時系列で見たものである。[2] そのため、政府が発布した服飾制度を時代順にまとめた。それとともに、開港初期の服飾政策の変化に影響を与えた外交官らの服飾観の変化もともに見た。主に分析した資料は、政府が発表した『官報』と新聞記事であり、残っている服飾遺物と写真資料を提示して理解の助けとした。この文章を通して、洋服の導入という近代服飾の変化の中に現れる韓国服飾史の普遍性と特殊性の理解に役立つことを願う。

2 中華と夷狄、文明と野蛮、相反した服飾観の出会い

朝鮮は建国初期から東アジアの伝統的な儒教的服飾体系に基づいて服飾制度を制定・運用した。服飾制度の具体的な内容と運用方式は、成宗（朝鮮第九代国王、在位期間一四六九～一四九四）代に完成した朝鮮の基本法典である『経国大典』、典礼書である『国朝五礼儀』に明示された。『経国大典』には朝服、祭服、公服、常服等を身分や官職に合わせて揃えるように規定されており、『国朝五礼儀』には国が運用する五礼を整理して各服飾の着用状況を提示している。服飾制度の内容を見ると、朝鮮の服飾制度は天使国（訳註：宗主国のこと）である中国の明朝を基準にする場合、二等級下の諸侯国の制度であった。こうした方式は東アジア諸国間の礼的秩序に従うものであり、ここから朝鮮前期には朝鮮が明を継ぐ「小中華」という認識を持つこととなった。

一七世紀に中国で明が滅亡し夷狄と見なされていた清が建てられると、朝鮮の知識人は周朝から続く中華の伝統が明を継いで朝鮮で保存されているという思考の枠組みを転換し、朝鮮がすなわち中華という「朝鮮中華思想」を定着させた。[3] 朝鮮中華思想の根拠としたのは、儒教文化を可視的に表す衣冠文物、すなわち服飾制度が朝鮮ではそのまま維持されているということに対する自負であった。

こうした服飾観によって、朝鮮では開港に前後した時期に西洋人が着用した服飾は礼に合わない服と認識され、洋夷の服飾だと考えた。それに対して西洋は、ヨーロッパに由来する万国公法的世界観を通して条約対象の相手国を、文明、半文明、野蛮に区分していた。(4)

すなわち、朝鮮が開港を迎えた時期は中華と夷狄、文明と野蛮という相反する世界観が衝突した時期であり、外観は自分が属する世界がどこかを示す尺度となった。この時期には国家間で条約を結び国書を交わす儀式を行い、外国政府が主催する宴会に出席する等の西洋式外交儀礼が広がっていた。すでに西洋化された日本を含む西洋諸帝国は、こうした外交儀礼を行う際に最上位の礼服を着用した。西洋ではこれを宮廷服飾（court dress, court costume）と呼び、開港した日本と朝鮮では「大礼服」と呼んだ。朝鮮政府が直面した状況は、外国に派遣する外交官が西洋現地の外交儀礼に対応し、朝鮮内に常駐したり一時的に訪問する外国の外交官と外交儀礼を行わなければならないことであった。したがって、政府が緊急に整備した新たな服飾体系は、自然な受容というよりは、法令で定めた制服として導入されたものであった。

3　外交官の洋服経験と朝鮮政府の服飾制度改革

1　服飾制度改革以前の外交官の洋服経験

朝鮮が西洋主導の国際関係で伝統服飾でない洋服体系が実効性を有するという事実を初めて経験したのは、一八七五年にあった外交文書（書契）受理に関連する問題に直面した時であった。朝鮮は日本が新しい様式の外交文書を持って来ることは受け入れたが、最後に西洋式の礼服を着用することを受け入れることができなかったため、長い間行われていた外交文書受理の交渉が決裂してしまった事件である。(5)

当時、日本は一八七二年に文官の服飾に西欧式の大礼服を制定して、外国公使が朝廷に入る時、日本の文官はすべて西欧式の礼服を着用していた。また、一八七五年には文官大礼服を着用する際に適用する新たな挨拶の方式である敬礼式を発布した。(6)敬礼式は地に膝をつき頭を下げる伝統的形態の挨拶を、帽子を脱ぎ両手を合わせて首を下げる形の挨拶に変えたものである。この時期まで、西洋服飾を洋夷の服飾と考えていた朝鮮は、外交文書を受理する際に西欧式礼服を着用するという日本の主張を受け入れにくかった。朝鮮は変化した礼服を着用することとなった日本を西洋と同じ穴の狢として、いわゆる倭洋一体と認識したのである。しかし、その後に起こった雲揚号事件のため、一八七六年、朝鮮は日本に対して開港し、朝日修好条規を結んだ。

開港後、朝鮮から海外に派遣された外交官としては、日本に派遣された修信使と米国に派遣された報聘使があった。彼らは朝鮮で服飾制度改革がなされる前に派遣されたため、西欧式の礼法に臨む際に伝統的な方式のまま対応した。日本に派遣された初期修信使としては、一八七六年に派遣された第一次修信使・金綺秀（一八三二～?）と、一八八〇年に派遣された第二次修信使・金弘集（一八四二～一八九六）がいる。(7)(8)現在残っている写真を見

図1　団領を着用した修信使・金弘集の写真、1880年撮影

ると、金弘集は図1のように修信使印を横に置き、立って撮影に臨んだが、写真で彼が着用した服装は朝鮮の官服である。頭には紗帽（訳註：黒い紗でつくった礼帽）を被り、上着に団領（訳註：襟を丸くした官服）を着た。団領の前と後ろには一種の階級章の役割を果たす胸背（訳註：階級を表す刺繍）が付いている。この時期の胸背には文武官の品階（訳註：管理の職位と官等）によって鶴や虎を一つあるいは二つ刺繍した。金弘集の官服には、文官堂上官（訳註：三品以上の高級官職）の官服の特徴である一対の鶴が刺繍された胸背が付いている。金綺秀と金弘集は日本の儀礼に朝鮮の伝統官服姿で出席し、日本の洋服導入について否定的な見解を記録に残した。

金弘集が帰国した後、朝鮮では開化施策が本格的に実施された。一八八二年には新式軍隊に比べて差別を受けた旧式軍隊が乱を起こす事件が発生したが、これが壬午軍乱である。壬午軍乱の収拾のために一八八二年、朴泳孝（一八六一〜一九三九）が特命全権大臣兼修信使として日本に派遣された。朴泳孝は当時、日本に駐在していた西洋諸国の外交官と積極的に会い、日本政府に対しても活発な外交活動を繰り広げた。一一月三日、日本にとどまっていた彼は、明治天皇の天長節の儀礼に招待された。朴泳孝は大礼服着用が明示された招待状を受け、大礼服を着用するという返信を送った内容を修信使復命書である『使和記略』に記録しておいた。まだ朝鮮で西洋式礼法に対応する服飾制度が定まっていない状況であったが、朴泳孝は大礼服を着用して参加するという答えを送り、実際に儀式に参加したのである。まだ朝鮮の服制が変わっていなかったため、朴泳孝が着用した大礼服は以前の修信使が着用した朝鮮の官服であったと推測されるが、『使和記略』への記録を通して、彼は以前の修信使とは異なり、大礼服がいかなる意味を持つ服飾であるかについて認識を明確に持っていたことが分かる。

朝鮮は一八八二年に、西洋の中では初めて米国と通商条約を結んだ。条約締結後、翌年の一八八三年、初代米国公使が朝鮮に赴任すると、朝鮮は返礼の意味で米国に報聘使（遣米使節団）を派遣した。報聘使一行は公式的行事でチェスター・A・アーサー大統領に謁見し、高宗の国書を伝達した。米国では、初めて西洋に足を踏み入れた朝鮮使節の日程はもちろん、外観に関する様々な記事が大きく報じられた[9]。

当時の新聞記事では、報聘使一行が大統領に謁見する時、全権大臣・閔泳翊（一八六〇～一九一四）と副大臣・洪英植（一八五五～一八八四）がふんわりとした宮廷礼服を着用したと紹介されたが、前で見た図1と同じ団領である。大統領に謁見する時、報聘使節は胸背のある団領を着用し、図2のように接見室の外で朝鮮の伝統方式（正面ではなく斜めに向く拝礼）で拝礼してから接見室に入ってアーサー大統領と握手を交わしたと伝えられる。彼らは現地で洋服を購入し、洋服の目録と価格は記事として残っている[10]。閔泳翊がこの時期に購入した洋服は、朝鮮に入ってきて洋服に関する学習資料として活用された可能性が大きい。

2 甲申衣制改革（一八八四年）

修信使の朴泳孝と報聘使の閔泳翊が帰国した後の一八八四年、旧暦閏五月、朝鮮は開港以降初の服飾制度改革である「甲申衣制改革」を発布した。その内容の第一は公服の改革で、伝統的に官服として着てきた団領の色を黒のみ使うようにした。二番目は私服の改革で、朝鮮後期のソンビ（訳註：学識はあるが官職に就かなかった両班）の私服である道袍（訳註：李氏朝鮮後期に士大夫［学

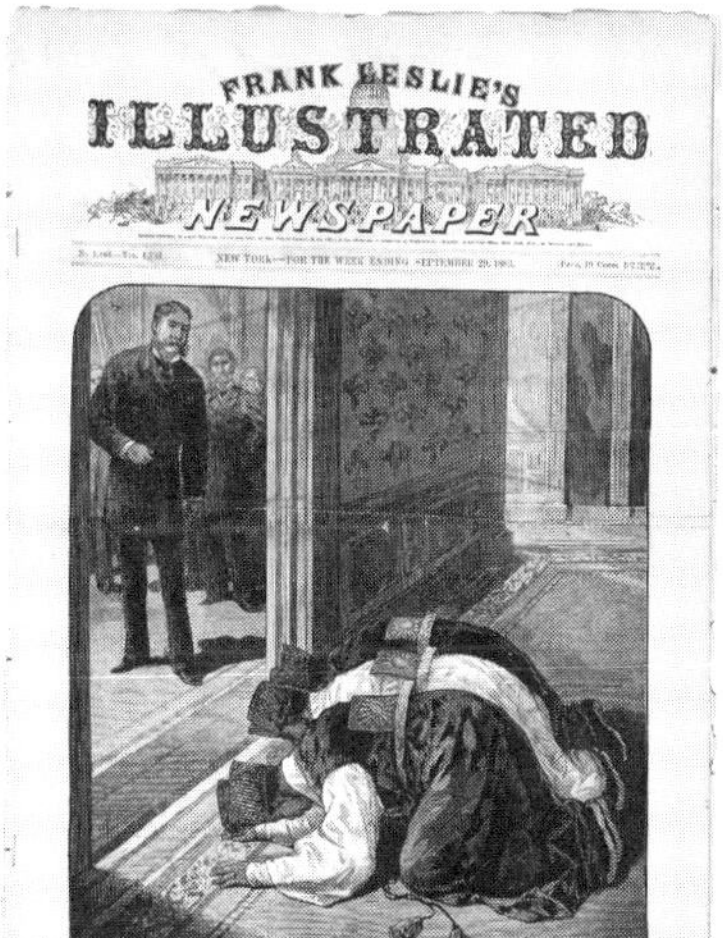

図2　報聘使のアーサー大統領謁見
（*Frank Leslie's Illustrated Newspaper*, 29 Sep. 1883）

者」が着用した袖が広い上衣）、直領（訳註：李氏朝鮮後期に主に武官が着用した袖が広い上衣）等、袖の広い服をこれ以上着用しないようにし、窄袖衣（トゥルマギ［外套］のように袖の狭い袍）のみを着用するように制限したものである。[11]

これは伝統的な服飾における簡素化を指向した改革であったが、既存の服飾体系では大きな変革であったため、各階層の反発をもたらした。主な反対意見は次の通りであった。まず、朝鮮服飾に対する強い自負から出てきた反対意見で、黒い官服のみを着用するようにしたのは伝統性がないというものであった。次に、袖が狭い私服を着用すると、上下、貴賤、尊卑を区別することができないため、身分の象徴性がなくなるというものであった。開港以降、最初に行われた朝鮮政府の甲申年の衣制改革は、臣下と民衆の反対と、その年一二月（旧暦一〇月）に改革を主導していた開化派が起こした甲申政変によって、それ以上進めることができなかった。[12]

3 甲午衣制改革（一八九四年）と乙未衣制改革（一八九五年）

一〇年後の一八九四年の甲午衣制改革では、朝鮮で初めて「大礼服」という用語が登場し、それに続く乙未衣制改革では「大礼服、小礼服、通常

表1　1895年に発布された主な服飾制度

区分	発布年月日（陰暦）	法令	内容
陸軍服制	1895. 4. 9.	勅令第78号 陸軍服装規則	○ 洋式陸軍服制の導入
警察服制	1895. 4.19.	勅令第81号 警務使以下服制に関する件	○ 洋式警察服制の導入
文官服制	1895. 8.10.	勅令第1号 朝臣以下服章式	○ 朝服と祭服は朝鮮制度継承 ○ 大礼服は黒団領・紗帽・品帯・靴子 ○ 小礼服は黒盤領窄袖袍・紗帽・束帯・靴子 ○ 通常服色は周衣・褡䙬・糸帯
断髪令	1895.11.15.	詔勅	○ 断髪令発布

服色」を体系的に定めた。一八九五年に発布された衣制改革の具体的な内容は表1の通りである。[13]

この時期の大礼服は袖が広い黒団領、小礼服は袖が狭い黒団領、通常服色は窄袖衣と定められ、西欧式の形態ではなかった。これは朝鮮の「伝統式大礼服制度」ということができる。すなわち、甲午・乙未衣制改革は、形式的には近代的概念である大礼服制度を導入したが、内容においては西洋の服飾制度に朝鮮伝統の官服を結合した過渡的な改革であった。むしろ、これは一八八四年に発布された甲申衣制改革の官服と私服を内容的に受け継いだ改革と見ることができる。同じ時期、西欧式大礼服制度を受け入れた日本とは異なり、朝鮮は伝統と西洋を折衷した朝鮮式大礼服制度を設けたという点で違いがある。[14]

表1で見ることができるように、一八九五年には陸軍と警察の服飾制度が発布された。文官の服飾で「大礼服」という形式に「黒団領」という伝統を適用したのとは異なり、陸軍と警察の服装にはまさに西洋式の制服を導入した。図3は陸軍副将・閔泳煥（一八六一〜一九〇五）が着用した軍服の遺品で、一八九七年に改正された形態である。このように、軍服と警察服に直ちに洋服形態を導入しつつ、帽子の表章、ボタン、肩章、袖章等に李花、槿花、太極等の大韓帝国を象徴する文様を図案にして入れた。こうした国家象徴文様は、開港以降、朝鮮と大韓帝国で切手、貨幣、勲章等に活用されたものである。[15]

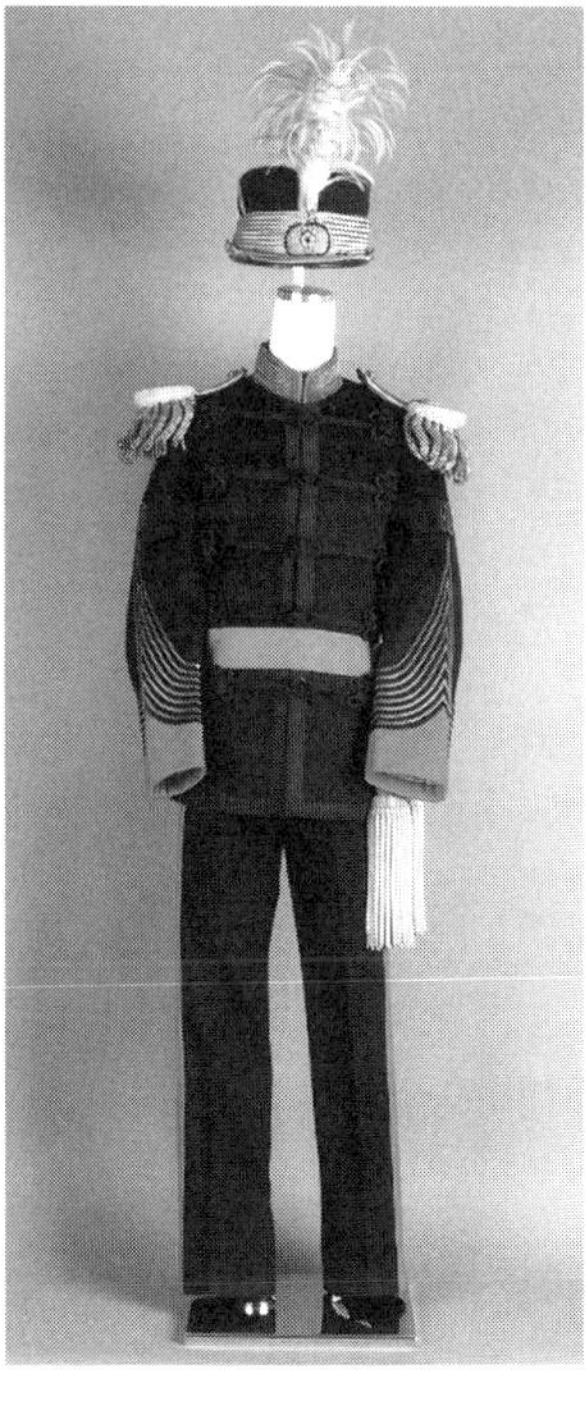
図3　陸軍副将・閔泳煥の洋服遺品
（大韓民国歴史博物館所蔵）

4 断髪令（一八九五年）

表1の最後に整理されたように、一八九五年一一月一五日に朝鮮では断髪令が施行された。［旧暦］一一月一七日が［西暦］一八九六年一月一日になったため、実質的に断髪令は一八九六年に実施された。朝鮮で髷を結う対象は僧侶、囚人、幼児等を除いた通常の成人男性であった。朝鮮人にとって、髷は両親から受け継がれた大切な身体の一部である髪を保存し整える方式であり、清国人や日本人とは区別される「朝鮮人」という象徴性を有していた。断髪令は、一八九五年一〇月（旧暦八月）に発生した乙未事変（王妃暗殺事件）とともに、民衆の抵抗に火を注ぎ、開港後最初に発生した乙未義兵のきっかけとなった。以降、露館播遷で新たな局面を模索した高宗が、断髪令をはじめとする服飾制度を強制しないことを約束したことで、朝鮮の衣制改革は再び中断した。

以上見た内容をまとめると、開港以降、朝鮮政府によって行われた服飾制度改革は、既存の服飾を簡素化し、「大礼服」という近代的意味の形式に「黒団領」という伝統的内容を組み込んだという点に意義を有する。こうした「伝統式大礼服」は一八九七年の大韓帝国宣布以降、大韓帝国初期まで継承された。そして、軍服と警察服に西洋式制服を導入し、断髪令を宣布したが、民衆の反発に直面した。

4 大韓帝国の服飾政策

1 東アジア伝統の皇帝国服飾体系と大元帥軍服の導入

ロシア公使館から戻ってきた高宗は、一八九七年八月に国号を大韓、年号を光武と定め一〇月一二日に圜丘壇に進み帝国を宣布し、皇帝に登極した。この日の即位式に皇帝以下の朝臣たちは伝統的な東アジア皇帝国の服飾制度による官服を着用した。この過程は『高宗大礼儀軌』に詳しく記録され、服飾制度は『大韓礼典』にまとめられている。

高宗は皇帝国宣布時に一二旒冕（訳註：冠のひとつ）一二章服の冕服を着用した。伝統的な東アジアの服飾体系で皇帝の権威を最もよく表す冕服は、冕旒冠と袞服で一襲（一組）をなす。皇帝の冕旒冠は前後に並べた玉の列が一二列で、諸侯国国王の冕旒冠は九列である。また、袞服に表現された章文の種類も、皇帝が一二種であり、諸侯国国王は九種である。朝鮮時代には諸侯国の服飾制度に沿って九旒冕九章服を着用したが、大韓帝国皇帝の冕服は一二旒冕一二章服と定められた。

図4　高宗皇帝の通天冠服の御真影
（国立古宮博物館所蔵）

図5　高宗皇帝の黄龍袍の御真影
（国立中央博物館所蔵）

皇帝の朝服も朝鮮時代の王より格上げされ、一二列の玉列がある通天冠に絳紗袍（赤い紗で作られた袍）と定めた（図4）。そして、高宗が視事服として着用した常服も、朝鮮時代の紅龍袍から皇帝が着用する黄龍袍（黄色の袞龍袍）と定めた（図5）。それとともに、高宗皇帝だけでなく、皇后、皇太子、皇太子妃、臣下の官服も、朝鮮時代に着用した諸侯国の服飾から皇帝国の服飾へ格上げされた制度を採用した。

大韓帝国は、伝統的な皇帝国の服飾制度を整備する次の近代式服飾制度も整備した。まず、一八九九（光武三）年六月二二日に元帥府官制を発布して、皇帝は大元帥、皇太子は元帥となった。この時期から、高宗皇帝は洋服の大元帥軍服を着用した。残っている写真と陸軍服装規則から、大元帥の軍服に正装と常装があったことが分かる。図6は高宗皇帝が着用した大元帥の正装姿である。

皇帝元帥服を西洋式軍服に変えた後、文官の服装にも洋服を導入した。このように、皇帝が率先して洋服を着用した後、文官の服飾を西欧式に変更したことは日本でも見ることができるが、国家が主導して強力に近代化を推進していく過程であったと見ることができる。(16)

図6　高宗皇帝の大元帥正装着用写真
（国立古宮博物館所蔵）

2　文官の西欧式大礼服と勲章制度の導入

大韓帝国は一九〇〇年四月一七日に勅令第一三号勲章条例、勅令第一四号文官服装規則、勅令第一五号文官大礼服

製式を発布し、文官の服飾に西欧式大礼服を導入することにより、近代式服飾制度を完備した。勅令第一四号文官服装規則は全一二の条項で構成され、着用者の範囲と状況、服飾構成品、優先着用する対象に関する内容が含まれている。文官大礼服を主に見ると、次のようになる。まず、大礼服を着用することのできる対象は文官勅任官と奏任官に限定され、判任官は小礼服で大礼服に代えることができた。第二に、大礼服の着用日は皇帝を見舞う時、皇帝の動駕動輿（国王もしくは皇太子が宮殿の外へ行くこと）を行う時、公的に皇帝を謁見する時、宮中で宴会を設ける時に着用するよう規定されたが、これはすべて文官が皇帝を謁見する状況である。日本の場合には例祭が含まれているが、大韓帝国は入っていない。第三に、服飾構成品の規定を見ると、大礼服は大礼帽、大礼衣、チョッキ、大礼袴、剣、剣帯、白布下襟（カラーに付着する汗取り用の白い布）、白い手袋で構成された。最後に、この規則は外交官に最初に施行されるとした。

勅令第一五号文官大礼服製式制式は、大礼服制作で上衣、チョッキ、ズボン、帽子、剣と剣帯の形態の規定、材料の色、寸法等の細部規定を記述したものである。文官服装規則が発布されてから一年が過ぎた一九〇一（光武五）年九月三日に大礼服を視覚的に提示した図案が発布された。図7は文官勅任官一等の大礼服の遺品であり、着用者はドイツ、オーストリア、英国の外交官を務めた閔哲勳（一八五六～一九二五）である。

図7を通して大礼服の様相を確認することができるが、燕尾服型上衣、ズボン、チョッキ、剣等で、典型的なヨーロッパ近代国家の大礼服の形態に従っている。大礼服が

図7　閔哲勳の文官勅任官一等大礼服
（ソウル工芸博物館所蔵）

有する最も重要な特徴は、国の象徴文様を上衣の前後、カラー、ポケット、袖の袖章、帽子の右側章等に刺繡し、ボタンと剣に貼ったり刻んだりしたことである。大韓帝国は国家の象徴文様として木槿を図案して刻んだ(17)。大韓帝国の大礼服制定は文官の官服に洋服を初めて導入したという点、そして近代的な主権国家を象徴する文様として木槿を初めて図案したという点で、大きな意味を持つ(18)。

3 大韓帝国後期の服飾制度の改正と改革政策の挫折

一九〇六年以降、大韓帝国の服飾制度は大幅に修正された。まず、文官大礼服は一九〇六年一二月一二日に勅令第七五号で全面的に改正された。改正された文官大礼服は、以前の形とは異なり立衿形の燕尾服に変わり、前身頃の胸部に刺繡されていた木槿が消えた(19)。一九〇六年二月二七日に「宮内府本部及び礼式院礼服規則」と「宮内部本部及び礼式院大礼服と小礼服製式」が発布されることによって細分化もされた。この時、文官大礼服と宮内府本部及び礼式院大礼服の規定には、日本の天皇が任命する親任官大礼服が規定されて、統監府の時期の大礼服制度に変わった(20)。宮内府本部と礼式院の大礼服は日本の侍従職大礼服のようなコート形態であり、スモモの花の枝が階級に応じて刺繡されていた。図8は礼式院宮内部奏任官主任官の大礼服の遺品である。

次に、一九〇六年と一九〇七年には陸軍の服装も改正され

図8　礼式院奏任官パク・キジュンの大礼服遺品（ソウル工芸博物館所蔵）

たが、特に常衣と常袴の色が茶褐色に変わって、日本の軍服制度と類似するようになった[21]。

西欧式大礼服制度を導入して近代国家の外観を備えようとし始めた大韓帝国の西欧式服飾制度の歴史は、一九一〇年に韓日強制併合で幕を下ろした。一二月一七日に発布された日本皇室令第二二号では、日本から爵位を受けた朝鮮人貴族は、日本の有爵者（爵位のある者）の大礼服を着用するように規定し、有爵者以外の朝鮮総督府所属職員には、朝鮮総督府服飾制度が適用された。

日本による植民地支配の時代にも大礼服という服飾の形態はそのまま残るが、大礼服に表現された自主独立国家としての大韓帝国の国家の主体性は喪失した。これにより、悠久に引き継がれてきた民族服飾の脈絡が断絶される結果をもたらした。大韓帝国はその時期に合致する民族服飾の主体性を自ら決定して制度を通して表現したが、植民地時代に入ってその権限を失うこととなった。

5 結論

開港という避けられない歴史の流れの中で、朝鮮は新しい時代に適した服飾体系を確立しなければならない状況に直面した。朝鮮後期に持っていた衣冠文物に対する自負心が、新たに到来した西洋と西洋化された日本が主導する外交儀礼では意味がなく、西洋蛮人の外観と見なしていた洋服が重要であることを認めなければならなかった。それに対して、国内で西洋人の接見を受けなければならなかった高宗と海外で西洋式儀礼を経験した官僚らが議論し、一八八四年の甲申衣制改革で伝統服飾の簡素化を推進することから服制改革が始まった。一八九四年の甲午衣制改革では、西欧式の警察服と軍服の導入、伝統式文官大礼服制度の成立等、過渡的な様相を示した。しかし、日本によって強制的に断行された断髪令によって情勢の混乱が加速されたため、高宗は露館播遷によって改革の主導権を回復しようとした。

一八九七年一〇月、高宗は大韓帝国を宣布し皇帝に登極しつつ、伝統的な東アジア皇帝国の服飾を着用することにより、まず国家の伝統を継承した後、一八九九年から元帥部設置による近代的皇帝の外観を備え、続いて一九〇〇年に西欧式文官大礼服を制定した。

大韓帝国の服飾制度を総合すると、伝統と近代、東洋と西洋が共存する服飾制度である。伝統服制の中で官服は皇帝国の制度に昇格し、私服は多種多様であった伝統時代の服装が簡素化された。伝統的服制は『大韓礼典』にまとめられ、近代服制は『官報』を通して公布された後、法令集に記録された。伝統服飾は祭礼のような伝統儀礼で、近代服飾は外交儀礼のような近代儀礼で着用された。一般的に旧本新参（訳註：開化派によって唱えられた理論で、古いものを根本として、新しいものを参酌・参照しようとすること）という大韓帝国のモットーが服飾政策にもそのまま適用されたものと見ることができる。

一九〇六年以降、統監府の設置、一九一〇年の韓日強制併合によって、大韓帝国の服飾制度は時宜を失ったが、次の三つの側面で今日までもその脈を継いでいる。まず、伝統服飾の側面から、官服制度は皇帝国体系に合うように格上げされ宗廟大祭（訳註：ソウルの宗廟で毎年五月第一日曜日に行われる祭礼）等で保存されており、私服は制度で規定された最後の服飾体系として代表的な伝統服飾として着用されている。次に、新たに導入された洋服は世界のファッションの流行とともに発展してきている。最後に、文官大礼服、軍服等に全面的に導入された木槿、太極文様は、日本帝国の植民地時代に民族精神を結集する媒介物としてその役割を果たし、解放後も国家象徴のイメージとして受け継がれている。

註

（1）近代韓国、中国、日本では、断髪令は同じく文化変動の事件であったが、各国の状況とヘアスタイルに対する認識度合いの違いにより、異なる様相を呈した。三国の断髪令の進行過程と比較は、劉香織『断髪 近代東アジアの文化衝突』（朝日新聞社、一九九〇年）に詳しくまとめられている。

（2）この文章は、筆者がこれまで発表してきた論文を参考にまとめたものである。特に英文で発行されたPyun, Kyunghee, and Aida Yuen Wong, *Fashion, Identity, and Power in Modern Asia* (Palgrave Macmillan, 2018）の第3章に掲載されたLee, Kyungmee, "Dress Policy and Western-Style Court Attire in Modern Korea" をもとに作成し、一部の内容を再整理した。

（3）정옥자정옥자〈チョン・オクチャ〉『조선후기 조선중화사상 연구〈朝鮮後期の朝鮮中華思想研究〉』일지사〈一志社〉、一九九八年、二一二頁。

（4）김용구〈キム・ヨング〉『세계관 충돌의 국제정치학〈世界観衝突の国際政治学〉――동양 禮와 서양 公法〈東洋の礼と西洋の公法〉』나남출판사〈ナナム出版社〉、一九九七年、四九～五一頁。

（5）이경미〈李京美〉「19세기 말 서구식 대례복 제도에 대한 조선의 최초 시각〈19世紀末西欧式大礼服制度に対する朝鮮の最初の視覚〉――서계（書契）접수 문제를 통해〈書契受理問題を通して〉」（『한국의류학회지〈韓国衣類学会誌〉』三三巻五号、二〇〇九年、七三二～七四〇頁）。

（6）刑部芳則『帝国日本の大礼服――国家権威の表象』法政大学出版局、二〇一六年、三六頁。

（7）前掲注（5）「19세기 말 서구식 대례복 제도에 대한 조선의 최초 시각〈19世紀末西欧式大礼服制度に対する朝鮮の最初

の視覚〉」四五～五四頁。

(8) 이정희〈イ・ジョンヒ〉「제1차 수신사 김기수가 경험한 근대 일본의 외교의례와 연회〈第一次修信使金綺秀が経験した近代日本の外交儀礼と宴会〉」(『朝鮮時代史學報』五九巻、二〇一一年、一七三～二〇七頁)。

(9) 이경미〈李京美〉「개항이후 대한제국 성립 이전 외교관 복식 연구〈開港後大韓帝国成立以前の外交官の服飾研究〉」(『한국문화〈韓国文化〉』六三号、二〇一三年、一二九～一五九頁)。

(10) *New York Times*, 27 Dec. 1883.

(11) 이현아〈イ・ヒョナ〉「1884년 甲申衣制改革 연구〈1884年甲申衣制改革研究〉」(檀国大学修士学位論文、二〇一六年、一三～一八頁)。

(12) 이경미〈李京美〉『제복의 탄생〈制服の誕生〉――대한제국 서구식 대례복의 성립과 변천〈大韓帝国の西欧式大礼服の成立と変遷〉』민속원〈民俗院〉、二〇一二年、一二六～一三六頁。

(13) 『官報』一八九五年。

(14) 이경미〈李京美〉「개항기 전통식 소례복 연구〈開港期の伝統式小礼服研究〉」(『복식〈服飾〉』六四巻四号、二〇一四年、一六二～一七五頁)。

(15) 목수현〈モク・スヒョン〉『태극기、오얏꽃、무궁화〈太極旗、李の花、木槿〉――한국의 국가 상징 이미지〈韓国の国家象徴イメージ〉』현실문화연구〈現実文化研究〉、二〇二一年。

(16) 이경미〈李京美〉「사진에 나타난 대한제국기 황제의 군복형 양복에 대한 연구〈写真に現れた大韓帝国期皇帝の軍服型洋服に関する研究〉」(『한국문화〈韓国文化〉』五〇号、二〇一〇年、八三～一〇四頁)。

(17) 목수현〈モク・スヒョン〉「대한제국기 국가 시각 상징의 연원과 변천〈大韓帝国期の国家視覚象徴の淵源と変遷〉」

(『미술사 논단〈美術史論壇〉』二七号、二〇〇八年、一八九~二二一頁)。

(18)이경미〈李京美〉「대한제국 1900년〈光武4〉문관대례복 제도와 무궁화 문양의 상징성〈大韓帝国1900年(光武4)文官大礼服制度と木槿文様の象徴性〉」(『복식〈服飾〉』六〇巻三号、二〇一〇年、一三五頁)。

(19)이경미〈李京美〉「대한제국기 서구식 문관 대례복 제도의 개정과 국가정체성 상실〈大韓帝国期西欧式文官大礼服制度の改正と国家の主体性の喪失〉」(『복식〈服飾〉』六一巻四号、二〇一一年、一〇三~一一六頁)。

(20)近代式官職体系は甲午改革期の一八九四年七月に導入された。官等を三段階に分けて勅任官、奏任官、判任官と命名したが、以降一九〇六年九月に勅任官を親任官と勅任官に再区別し、日本の天皇から任命を受ける官職を親任官とした。乙巳条約以降、日本はソウルに統監府を設置し、親任官を勅任官の上に置いた。そして、日本に友好的な韓国人を親任官に任命して韓国政府を監視した。親任官は政府だけでなく、宮内部や礼式院にも適用された。

(21)이경미〈李京美〉、노무라미찌요〈野村美千代〉、이지수〈イ・ジス〉、김민지〈キム・ミンジ〉「대한제국기 육군 복장 법령의 시기별 변화〈大韓帝国期の陸軍服装法令の時期別変化〉」(『한국문화〈韓国文化〉』八三号、二〇一八年、五〇九頁)。

参考文献

『経国大典』
『国朝五礼儀』
『高宗大礼儀軌』
『大韓礼典』
『使和記略』

Chapter 5

近代女性のチョゴリの形態美と生地の変遷

崔銀水（前・国立民俗博物館学芸研究官）

1　はじめに

韓服はパジ［袴］またはチマ［裳］の上にチョゴリ［襦］を着る二部様式であり、外衣としてはポ［袍］を合わせて着る。二〇〇〇年余りの間、チョゴリの基本形はまっすぐな襟であり、前で揃えて着る直領交衽形の基本構造を維持しており、韓国の服飾は他国に比べて変化が少ないという。チョゴリの流行を決める要素には、チョゴリの丈、チョゴリの縦幅（訳註：直訳すると「横線の長さ」だが、チョゴリの胴体の部分［背中の首の付け根から、腰までの背丈の長さ］の縦幅をさす）、襟・袖先（訳註：女性のチョゴリで色違いの布で袖の先に足した部分）・結び紐の幅、袖の広さと袖の形、襟の長さ等があり、生地および色、縫製法等も重要である。

本チャプターでは、近代における女性のチョゴリの変化する様相を中心に、形態美と生地の多様性を見てみたい。一九世紀末から一九六〇年

代までは、外国に対する開放、日本による植民地化、朝鮮戦争、産業発展等、多くの歴史的事件とそれによる外的な社会的変化により、内的で伝統的な理念と価値観に画期的な変化を経ることとなった。こうした社会的激動の中で、伝統的服飾は他のどの分野よりも際立つ変貌を経て、韓服は洋服と二重構造[1]をなし始めた。

二〇世紀前半までは韓服が洋服とともに日常服として着用されていたが、一九五〇年の朝鮮戦争以降、押し寄せる西洋文物の影響により、韓服は次第に礼服としての性格に変化していった。このように、韓国の衣生活は全般的に西洋式に変化していく中、韓服チマ・チョゴリの基本構造はそのまま維持したが、韓服のスタイルは一〇年単位で変化していく様子を確認することができる。研究資料は、国立民俗博物館、慶雲博物館、淑明女子大学博物館、ソウル女子大学博物館、檀国大学石宙善記念博物館所蔵品のうち、出所と時期が明確な、チョゴリを中心とした関連文献資料および新聞記事等を参考にした。研究範囲は一八九〇年代以降から一九六〇年代までである。[2]

2 時期ごとの女性のチョゴリの流行と生地の特性

1 一八九〇年～一九一〇年代

この時期は開港期初期に宣教師によって多くの教育機関が設立される中で、新教育を受けた伝道婦人らの長いチョゴリと筒型チマスタイルが一部で流行し、女学校の制服がチョゴリの変化をもたらした。一八八六年に設立された梨花学堂は深紅色の木綿のチマ・チョゴリを着用し、一九〇二年には同色のチマ・チョゴリが似合わないとして、翡翠色のチマと白いチョゴリに変更した。一九〇七年、淑明女学校は赤紫色のサージワンピースの制服を着用したが、一九一〇年に赤紫色のチマと白いチョゴリに変更した（図１）。一九〇八年、漢城高等女学校は長いチョゴリに筒状のチマスタイルに改良した韓服を制服として着用したが、冬服は黒のチマ・チョゴリ、夏服は白いチョゴリに黒のチマを着用、黒い傘を持たせた。新女性を中心に韓服を改良化しようという議論があり、一九一一年に梨花学堂の教師ウォルター（Miss Walter）によって、一九一四年にチマウエストを改良した肩かけ紐のチマが登場した(3)。

この時期のチョゴリは丈が胸の上に上がるほど短くなり、身幅と袖幅も体にぴったり狭い形になり、婚礼用は三回装（訳註：襟、袖口、脇に縫い飾りを施したもの）チョゴリ（図２）を多く着用、全体的に一の字型［筒型］シルエットである。一九一〇年代には宣教師によって新教育を受けた伝道婦人の長いチョゴリと筒型チマスタイルが一部で流行したが、一般人は依然として体にぴったり合ったチョゴリも着た。白の服を好み、ほとんど素色の衣服を着用していたが、日本によって韓服の改良と素色を禁止され、色のある衣服を奨励されることとなった。梨花学堂で始まった肩かけ紐のチマの利便性が全国的な

図１　1910年、梨花学堂の制服（赤紫色のチマと白色のチョゴリ）

図２　三回装チョゴリ（淑明女子大学博物館所蔵）

流行をもたらし、婦人らは顔を覆う長衣を被る代わりに、ゾバウィやナムバウィ（訳註：どちらも耳まで覆う被り物。後者は冬用で厚手）を頭に被ったりした。

チマ・チョゴリに使用した生地は、伝統的な絹織物以外に、絹のように光沢のある綿繻子や瓦斯緞類の綿織物、薄い毛織物であるモスリンのような輸入織物も多く使用された。輸入織物の記録は『朝鮮総督府統計年報（一九〇九）』に幅広綿、生木綿、キャラコ、白木綿、日本木綿等の平織綿織物が、『朝鮮綿業史』には幅広綿、洋綿、キャラコ、木寒緞子、官紗、羅緞等の綿織物や、帽綾（訳註：紗帽の外側を包むのに使われる綾）や馬尾緞（訳註：馬の鬣や尾の毛を横糸にして木綿糸・麻糸・毛糸等を縦糸にして編み上げた西洋の織物）のような毛織物、西洋繻子、亢羅（訳註：絹糸で織った織物で、織り目の粗い夏用の生地）のような絹織物がある。(4)

輸入織物が韓服に使用され、次第に韓服用生地に対する朝鮮人の好みが生地の色や柄において多様になり派手になる等、韓服に使用される生地が従来とは異なる新たな傾向へと変化した。開港以前の中国絹織物は、朝鮮人の好みに合わせた色や柄の種類の織物が中国から輸入されたが、開港後は様々な国から織物が輸入され、生産国の趣向や美感が反映された織物がそのまま朝鮮に輸入されて使用された。

2　一九二〇年代

一九二〇年代に韓服の形態変化へ直接的な影響を与えたのは、韓服を女学校の制服として着用することになってからである。女学校の制服のチョゴリは活動性に重点を置く形に変わり、長さが長くなり、形が単純になり、プリーツを広くとった筒状のチマ（訳註：一枚の布で筒状に縫い合わせたチマ）（図3）とともに着用した。

実用化された長いチョゴリは一九二〇年代初めまで知識人を意味し、民族主義的象徴性を帯びて新女性らに限定的に好まれたが、一九二〇年代後半には一般人のチョゴリ形態にも変化をもたらした。淑明女学校の制服は赤紫色のチマに白いチョゴリを、梨花学堂は肩紐がある黒サテンのチマの上に白（夏）や赤紫（冬）のチョゴリを着る等、韓服を制服として着用した。一九三〇年代になると、女学校の制服は次第に洋服に変わった。

一九二〇年代初期には大部分のチョゴリの丈は短かったが、後半期には次第にチョゴリが長くなり、尖った形の襟［ダンコギット］が消え現代のチョゴリのように丸い形の襟［トンクレギット］が登場し始めた。回装チョゴリは礼服だけに残ることとなり、単色チョゴリが流行した。チマは一般人が着る伝統形態の長いチマまたは社会活動を行う女性が着る丈の短い筒状のチマが共存する時期であった。

輸入織物の影響で、光沢があるものや薄ものの生地は、一九二〇年～一九三〇年代に現代的なもの、洗練されたものを代表するものとして好まれ、季節を超えて流行した。こうした好みの変化は、当時の洋服の流行とはその様相が異なるもので、韓服のみの独自の流行ということができる。(5)

日本から輸入した織物は、洋緞（訳註：西洋から輸入した模様のある高級織物の一種）、琥珀緞（タフタ）、法緞（訳註：風合いがとても柔らかい絹織物の一種）、羽二重、富士絹、綿縮、紋壁、倭紗（訳註：織り目の細かい紗のひとつ）、パ

図3　筒状のチマとチョゴリ（啟明大学医療宣教博物館所蔵）

レスがある。特におしゃれな人たちは、羽二重とパレスという光沢があり肌触りが柔らかい日本の生地を注文し、一九二五年頃、文明錦という人造絹織物が流入した。

洗濯の革命ともいうべき化学洗剤の登場、共同洗濯場の設置（一九二三年）、輸入洗濯機（一九二六年）、ドライクリーニング（一九二〇年）が行われるようになると、服を開いて解体して洗濯していた方式は次第に消えることとなった。

3　一九三〇年代

日本帝国の軍国主義が強化され、社会、文化、経済的に弾圧が深化していく時期である。色服奨励現象と内鮮一体論を強調しつつカーキ色の国民服着用が強要されると、これに対抗する民族主義の象徴として、白いチョゴリと黒いチマ、黒傘が流行した。京畿、淑明、培花等、ほとんどの女学校の制服は韓服から洋装に替わり、梨花学堂と進明女学校も一九三九年に洋装スタイルの制服を着用することとなった。

西洋服の流入と発達により韓服と洋装が混用される全盛期であり、ファッションリーダーである新女性が社会生活を行いながら彼女らの変わっていくスタイルにより新しい流行とファッションのモデルとなった。

近代化をリードした新女性を除き、まだ日常服として韓服を着ることが当然とされており、チョゴリは実用性を強調してさらに長くなり、これに合わせて袖付けの幅、袖口、襟、結び紐の寸法も増えた。花柄の京都洋緞のミンジョゴリ（訳註：襟や袖、結び紐等に他の色の布を当てないチョゴリ）が流行し、伝統方式の合わせチマと新女性の短い筒状のチマが共存した。韓服の肩縫いが変わり、西洋服の流入により筒状のチマを着たり、モンペチマをともに着用したりした。

一九三八年、『毎日新報』にて生活改善運動として、筒状のチマ着用、結び紐の代わりにボタン、色のある服、国産品の使用奨励等、衣生活方法を啓蒙して実生活に利用するようにした（図４）。

一九三〇年代に最も画期的に使用された織物である人絹は染色性と光沢が絹と似ているが、価格が絹の三〇パーセント程度にしかならないので人気だった。最初は主に日本から輸入した人造絹を使用したが、一九三二年の「朝鮮織物」を皮切りに、一九三六年には人造絹の生産工場がソウル地域だけで一五に達するほどに拡張した。しかし、依然として京都洋緞、羽二重、富士絹、倭紗、倭繒（訳註：生地の薄い絹）のような日本の輸入絹織物が多く使用されており、モスリンやサージ等の洋装用毛織物も韓服の生地として使用された。新女性の間では、これで上下の衣服を一着にして着て、黒、赤褐色、藍色、灰色のような伝統的に女性のチョゴリにはあまり使用されていなかった規格外の色が使用されたりした[6]。

一九三〇年代後半にミシンが普及し、一般家庭での使用が増加した。ミシンは以前の手縫いに比べて速度と機能性が加わり、裏表の縫い目を一度に四重に縫ったり、縫い込みを一度にきれいに整えることができ、形の安定性はもちろん、活動時に頻繁な摩擦が生じ袖のような部分の機能性を高めることとなった。女性の社会参加の機会拡大や、学校教育を通じた裁縫の授業は、良妻賢母教育とともにミシンの

의복의 개량할점

나드리옷과 사무복으로

짜로만드는것이 急先務?

図４　衣服の改良記事（『毎日新報』1938年5月4日）

使い方を学ばせることにつながった。

4　一九四〇年代

第二次世界大戦が起きると、日本帝国は女性の労働力を利用するために、韓服の代わりに「モンペ」という作業服にブラウスを着るよう強要した。一九四五年に解放になると、モンペを脱ぎ捨て韓服を再び取り戻すかに思われたが、一気に押し寄せた西洋文化の流入により、韓服よりも洋服への好みの方が強いという調査もあるほどであった(7)。

一九四〇年代には、チョゴリが腰ほどまで下がるほど長くなり、比較して袖丈は短くなった。襟の長さも長くなって開く部分と首に余裕が生じ、全体的にゆったりとしたスタイルに変化するようになった。襟と領正（訳註：チョゴリの襟の上に縫い付けられている交換可能な白い布で、汚れを防ぎ、服を整えて見せる役割を持つ）、結び紐が最も広い時期であり、結び紐の代わりにボタンや「ブローチ」が流行した。新女性はブローチを付けたチョゴリ、プリーツチマ、ハイヒールを履いた姿である。一九四九年、『東亜日報』には「新生活チョクサム（訳註：紐の代わりにボタンを付けた洋風のチョゴリ）」と呼ばれ、ボタン付きの半袖のチョゴリと黒のチマを着用し

図5　モンペを履いて商いに行く様子（パク・コノ写真）

た女性の写真が登場したが、礼服としては依然として回装チョゴリを着ており、回装に金箔飾りが流行した。

解放の時期には織物生産があまり活発ではなかったが、木寧緞子、繻子、ニュトン（訳註：きれいな色合いで柔らかく皺のよらない絹織物の一種）等の柄のある生地と高級生地であるビロードのチマは、嫁入り道具として人気の織物であった。ナイロンは一九四五年に米軍が進駐すると導入された。合成繊維の流入とともに、一九五〇年代には洋装用の生地がチョゴリの生地として使用され、レース、キラキラと輝く生地、ベルベット等で華やかで装飾性の強いチョゴリを製作することとなった。

5　一九五〇年代

一九五〇年代初頭には解放の喜びにより民族服である韓服を日常服として着用するムードであったが、朝鮮戦争によって国内の繊維工場が破壊されて、一九五三年までは衣服用素材は米国の援助物資や密輸品で充当しつつ、密輸品のビロードチマ（図6）も流行した。

一九五二年には「戦時生活改善法施行令」により、ビロード、羽二重、オパール、ジョーゼット、ナイロン（Nylon）等の輸入織物の着用および販売を禁止したが、依然として密輸品が流行して、韓服用の生地として洗濯と手入れが便利なタフタ、ナイアガラ、ゴムボナイロン等のナイロン繊維が流行し、透明なナイロンで韓服を作って着て、露出が社会問題にもなった。(8)

朝鮮戦争以降、一九五三年『女性界』、一九五五年『女苑』、一九五七年『主婦生活』等の女性雑誌が創刊され、一九五六年「Nora Noh ファッションショー」等の影響により韓服より洋服への関心がいっそう増し、韓服は便利さと実用性を重視して洋服を模倣した改良韓服が出始めた。結び紐を短くしてリボンのようにしたり、袖付けの幅線を西洋のフレンチスリーブに裁断したり、夏用半袖チョゴリ、ボレロ型チョゴリが登場した(9)。

チョゴリの丈は以前の時期より短くなったが、袖幅の中間部分が丸く広がるフナ腹袖であり、襟もより広くなり、結び紐のあるチョゴリと結び紐なしでブローチ(図7)をつけるチョゴリが共存した。西洋服の影響で裏地と表地に同じ生地を使用したり、内紐の代わりにスナップボタンで合わせたりする変化も特徴的である。韓紙と紬で作った領正の代わりに硬い紙の芯を入れた既製品の領正が初めて登場した(10)。

洋装用ベルベット、レース、オパール生地、オーガンディー等も輸入され、濃い色の毛織物と特殊な方法で紋様を入れた織物も韓服に使用され、裏地には紬、洋緞とともに、色消し、ピンク、翡翠色等の精巧な模様の人造絹が愛用され、特にタイトな網目を裏地に入れてチョゴリの形をとる新しい構成法が流行した。

一九五〇年代半ばからは、パステルトーンの色と、グレー、黒等の多様な色を使用可能にする染色技術も発達するようになった。

図6　ビロード韓服(慶雲博物館所蔵)

図7　ブローチ(国立民俗博物館所蔵)

6 一九六〇年代

一九六〇年代半ば以降、社会が次第に安定するにつれて、政府閣僚の外遊が頻繁になり、国際舞台における韓服着用は必須となり、韓服が世界に知られるきっかけとなった。韓服が再び活性化され、チマ・チョゴリ全体に花柄を彩った華やかな韓服が登場して、韓服の礼服化が加速することとなった。韓服着用者の身長を大きく見せるためにチマが長くなり、チマの幅も直線裁断から斜線裁断に変えて、全体的にA-Lineシルエットに変化し、西洋のシングルスーツのようにチマ・チョゴリを同じ生地一揃いにすることも引き続き流行した。工場で製織する広幅織物が発達し、チョゴリの袖付け幅のないパターンが開発され、こうした変化は袖付け幅縫製時の模様合わせのための生地の分量が減ることとなっただけでなく、チョゴリ製作とデザインを多様化させた。

チョゴリの丈は次第に短くなり、袖付けや袖の幅、襟幅、襟の長さ、蝶結び紐等の要素がより広く長くなり、豊かなスタイルの形に変わった。

一九六〇年代の生地は、伝統的な韓服生地よりは洋装でよく使用されるレース、春秋ビロード、オパール、フロッキー、カルカリ（訳註：薄く映る合成繊維）、シフォン等の透明で柔らかい布を表地にしてドレープ性をよくした。チョゴリは、この当時に流行した表地が薄く柔らかいため、新たに登場したメッシュ生地を芯地として表地と裏地の間に使用した、六〇年代の代表的な特徴である三重のチョゴリが流行し始めた。

織物の歴史上最も画期的といえるナイロンが本格的に登場し、一九六三年と一九六四年にナイロン工場が竣工し、化繊工業が本格的に始まり、「コーロン洋緞」、「コーロンニュトン」のような生地が韓服用生地として大流行した。一九六九年にはポリエステルが初めて生産され、華やかに染まった生地が流行し、テトロンに刺繍を施した刺繍生地も流行した。韓服の色はパステルトーンの流行が六〇年代半ばまで続き、一九六八年から韓服の色合いは低明度高彩度の沈んだ色になった。一九六〇年代以降の色調の変化は非常に劇的に現れたが、これは一般的な韓服生地のみならず、洋装生地も区別せずに使用したためと見ている。(11)

3 チョゴリの形態美の変化要素

チョゴリの形態が時期ごとに変化する要素は、チョゴリの丈、前後の長さ、襟、裾、結び紐、袖口や袖の形、襟の長さ等があり、他にもチョゴリ生地の素材や色、縫製法等が時期ごとに変わった。国立民俗博物館、慶雲博物館、淑明女子大学博物館、ソウル女子大学博物館、檀国大学石宙善記念博物館等に所蔵している女性のチョゴリを対象に調査した数値を中心に分析して、表1にまとめた。(12)

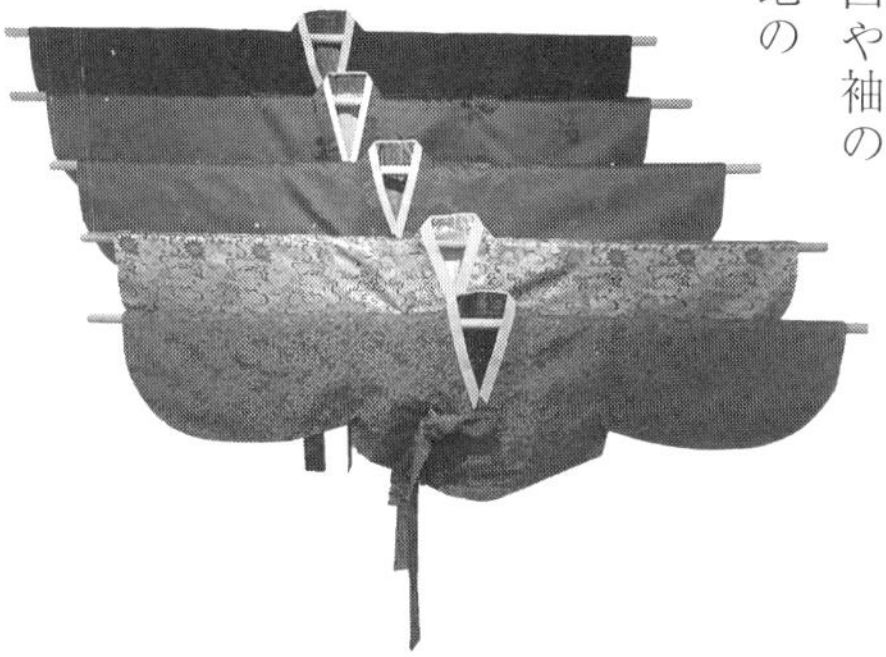

図8　1960年代のチョゴリ（ソウル女子大学博物館所蔵）

図9　1960年代のチマ・チョゴリ（ソウル女子大学博物館所蔵）

1 チョゴリの丈と襟の長さ

チョゴリの丈は極度に短くなり、一九〇〇年前後は二〇センチメートルほどしかなかったが、一九二〇年中盤・後半期から次第に長くなった。一九三〇年～一九四〇年代には三八センチメートルまで長くなったが五〇年代に再び短くなった。一九六〇年代以降は次第に短くなって、中には二四センチメートル前後のチョゴリもある。チョゴリの丈は袖付けの幅や身幅、襟幅、襟の長さとも相関関係がある。すなわち、一九二〇年代と一九四〇年代のチョゴリの丈が同様でも、襟の長さが短かった一九二〇～一九三〇年代は合わせが首の上の方に非常に狭めて揃えられ、襟の長さが長かった一九四〇～一九五〇年代は合わせが非常に長く余裕をもって揃えられた。首に余裕が生じる全体的にゆったりしたスタイルは一九六〇年代まで続いた。チョゴリの丈は時代の流行を主導し、袖付けの幅や身幅、襟幅、襟の長さ、結び紐の長さと調和をなして変化した。

表1　チョゴリの形態美の変化要素（単位：cm）

	1. 丈	2. 脇の丈	3a-3. 袖の広さ	4. 襟の長さ 襟名称	5. 紐の広さ ボタン、ブローチ
1910 年代	17 ～ 20.6	0.7 ～ 1.5	0 ～ 0.5	45 ～ 48.5 ダンコ襟	3 ～ 4
1920 年代	21 ～ 36.5	0.8 ～ 2 10 ～ 13.5	0.5 ～ 3.5	50 ～ 50.5 ドングレ襟	2.8 ～ 6
1930 年代	26 ～ 38	6.5 ～ 14	0 ～ 3.5	55 ～ 61.5 ドングレ襟	4.5 ～ 6
1940 年代	28 ～ 38	8 ～ 13	1 ～ 3	56.5 ～ 61.5 ドングレ襟	4.5 ～ 6.2 ボタン、ブローチ
1950 年代	28.5 ～ 35.6	5.5 ～ 10	2 ～ 4.5	61 ～ 63 ドングレ襟	5.3 ～ 5.5 ボタン、ブローチ
1960 年代	24.5 ～ 35	2.5 ～ 5	3 ～ 5	62 ～ 65.5 ドングレ襟	5.5 ～ 6 ボタン、ブローチ

2 脇の丈

チョゴリの縦幅が最も短かった一九一〇年代は、縦幅の長さが一センチメートル前後で、相対的に下半身が非常に長く見える細身のシルエットであった。一九二〇年半ば以降、チョゴリの丈が長くなり、縦幅も一〇センチメートル以上長くなった。チョゴリ全体の丈に比例して一九三〇年まで長くなっていた縦幅は、その後再び短くなり、一九六〇年代以降は二・五センチメートル前後まで短くなった。その結果脇の下の肉を覆うためにチマに胴着を付けて着用し、胸が見えないようにチョゴリの前面が裏面より長くなった。縦幅の長さが短いほど下半身が長く見えるシルエットが作られた。

3 袖の形

袖の形は時代を区分する重要な鑑定要素であるが、袖付けの幅と袖幅、袖幅と袖口との変化の要素を見ると、時代ごとに変化した特徴を正確に把握することができる。一九一〇年代と一九三〇年代が数値上では袖付けの幅と袖幅の差がなく、ほぼ一の字型の袖と見られるが、袖幅と袖口との違いから見ると、一九三〇年代の袖幅が一九一〇年代よりはるかに広くなったことが分かる。

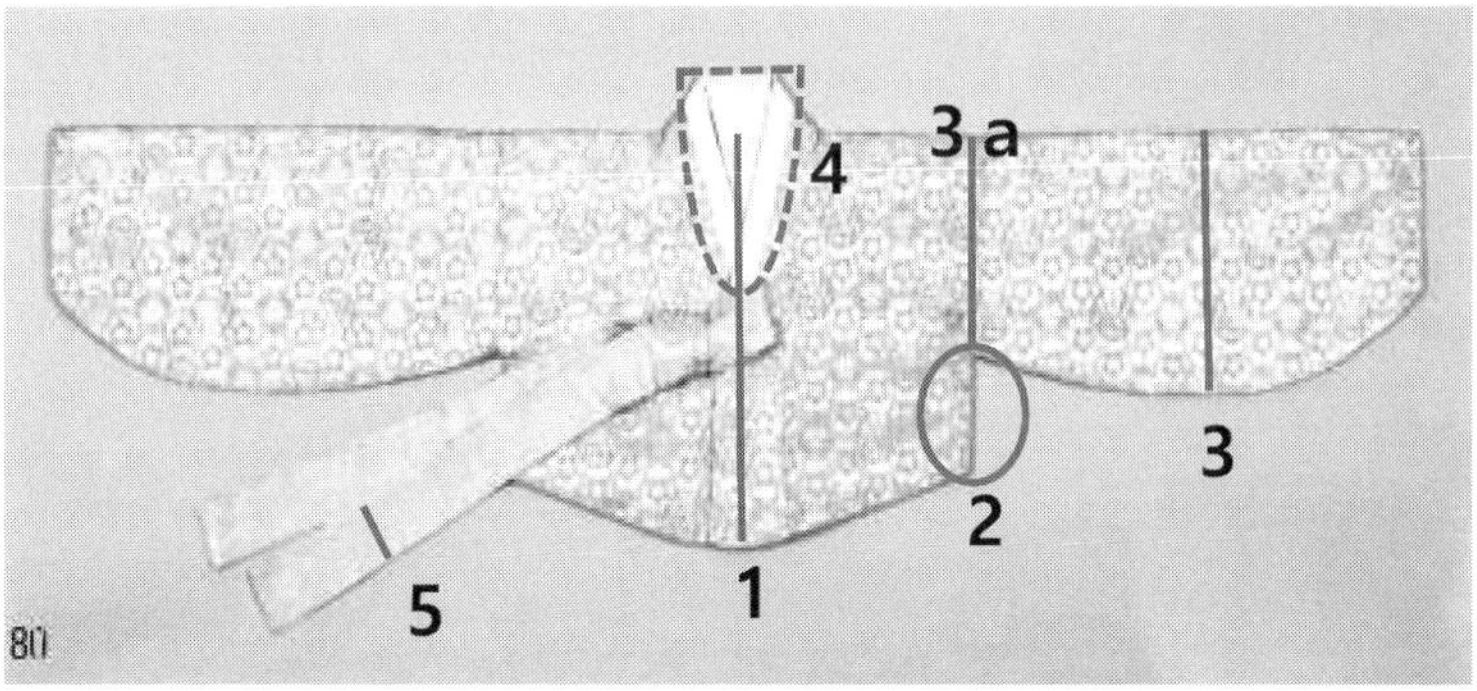

一九五〇～一九六〇年代になると、袖付けの幅と袖幅との違いが大きくなる膨らんだ袖型は、韓服の形態美が豊かに見える役割を果たし、袖の形がフナに似ているとして「フナ腹」という名前もついた。

4 生地と色

チョゴリの素材は家庭や個人的な経済事情、用途等によって大きく異なったが、礼服用は紬や絹類の黄・白・赤を、日常用は白いキャラコや唐木綿を多く使用した。しかし、富裕層では依然として輸入布製のものを多く着ていた。生地の特徴においては、当時流行していた素材、表地と裏地の配色、外国輸入素材、合成繊維・ナイロン・ポリエステル等の新素材生産年度等が時代を示す重要な要素となる。チョゴリには全体的には高明度、低彩度の色が多く使用されたが、一九六〇年代以降になって韓服の色彩が多様になる変化が生じた。これは一般的な韓服の生地だけでなく、洋服の生地も分け隔てなく使用されたためである(13)。

4 結論

この研究では、一八九〇年代から一九六〇年代のチョゴリを中心に、韓服の流行による変化と生地の多様性を見た。外国の門戸開放、日本による植民地化、朝鮮戦争、産業発展等、多くの社会的変化により内的・伝統的な理念と価値観に画期的な変化を経た時期である。チョゴリの造形的特性を見た結果、時期別にシルエットの変化と流行はあったが、韓服は伝統的に固有の民族的・女性的・美的価値が内在しており、これはチョゴリの襟とカラー、結び紐等の直線の美しさと、袖の腹部分とチョゴリの裾の線の曲線美を通して表現されていた。近代の女性は主に韓服を着たが、洋服の影響を受け、日常生活の活動性を考慮して様々な変化を追求した。こうして、伝統的なシルエットにこだわる長い裾のチマを着用した「伝統韓服」スタイルと、短い筒状のチマにハイヒールを履きレースのチョゴリにボタンやブローチを施した「改良韓服」スタイルが共存した。

近代韓服の環境的変化要因は、ミシンの普及、洗濯文化の発達、多様な生地の生産と輸入、女性の社会参加の機会拡大、女性の教育と衣生活改善運動、裁縫道具の流入と使用等があり、これはチョゴリ縫製法に大きな変化と影響を与えた(14)。

チョゴリの素材は家庭や個人的な経済事情、用途等によって大きく異なったが、礼服用は紬や絹類の黄・白・赤を、日常用は白いキャラコや唐木綿を多く使用した。しかし、富裕層では依然として輸入布製のものを多く着ていた。

チョゴリに使用された色彩と配色は、洋装の着用、化学染料の発達、日本・中国の輸入織物の使用、レーヨン・ナイロン工場の設立等、様々な時代的変化要因の影響を受けた。

時期別に一〇年単位で変化した様相を見ると、体にぴったりの一の字型シルエットであったものが少しふっくらしたA-Lineシルエットに変化し、袖の形も直線的であった腹部分が次第に曲線的に変わり、韓服の曲線美が強調され、柔らかいシルエットを形成することとなった。チマは巻いて身につける巻衣形（訳註：一枚の布を縫うことなくそのまま巻いて身につけること）服飾なので、巻き方によって線の流れと様々なシルエットを演出することができる。韓服は直線と緩やかな曲線からなる単純造形だが、それぞれの形の中で線で面を分割し、その中で色と文様だけでデザインの変化と美的効果を生み出し、時代の流行を導いてきた。

註

（1）衣服の二重構造とは、日常服では洋服を着て、礼服・制服では韓服を着る現象をいう。

（2）チマ・チョゴリの流行過程を一〇年単位に正確に区分することはできないが、先行研究の結果を参考にして、一八九〇年から一九一〇年代、それ以降は一〇年単位に区分して変化の様相を見た。

（3）조효숙〈チョ・ヒョスク〉『그리운 저고리〈懐かしいチョゴリ〉』경운박물관〈慶雲博物館〉、二〇〇七年、一七九頁。

（4）박진경〈パク・チンギョン〉「개항이후 일제강점기 수입직물의 수용과 의생활 변화〈開港後の日帝強占期輸入織物の受容と衣生活の変化〉」（梨花女子大学修士学位請求論文、二〇一三年、一四頁）。

（5）同右、七四頁。

（6）前掲注（3）『그리운 저고리〈懐かしいチョゴリ〉』一八三頁。

（7）一九四五年頃の衣服着用実態調査で、韓服のみ着用する者が二四・五パーセント、洋装のみ着用する者が三六・四パーセント、韓服と洋装を兼ねて着用する者が四〇パーセントであった（김미진〈キム・ミジン〉「근대 이후 여성 생활한복의 특징 및 변천〈近代以降の女性の生活韓服の特徴及び変遷〉」『한국의상디자인학회지〈韓国衣装デザイン学会誌〉』七巻二号、二〇〇五年、一七頁」）。

（8）『동아일보〈東亜日報〉』一九五六年八月二三日、『조선일보〈朝鮮日報〉』一九五七年八月八日。

（9）前掲注（3）『그리운 저고리〈懐かしいチョゴリ〉』一八五頁。

（10）국립대구박물관〈国立大邱博物館〉『여성한복、근대를 만나다〈女性韓服、近代に会う〉』二〇一八年、六〇頁。

（11）前掲注（3）『그리운 저고리〈懐かしいチョゴリ〉』一八六頁。

（12）최은수〈崔銀水〉「1890～1960년대 여자 저고리 감정〈1890～1960年代女子チョゴリ鑑定〉」（『복식〈服飾〉』五八巻五号、二〇〇八年、八三～八六頁）。

（13）조우현〈チョ・ウヒョン〉、이호정〈イ・ホジョン〉「근대유물을 통하여 본 여자한복의 전통색〈近代遺物を通して見た女子韓服の伝統色〉」（『복식〈服飾〉』六二巻八号、二〇一二年、一六四頁）。

（14）박나나〈パク・ナナ〉、조우현〈チョ・ウヒョン〉「근대이후 여자저고리 봉제방법의 특징과 변화요인〈近代以降の女性チョゴリ縫製方法の特徴と変化要因〉」（『복식〈服飾〉』六〇巻七号、二〇一〇年、一〇一頁）。

参考文献

〈書籍〉

고부자〈コ・ブジャ〉『우리 생활 100년、옷〈わが国の生活100年、服〉』현암사〈玄岩社〉、二〇〇一年。

『근대 직물 100년〈近代織物100年〉』경운박물관〈慶雲博物館〉、二〇一三年。

『여성、근대의 표상〈女性、近代の表象〉』부산근대역사관〈釜山近代歴史館〉、二〇一八年。

국립민속박물관〈国立民俗博物館〉『엽서 속의 기생읽기〈はがきの中のキーセンを読む〉』민속원〈民俗院〉、二〇〇九年。

단국대학교 부설 동양학연구소〈檀国大学付設東洋学研究所〉『개화기에서 일제강점기까지 한국문화자료총서〈開化期から日帝強占期までの韓国文化資料叢書〉――복식 문화 관련 자료집〈服飾文化関連資料集〉』민속원〈民俗院〉、二〇一〇年。

〈論文〉

이은진〈イ・ウンジン〉「19～20세기초 견직물에 관한 연구〈19～20世紀初頭の絹織物に関する研究〉」（梨花女子大学大学院博士学位論文、二〇〇四年）。

이은진〈イ・ウンジン〉、홍나영〈ホン・ナヨン〉「해방이후의 한복용 소재에 관한 연구〈解放後の韓服用素材に関する研究〉」（『한국의류학회지〈韓国衣類学会誌〉』二五巻五号、二〇〇一年）。

조효숙〈チョ・ヒョスク〉、임현주〈イム・ヒョンジュ〉「20세기 치마저고리 소재 연구〈20世紀のチマゴリ素材研究〉」（『복식〈服飾〉』六二巻六号、二〇一二年）。

홍나영〈ホン・ナヨン〉「한복개량 운동에 관한 고찰〈韓服改良運動に関する考察〉——여성복을 중심으로〈女性服を中心に〉」（『복식〈服飾〉』一五号、一九九〇年）。

中国

China

1920年代から普及し始めた近代中国女性の代表的な衣装
——旗袍（チャイナドレス）

Chapter 6

近代日本と中国の装いの交流
――制服、ファッションをめぐって

劉玲芳（東京大学東洋文化研究所・学振ＰＤ）

はじめに

日本と中国における服飾交流の歴史は非常に古い。遣唐使の派遣を契機として、飛鳥・奈良時代から平安初期にかけて日本の服飾文化は唐の影響を大きく受けたと考えられている。この点については、日中両国の服装史においてすでに明らかにされている。その後、中国の視点から明清時代の紡績品の交流や服制の影響を通じて東アジアの服飾交流を論じた研究もある。[1] しかし、近代以降、日中両国間で服飾の交流があったかどうかはあまり明らかではない。

東アジアにおける近代を論じる際、「鎖国」というキーワードがしばしば取り上げられる。満州族が支配する中国と、幕府が統

治する日本はいずれも鎖国状態にあったとされるが、国際情勢の変化に伴いその対応には大きな違いが生じた。日本は、西洋文明の積極的な受容を通じて近代化への道を模索したのに対し、中国は内憂外患を抱える中で近代化において後れを取った。このような日中間の相対的な均衡が崩れる契機となったのが、日清戦争である。日清戦争では、日本が近代的な軍備の整備や兵士の訓練に成功し、清朝を打ち負かした。この結果、中国国内では大きな衝撃が走り、清政府は日本を通じて西洋文明を学ぶ方針を掲げるに至った。この戦争の影響や中国人留学生の日本への派遣は、新たな日中関係の構築を促進する契機となった。このような国際的な地位の逆転を背景に、民間における盛んな交流が再び始まり、日中服飾文化の交流も再開した。

これまで、日中両国の服装史研究において、近代以降の服装の近代化に関する様々な研究が行われてきたが、その多くは西洋の服飾文化からの影響を中心に論じている。確かにこれは事実である。しかし、西洋の影響に加え、東アジアの文化圏における隣国間の相互意識が存在し、アジアの人々に相応しい衣服を探求する努力も見逃してはならない。本チャプターは、拙著[2]の一部の内容に基づき、日本と中国、男性と女性という視点から、近代東アジアにおける日中両国の服飾文化の交流について論じるものである。

1　中国に現れた日本式制服

アヘン戦争後、清朝政府は洋務運動を実施し、外国人を招聘する形で軍事教育に西洋の体操教育を取り入れた。しかし、日清戦争で日本に敗北した結果、洋務運動による軍事教育は大失敗であったと嘲笑された。日清戦争で日本軍に容易に敗れた事実は、中国人に大きな衝撃を与え、同時に洋務運動の失敗を露呈した。この敗北を契機に、新たな出発を模索し始めた中国は、西洋のみならず隣国である日本を模範として近代化の道を追求するようになった。日清戦争後、清朝政府は軍事の再建を図るために二つの政策を採用した。第一に、軍事及び政治制度を学ぶために留学生を日本に派遣すること、第二に、伝統的な書院主導の教育から新しい近代的教育制度への転換を図ることであった。前者が日本と深く関係していることは明白であるが、後者もまた日本から大きな影響を受けたものであった。

1 中国における学生服の導入

日清戦争後、中国国内では日本の教育理念や制度を模倣し、新たな学堂が次々と創設され、様々な教育科目が開設され始めた。これにより、伝統的な科挙制度のもとで養成された官僚とは異なる新しい人材の育成を目指した。新設された学堂では、特に体操教育の導入が注目された。このような大きな教育方針の転換を背景に、日本式の制服が中国で現れるようになったのである。

一九〇四年一月一三日、日本の学制をほぼそのまま模倣した「癸卯学制」が清政府から発布された。それ以来、体操科目は初等教育から中等教育や高等教育の各学校において必修科目となった。こうして、体操が中国の近代教育システムに導入されるとともに、大量の体操関連書籍が次々と出版された。蔣宏宇の研究によれば、中国の体育関係の教科書は基本的に外国の教科書を翻訳・模倣したものであり、主に日本の体育教科書を参考にしたものであるという(3)。体操教科書の分野において、日本から受けた影響は欧米の影響をはるかに上回っていた(4)。さらに、体操教科書の著者や編集者が中国人である場合、その多くが日本への留学経験を持っていた。例えば、丁錦、李春醲、徐傅霖などの人物は、日本に留学し、帰国後に民間の学者として影響力のある体操教科書の編纂に携わっていた。

興味深いことに、体操教科書の導入に伴い、中国においては教科書のイラストに登場する人物の衣服について意見が分かれた。例えば、清政府指定の教科書である『初等小学体操教授書』（学部編、一九〇七年）のイラストでは人物が清朝の服を着ているのに対し（図1）、民間の出版社により刊行された『蒙学体操教科書』（一九〇三年、以下『蒙学』）のイラストでは、軍服に近い服装が描かれていた（図2）。この軍服に近い服装は、実際には日本の学生服（学ラン）に類似していると考えられる。

日本の体操教科書を底本として翻訳され、中国で影響力が高かったものとして『蒙学』や『高等小学遊戯法教科書』（一九〇三年）が挙げられる。これらの教科書は、いずれも日本留学経験を持つ丁錦によって翻訳され、一九〇三年から一九〇六年までの間に多くの学校で使用されていた。特に、『蒙学』は一九〇三年から一九〇六年までの間に九回も再版されており、その影響力の大きさが窺える。この『蒙学』は、丁錦が保定（現在の河北省）軍政司として務めていた時期に、日本の『小学普通体操法』（坪井玄道、田中盛業編）を原本として翻訳したものである。

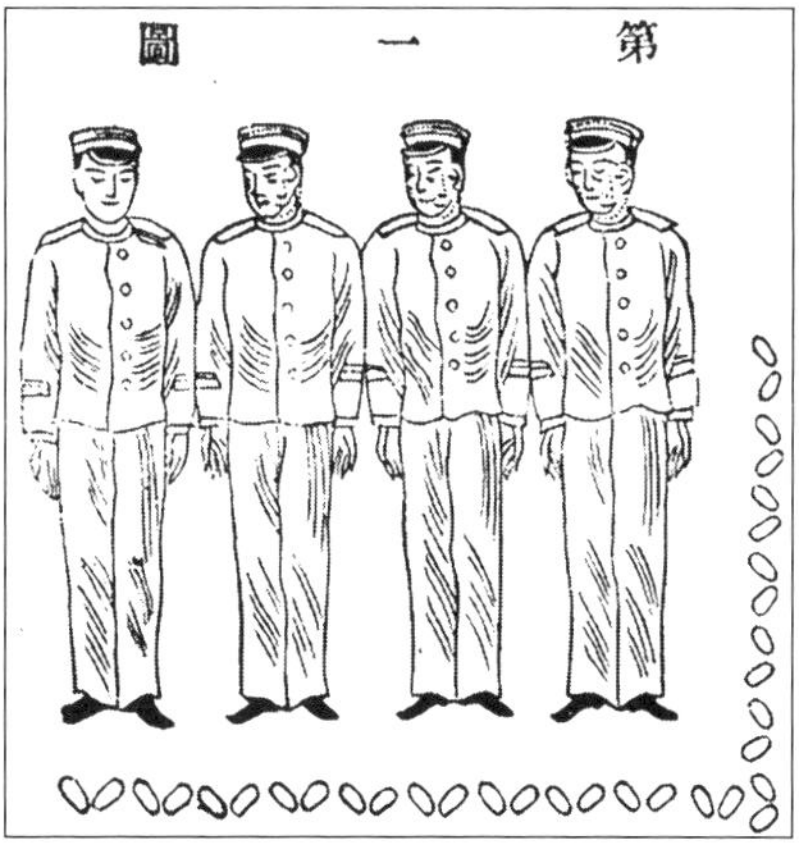

図2 『蒙学体操教科書』の第1図

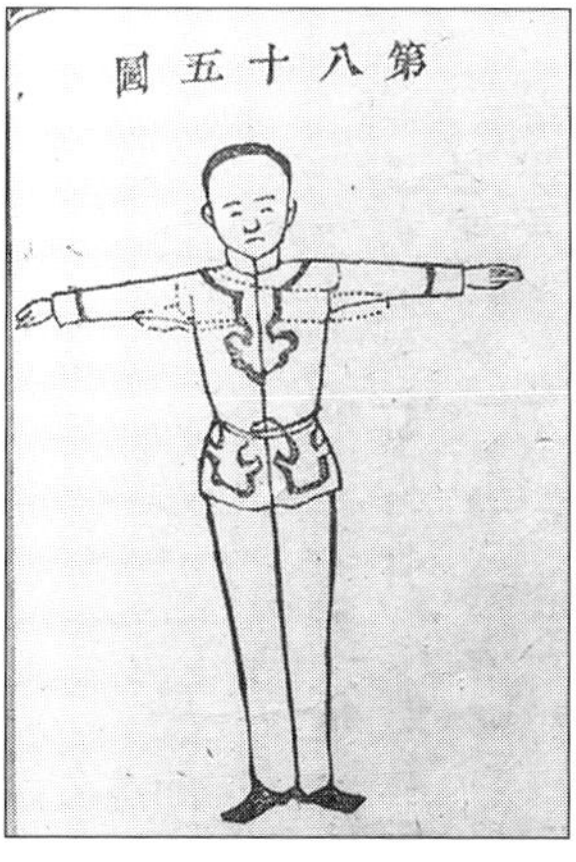

図1 清朝の服で体操している男性

具体的に説明すると、中国版の『蒙学』は底本である『小学普通体操法』と比べて、文字の内容や本の構成はほぼ同様であるが、図は若干異なっている。実際に、両者の第一図を比較してみると、日本側の学生（図3）は洋風のシャツにズボンを着ているのに対し、中国側の学生は帽子をかぶり、詰襟の軍服のような学生服を着ている（図2）。日本人学生は体操をする際、学生服を着ることはなかった[5]。そうなると、『蒙学』では翻訳時に、学生の服装の挿絵が意図的に変えられたのではないかという疑念が生じる。さて、中国側の関係者がどのような意図で日本の学生服を体操教科書に取り入れたのかについて、当時の社会背景を考察してみる。

二〇世紀初頭、清朝末期の社会において、日本を模倣して武を尊ぶ風潮が盛んだったことが理由として考えられる。前述のように、一九〇四年一月一三日、清政府は日本の学制をほぼそのまま模倣した「癸卯学制」を発布した。さらに、日露戦争は多くの中国人の関心を引いていた。当時のメディアでは、隣国の日本を強く意識し、中国人男性の服飾を変えるべきだという声が絶えなかった。例えば、『大公報』[6]には、「試観日本変法，首重剪髪易服，至今国益強盛，得儕於地球上大国之列」（日本語訳：日本の改革を見てみると、まず髪を切り服装を変えることを重視し、その結果として今日まで国の利益が強くなり、世界の大国の一つに並ぶことができた）と評し、中国自身の服飾改革を促そうとしていた。また、同じ記事では、伝統の服飾や髪型を変えることで、「若毅然下令国中剪其髪易其服，則耳目一新，精神自振，従此造成一種尚武之精神，可抵敵外人之勢

図3 『小学普通体操法』の第1図

力」（日本語訳：もし毅然と命令を下して国内で髪を切り服装を変えさせれば、見た目も新しくなり、精神も奮い立ち、これにより武を尊ぶ精神が生まれ、外国勢力に対抗できるようになるだろう）と、国民の外観的なイメージが強化され、外国の勢力に対抗できることが期待されていたのである。

そこで、『蒙学』の出版は、日本の体操教育を中国に導入するとともに、日本人の学生服を中国の新しく設立された小学校の体操服として示したものと推定される。ただし、注意すべき点は、一九〇〇年代初頭において、日本から伝来した学生服は中国の学生にとって専ら体操時に使用する服装であり、まだ常服としては普及していなかったことである。つまり、この時期に学生服が日本から中国に伝来したものの、その使用範囲は体操に関する服装に限定されていたのである。これは、後に中国側で「学生装」と呼ばれるようになる以前の段階に相当する（図4）。

図4　学生服を着ている中国人たち

2　制服として定着していく

やがて、この体操服が学生の制服として定着する機会が訪れる。一九一一年に起きた「辛亥革命」によって、清朝政府が倒れ、新しい中華民国が成立した。中華民国政府は、全国の人向けの新しい「服制」を発布するとともに、学生向けの制服に関して規定も発布した。旧暦一九一一年九月三日、中華民国教育部は第四号の布告を発し、「学校制服規定」を公表した。この規定には、男子学生の制服に関する詳細な規定が「第一条」として明記されている。(7)

第一条　男学生制服
甲　男学生制服形式與通用之操服同
乙　寒季制服用黒色或藍色
丙　暑季制服用白色或灰色
　　前両項制服一校中不得用両色
丁　制帽形式與通用之操帽同　寒季用黒色暑季頂加白套或用本國自製草帽　靴鞋亦用本國製造品
　　前項制帽靴鞋一校中不得用両色
戊　各学校得特製帽章頒給学生綴於帽前以為徽識
己　大学学生制帽得由各大学特定形式但須呈報教育総長

甲の項目では、男子学生の制服の形は、「操服」（つまり体操着のこと）と同様にすること、と定めている。制服の色に関しては、冬には濃い色の黒あるいは青、夏には薄い色の白あるいは灰色といったように、一つの学校は季節ごとに一色しか選ぶことができないようになっている。このような色に関する規程は、実は日本の学校の影響を受けたものだと考えられる。なぜなら、例えば、旧制高等学校の一つの第六高等学校（岡山）の「服装規定」には色に関して、夏服は鼠色、冬服は紺色という規定が見られるし、また、学習院に夏服に白、冬服に紺色という規定があるからである。(8) また、『近代日本学校制服図録』には、夏服に白・鼠色、冬服に紺色・黒の学生の写真が多数見られた。したがって、中華民国の中等教育、高等教育機関における学生の制服は日本の学生服、とりわけ日本の旧制高等学校や旧制中等学校の学生服とほぼ一致している。

一〇数年後の一九二九年四月二〇日（中華民国一八年四月二〇日）、中華民国教育部が新しい「学生制服規程」を発布した。その中には、文字資料以外に、学生服の図が掲載されている（図5）。これらの図から、当時の中国における学生服の様子が明らかになる。例えば、中学校の男子学生の制服に関して、冬のみ黒の詰襟の学生服のようなものを着用している。この冬着の制服は一見、学生服のように見えるが、ポケットが二つしかなく、雨蓋が付いている。それに、ズボンは長ズボンではなく、短い半ズボンであった。これは前で紹介した男子学生の制服から大分変わったものだと考えられる。

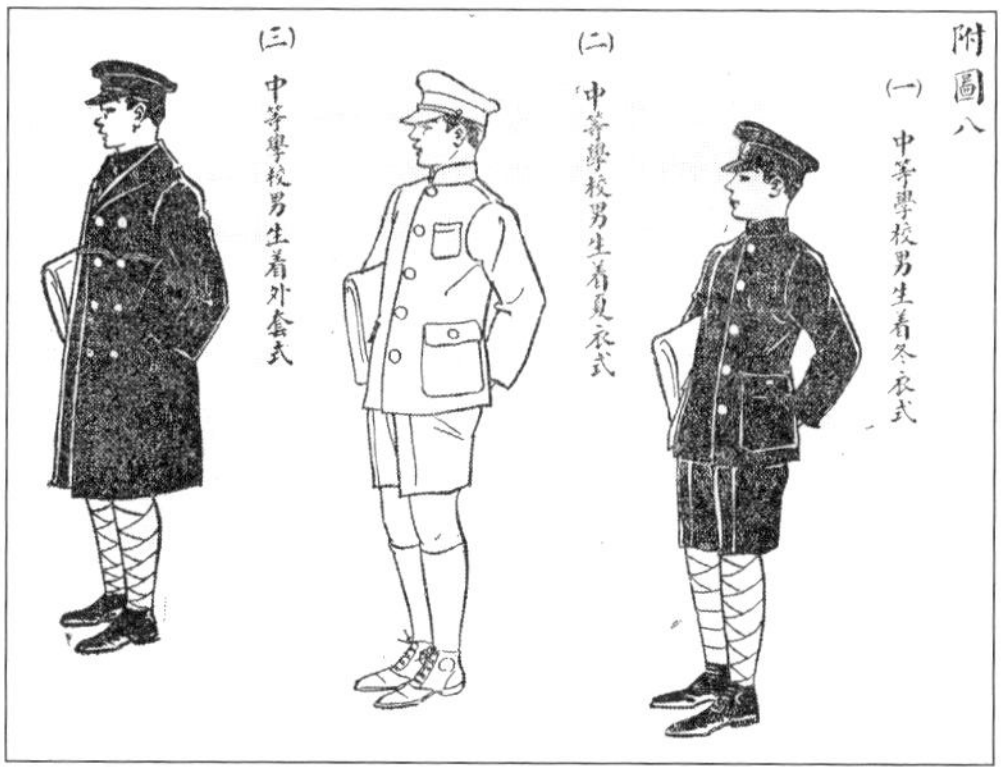

図5　中等学校の男子学生の制服

以上のことから、日本の学生服が中国に伝わってきた経緯に関して次のようなことがいえる。つまり、日本の学生服→中国の新型小学校の体操着（清末）→中国における一般の「学生装」（中華民国以降）といったルートがあったのである。学生服は最初の頃、清末の新型小学校の操衣として導入されたが、中華民国成立後、学生の制服として正式に採用され、定着していったのである。

3 「学生服」の大衆化

新しい中華民国が成立して以降、政局がやや安定するようになると、一九二〇年代の初頭から、男性の服装を改良しようとする声が現れた。そのような声の中に、学生服の着用を勧める記事がしばしば見られる。例えば、『申報』には「我的改良衣制観」と題する記事がある。[9] 著者は、長袍（清王朝の男性の常服、ワンピースの形のようなもの）を着ると、欧米人のように簡単に運動できないという欠点があるので、中国の伝統の服装を改良する必要があると指摘している。しかし、一般人の男性の衣服を改良しようといっても、西洋人の背広が最も良い選択肢だと思う考え方もあるだろう。それに対し、著者は背広を着用すると手間がかかるという欠点を指摘し、背広より当時の学生服が一番良いと主張している。確かに、この記事は標題が示す通り、あくまでも著者個人の主張であるものの、当時の中国人の服装改良観に、洋服以外の服装として、学生服に関心を示したものがあったことがわかる。

そして、同じ記事の著者が学生服を推奨する理由について述べている。それらを要約すると、二つの利点がある。一つ目は経済的な方面から学生服が長袍より良いと述べている。一着の学生服や長袍を作る際に、学生服の方が生地を節約することができる。そして、節約した衣料でまた何着かの新しい服を作れる。そのため、学生服を着用すれば、経済的な面で良いとされている。もう一つは、長袍の欠点を述べることによって、学生服の良さを唱えている。長袍を着るには様々な不便がある。例えば、階段を登ったり、降りたりする時に、前の裾を持ち上げなければならない。理由は、長袍はワンピースの形で、裾は足首まで非常に長いため、階段を登る、あるいは降りる時に、裾が汚れやすいし、またつまずいて転ぶ可能性が高いからだ。また、長袍の長い裾が車輪に巻き込まれたり、釘に引っかかったりするという欠点がある。しかし、学生服を着用すれば、非常に便利で、行動しやすく、着心地も良くなる。そこで、この著者は、学生服の着用を勧めたのである。この記事から、学生服の経済性や機能性の良さが、当時の中国人にも認識されていたことがわかるだろう。

このような見方を示したのは前述した極端な一例だけでない。実は、一部の人たちが「学生服」の着用を推奨する立場を採っていた。「改良中国男子服装談」[10]という標題を持つ文章を見てみよう。

（前略）但是據我看來，國民的服裝，須有一律的規定，現在洋服既易遭一部分的反對，長衫又有種種的弊端，那麼，折衷辦法，惟有孫中山先生所提倡的學生裝為最妥了。刻下個學校的制服，大都是採用了這種式樣，冬天是用呢做的，夏天是用白膠布或線布做的。如此大家普及之後，我們於精神上經濟上形式上都佔著無限優勝了。

志政という著者は、当時の中国男性の服装を統一すべきだと考え、自分の意見について述べている。彼によれば、洋服に反対する一部の人が居り、中国服の「長衫」（長袍の別称）にも様々な欠点があるので、折衷案として学生服が一番良いかもしれないと主張している。ここでは学生服が、孫文（清文・民国初期の政治家、革命家）が薦めているものだと指摘されている。さらに、志政の記述によれば、当時の学校の制服は、大体この学生服の様式を利用しており、冬季には毛織物の生地で、夏季には白の生地で作られていたという。ここから、当時の中国では、学生服は孫文にも推奨されたものであり、すでに学校の制服として着用されていたことが読み取れる。そして、冬季や夏季に応じて異なる生地で作られた学生服は前述したように、日本人学生の制服文化と見事に類似している。もちろん、この記事が最も強調したいのは、中国服を改良するのであれば、洋服を採用するのではなく、すでに一部の中国人に着用されている学生服を選んだ方が良いということである。

また、同じ日付の『申報』の記事に、「改進我們服装應有的条件」という文章がある。[11] そこでは、学生服の利点が詳細に紹介されている。九獅と署名した著者は、長袍に代え、制服を推奨する理由を以下の四つにまとめている。①便利で着用しやすい。学生服は長袍より短いので、着たり脱いだりする時に便利である。②姿勢を良くすることができる。長袍を着ると、良くない姿勢になる。ところが、学生服を着ると、体にぴったりするので、着る人は常に自分の姿勢を注意し、改善できる。③見た目が良い。学生服はそれぞれの人の体格に合わせて作るものなので、格好よく見える。④運動しやすい。学生服は長袍より短く、動きやすいので、着る人が運動をする習慣を養うという傾向がある。九獅は前述した学生服の機能性に賛同しただけではなく、他にも三つの優れた点を挙げている。この記事から、九獅が学生服をいかに高く評価しているかが読み取れる。また、引用文中には、学生服は現在、徐々に流行りつつあるという記述がある。つまり、こうした「学生服」を着用しようとする声は、学生服の流行が芽生えたからこそ現れたものであり、学生服の流行を加速させるために出現したものであろう。

以上の記事を総合的に見れば、服装の機能性が重視されるようになった時代において、運動のしやすさや、便利さは、服装改良上、不可欠な要素となっていたために、「学生服」の長所が中国人に認識され、受容されるようになったと考えられる。他の要素としては、製作費用が安い点や、長袍・洋服より便利な点も、「学生服」の利点として中国人の男性に注目された。

この節では、中国男性の服飾文化において、日本の学生服がどのような経緯で中国に導入されたかを考察した。

また、一九〇〇年代から一九二〇年代に至るまで、中国で受け入れられ流行するに至るプロセスを明らかにした。これは近代東アジアにおける服飾文化の交流の一例である。しかし、日中両国の服飾の交流は男性の間に限ったものではなく、女性の間でも盛んに行われていた。次の節でそれを紹介しよう。

2 日本女性における中国服の流行

日清戦争から第二次世界大戦までの間、日中両国の女性のファッションにおいても、ささやかな交流が見られた。明治維新を契機に、日本人は従来の伝統を捨て、西洋文明を手本に国家や社会構造を次第に変革していった。当然、この変革は日本人の日常生活にも影響を及ぼし、服装もその一部であった。社会風俗の改良においては、まず男性の間で軍服や制服の洋装化が進み、「公的な場」では洋服を着用することが定められた。一方、女性の場合、貴婦人や令嬢たちは豪華絢爛な洋服を身に纏い、鹿鳴館時代に洋装が一部の上流階層の女性の間に広まった。しかし、これらの流行は一部の上流階級にとどまり、下層階級にはなかなか浸透しなかった。

明治以降、女性の服装をめぐる問題については、和服の改良派と洋服派の間で激しい論争が続いた。明治期の「衣服改良運動」や大正期に始まる「服装改善運動」がその代表的な例である。このような和服と洋服の論争の中で、中国服がしばしば登場する。では、和服と洋服の論争の中で、中国服がどのように登場するのかを見ていこう。

1 中国服の流行の兆し

中国服は日本で流行する前から、すでに一部の日本人の注目を集めていた。その注目した人々は、教育家や知識人など、いわゆるエリート層であった。彼らは新聞や雑誌に中国服に関する記事を投稿し、世間の関心を引いていた。

例えば、一九一〇年一一月、日本初の女医養成機関を創立し、女子教育家としても知られる吉岡彌生は、『読売新聞』[12]に「支那服は衛生上最良なれば、之を改良して美的ならしむ可しと説き、其の改良に関して計議あり」と、中国服を衛生面から高く評価し、日本人女性の服装改良に関する提案を行った。

さらに、実際に中国服を改良した女性も現れた。宮内省侍医頭を務め、日本の内科学に多大な功績を残した名医・入澤達吉の夫人が、中国服の体験とその感想を記録し、新聞記事として公開したのである[13]。

一九二四年以降、日本の女性雑誌では中国服を紹介する関連記事が急増した。例えば、『婦人画報』第九一号（一九二四年九月一日）には「支那服と支那婦人讃美」と題された文章が掲載されている。この文章では、洋服を着ている日本人女性にはがに股や家鴨股のように見える人が多いと揶揄し、利便性、経済性、実用性、さらには審美的な観点から中国服をきわめて高く称賛し、中国服を着る方が洋服を着るよりもはるかに良いと述べている。これは、当時の女性雑誌によく見られた和服と洋服の論争の中では、非常に特異な意見であった。

このような動きは後の中国服の流行につながるものである。ただし、ここで注意しなければならないのは、当時中国服の良さをいち早く意識した女性たちは上流社会に属する、いわゆる名流の夫人たちであり、最先端の知識や情報を独占していた階層に属していたことである。言い換えれば、中国服の流行の発端は上流階層にあったのである。

一方、五・四運動を契機に、中国では女性の解放と人格独立を求める様々な動きが活発化し、各領域における「新しい女性」が次々と登場し、世界中で注目されるようになった。このような状況の中で、中国人女性の社会的地位が徐々に向上するとともに、日本人の中国人女性への関心も高まっていった。その結果、自然に中国人女性の教育や家庭生活、衣服の風俗などにも注目が集まるようになっていった。[14]「運動しやすい」、「簡単かつ便利」という面から中国服が賞賛されている。

一九二四年に入ると、「近頃目立って来た支那服の流行」[15]といったタイトルの記事が目立つようになる。その内容を見てみると、

雲呑だシュウマイだと支那料理が流行し始めてから久しいが、近頃支那で戦争を始めたのに刺戟された訳でもあるマイが、支那の模様図案映画劇なぞが流行して来て遂に着物にまで及んで来た。男ばかりでなく婦人にもボツボツ見受けられるが、これは日本のみではなく欧州でも日本との趣味や特徴の融通交換をしつくした揚句が此の支那趣味である。

この記述から中国服が流行した要因が一層明らかになったと思う。簡単にまとめてみると、①外部からの刺激、つまりヨーロッパの中国趣味から受けた影響と、②内部の社会環境、つまり当時の日本における中国料理、中国模様、中国映画、中国劇などいわゆる中国趣味の影響との二つの要素が流行の背景にあるのである。

続いて、②に関しては、当時様々な中国趣味が流行し、その一環として中国服が日本人に受け入れられたと推察

される。ここで看過できないのは、中国劇の影響である。一九一九年に中国の名優・梅蘭芳が日本の帝国劇場で公演を行ったことを契機に、中国劇熱が一気に高まった。歌舞伎俳優たちがいち早く中国人男性の中国服を身に纏ったことは、しばしばメディアの話題となった。実は、俳優たちのみならず、演芸界の女優たちの間でも中国服が相当な人気を博していた。

2　女優、令嬢たちに愛されるファッション

一九二〇年代中頃、日本では中国服が女優や上流階級の令嬢、貴婦人たちに人気を博し、着用されていた。彼女たちはスターであり、アイドルであり、また裕福な家柄の者たちであったため、他の女性よりも早く最先端のファッションを楽しむことができた。

最初は、映画の女優の間で着始められたようである。『婦人グラフ』第三巻二号（一九二六年二月）には中国服を着ている女性の写真が掲載されている。そこに写っている女性の名は水谷八重子（初代）（図６）。水谷は大正から昭和にかけて活躍した日本の大女優であり、中国服の愛用者としてもよく知られている。例えば、写真の下にある説明文には、「美しくて趣味のある婦人の支那服が、昨年は映

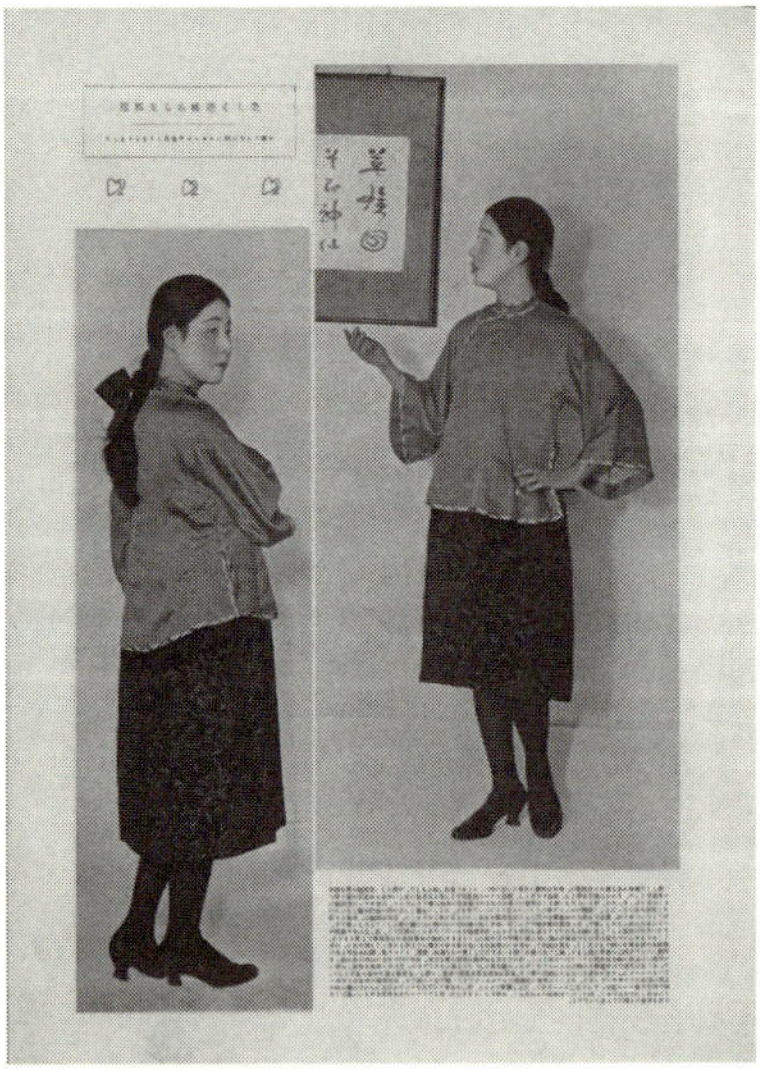

図６　中国服姿の水谷八重子

画の女優さん方の間に、ボツボツ流行し始めまして、可愛らしい支那娘の様な蒲田の東栄子さんや、それから英百合子さん、栗島すみ子さん、新進スターの筑波雪子さん等も支那服の美しいお姿をお芝居の廊下等でよくお見かけましたが、何といってもよく支那服のお似合になるのは芸術座の水谷八重子さんでせう」と書かれている。つまり、水谷が最も中国服に似合う女優だと評している。

また、続いて、「かうした女優さん方の間の流行が魁となつたわけでもないでせうが、最近では貴人のお嬢様の間にも大分支那服をお召しになる方が多くなりました」と述べている。つまり、この写真が掲載された時期には、中国服が日本人の女優たちの間で流行りだしていたし、裕福な家庭の令嬢たちの間にも流行していたのである。

一九二六年に水谷八重子の写真を掲載した『婦人グラフ』は、一九二四年五月に創刊したばかりの高級グラビア雑誌であり、そもそも裕福な家庭の読者をターゲットとしていたので、常に最先端のファッションを経済的に恵まれている女性たちに紹介するのは、むしろ当然のことといえるだろう。したがって、雑誌でモデルが着ているファッションは決して安価なものではなかった。

続いて、同じ文章において、写真の中で水谷が着ている中国服を紹介しているが、それは銀座松屋呉服店で特別に誂えたものであり、上下揃でなんと五円と、当時としてはきわめて高価なものであったようだ。また、同記事には、中国服の生地や色、襟、コーディネーションなど細かい情報までが紹介され、読者にアピールしようとしていることがわかる。この記事を皮切りに、日本の女性雑誌は次々と中国服の流行情報を発信していくことになる。

『婦人画報』第二五四号(一九二六年一一月一日)には、女優の村田嘉久子の二着の中国服が紹介されている。左側の村田の中国服は前述した水谷八重子の形とほとんど変わらないが、より身体のラインが出るようになっているのがわかる。また、右側の写真は、これまで紹介されていたツーピースの中国服と異なるタイプであり、一つの新しい形であるといえよう。これはワンピースタイプの長袍で、後に中国の各大都市で一世を風靡するいわゆる「旗袍（チイパオ）」（チャイナドレス）の原型に近いものである。

また、女優だけが中国服を好んでいたわけではない。前述したように、一部ではあるが裕福な家庭の令嬢たちも中国服を楽しんでいた。例えば、『婦人画報』第二五〇号（一九二六年七月一日）の口絵には、三人の少女の様子を映した写真が見られる（図7）。写真の説明文によれば、二番目に大きな女児、つまり写真の右側の女の子は「蓮花色紋羽二重の支那服」を着ている。先に紹介したツーピースタイプのものと同形である。ただ、下にスカートの代わりにズボンを穿いている点が異なる。とすれば、これは中国服ではないのではないかと思われるかもしれないが、実は、当時の中国ではツーピースを着る場合、「上衣下裙」形のもの以外にも、上衣の下にズボンを穿くスタイルのものも非常に流行していたのである。つまり、写真の日本人の女児は、当時の中国で最もおしゃれだった服を身に纏っているのである。ちなみに、写真中の他の二人は洋服を着ている。三人とも外国の服を着て、ハイカラな洋風建築の前で写真が撮影されていることから、彼女たちは三人とも相当裕福な令嬢たちであると思われる。

以上見てみたように、一九二〇年代中頃、中国服が日本人の女優や上流階級の令嬢、貴婦人たちに好ま

図7　中国服を着ている令嬢

れ、着用されていた。彼女たちは人々の注目を集めるスターやアイドル、または裕福な家柄の令嬢や貴婦人であったため、最先端のファッションを他の女性よりいち早く享受できる人たちであったのだ。ここまで紹介した女性雑誌の中国服は、どちらかというと、きわめて限られた女性にしか着用できなかったものであり、かなり高価なものであった。

3 一般家庭に入る

前述したように、女優や一部の裕福な家庭の令嬢たちが着ていた中国服は、あくまでも最先端のファッションであり、かつ高価なものであった。それゆえ、中国服は庶民（富裕層以外の女性たち）には手が届きにくいものであった。実際に中国服を購入できる場所も、大都市にあるデパートなど限られていた。また、一九二四年に中国服流行の記事があったが、流行といえるほどのものではなく、一般の日本人に親しまれているとは言い難い状態であった。なぜなら、その頃は中国服の注文販売が可能になったものの、家庭内で作ることはまだ難しく、一般の日本人にとって依然として手の届かないものであったからである。

しかし、一九二六年に一般の家庭向けに中国服の作り方を紹介する記事が初めて現れる。一九二六年五月三〇日付『朝日新聞』（東京朝刊第五面）には、中国服の利点を挙げながら、暑い夏には、涼しく着られ、家庭で簡単に作れる子供の中国服が紹介されている。なぜ子供の服が流行したかというと、主に以下の四つを要因としてまとめることができるだろう。①洋服の中国趣味の影響、②仕立て方法の容易さ、③高い機能性（軽快、自由）、④美学（可愛らしい形、含蓄）、である。この四つの点から中国服が日本の子供の服装として推奨されたわけである。さらに

「安く作らうとすれば七八円から出来、上等物で三十円前後で買へます」と安価なものから高級なものまで紹介している。ここには、各階層の日本人の潜在的なニーズを引き出さそうという狙いが見え隠れする。こうした試みにより中国服が徐々に流行していったものと思われる。

新聞の後に続いて、女性雑誌は女性たちのニーズに応えるために、読者に対して中国服の製作を教えるような文章も掲載し始める。例えば、『婦人画報』第二五四号（一九二六年一一月一日）では、一三、四歳の少女向きの中国服の作り方を紹介している。そこでは、上着からスカートまで、作り方が詳細に説明されている。やはり当時の一般女性にとって、中国服はまだかなり珍しいものだったのだろう。その証拠に、中国服の裁縫の仕方を説明する際は、洋服の縫い方と比較しながら読者がより理解しやすくなるような工夫が読み取れる。またこの記事では、日本人の女児に洋服以外のもう一つの選択肢として中国服がある、と家庭の主婦たちに提案している。

さらに、一九二七年に入ると、新聞の記事数が前年度の五倍ほどに上昇した。これは中国服への関心度が急速に高まってきたことを意味する。『婦人グラフ』第四巻第五号（一九二七年五月）には、日本の成人女性に向けて中国服を強く薦める「初夏向きの支那服」という標題の記事が掲載されている。記事には、「日本婦人には体格、頬色、髪の色などの関係から洋服よりも支那服の方が遙にしつくりと合ひ、愛くるしく見える方があります」と述べた後に、中

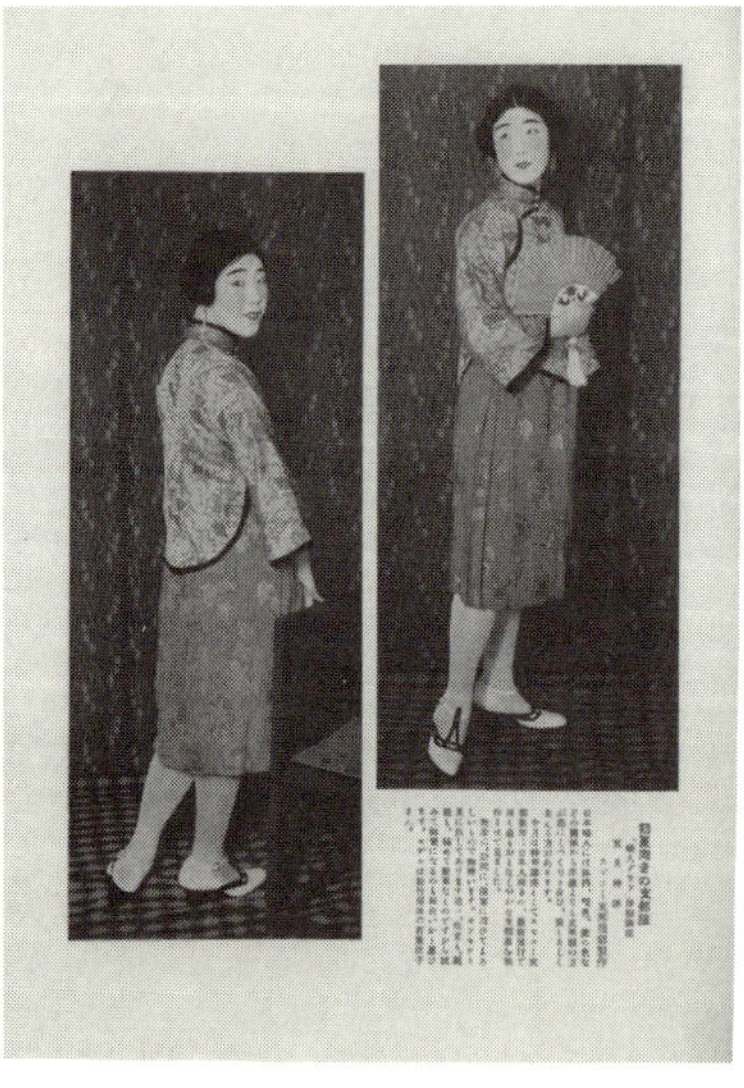

図8　若葉信子の中国服

国服が「散歩に、訪問に、接客に用ひてよろしいもの」であり、「仕立も、裁縫も、極めて簡単なもの」であるというように、様々な利点を挙げながら読者の女性たちに中国服を薦める様子が見て取れる。さらに、その後の頁では、大人の中国服の製作方法が詳細に紹介されている。実は、この記事で中国服は、「婦人グラフ　洋服講座」の一環として紹介されている。つまり、中国服が和服とまったく異なり、外来のものであるという認識があり、かつ当時は洋服のジャンルに含まれることもあったということだ。これは中国服が、和服、洋服以外の「第三の服」としてはっきりと位置づけられていたわけではなく、時には外来の服装として洋服と同じカテゴリーに属する服装と認識される場合もあったということを意味するものである。この「洋服講座」で「支那服」を紹介したのは、スズコ洋装店の「支那服部」であった。前述した中国服を製作し販売していた銀座松屋の百貨店以外に、スズコという洋装店でも「支那服部」を設立していたことが、この記事から確認できる。なお、同記事に載せられている写真（図８）のモデルは後に俳人として名声を得た女流俳人・稲垣きくのであったが、当時はまだ若葉信子の芸名で松竹蒲田の女優として活躍している時であった。おそらく女優のおしゃれな中国服姿をお手本として見せることで、読者に中国服の魅力をアピールしようとしたのであろう。

それから一九二九年までの間、中国服の製作を紹介する記事が次々と掲載されることになる。例えば、夏には涼しく可愛い少女が着られる中国服の作り方が紹介されたり、[16] 秋には一〇歳前後少女用の可愛らしい中国風の上着の裁縫の仕方が説明されたり、[17] また、中国風を加味した女学生用スエーターの記事が[18]掲載されたりした。これらの記事は、いずれも少女が着用する中国服を中心に紹介している。またこのような記事がよく登場するのは、一九二八年の夏から一九二九年の春までに集中しており、この時期に中国服が女性雑誌で取り上げられたピークであったと思われる。

しかし、一九二〇年代末に中国服の流行に終止符が打たれることになる。中国服の流行が突然終焉を迎えた理由としては、ファッションそのものが偶然性や一時的な性質を持つという特性に加え、一九二八年の第二次山東出兵によって日中関係が著しく悪化したという政治的要因が大きく影響したと考えられる。さらには、一九二九年、ウォール街で起こったいわゆる「世界恐慌」により、日本の経済不況が深刻な状態になり、それが女性のファッションに影響を及ぼした結果、中国服流行の終焉に拍車をかけたのではないかと筆者は考えている。

終わりに

本チャプターでは、近代東アジアにおける日中両国の服飾文化の交流について、日本と中国、男性と女性という視点から論じた。まず、全体的な共通点をまとめると、男性と女性ともに服装に利便性と実用性が求められた傾向が見られる。日本、中国、男性、女性のいずれにおいても、二〇世紀初頭の東アジアの服飾には近代化を目指す国々の需要が反映されていると考えられる。具体的には、近代化の過程で推奨される身体観（活動的）、アジア人種の体格への適応、実用性と高い機能性などの要素が、日中両国が相手国の服飾文化を受容する際に大きく重視されていた点が特筆される。

また、日中両国が互いに関心を示していたのは、それぞれの伝統文化ではなく、西洋文化を吸収した上で新たに作られた服飾文化（学ラン、新しい様式のチャイナ服）であることに留意すべきである。東アジアの服飾変化過程において、日中両国は強く隣国を意識し、互いに参考にしたり模倣したりしていたのである。

一方、男女の間では、相手国の服飾文化の影響を受けた時期が異なっている。中国の男性が日本式の学生服を受け入れたのは清朝末期であり、具体的には日清戦争後、日本の教育制度を模倣する過程で、体操科目を導入する中で軍服の要素を含む学生服を積極的に受け入れたのである。それに対し、日本の女性が隣国の中国服に関心を示し始めたのは一九一〇年代頃であり、日本社会における服装改良の風潮に刺激されたのである。さらに、新しいスタイルの中国服を受け入れ始めたのは一九二〇年代以降であった。

もちろん、近代東アジアにおける服飾の交流は以上の二つの事例だけではない。他にも、様々なグループの人々の交流を通じて、互いの服飾に影響を及ぼした事例が存在する。例えば、一部の日本の知識人や文化人が中国を旅行や仕事で訪れ、中国服を体験したり愛用したりした例が見られる。また、中国人女性が日本に留学したり、日本人女性教員を雇ったりしたことを契機に、日本人女学生の服飾文化に刺激され、それらを模倣する現象が起こった。さらに、そのような日本人女学生の服飾文化が中国人女性の服飾に影響を及ぼした。具体的には、「東洋髷」(日本人女学生が好む束髪)が中国各地で大流行し、当時人気のあった美人画や有名な広告のイラストにも登場するほどであった。また、日本人女学生の服装に要求された「質素」な文化思想が中国の女学校に影響を与え、一九二〇年代の中国女性の間で最も人気のあった文明新装の誕生のきっかけとなったのである。

東アジアにおける服飾の近代化が西洋から大きな影響を受けたことは言うまでもない。しかし、これまでの服装史において、東アジア内部の相互認識や相互影響の部分が見逃されてきたことも事実である。今後の課題として、東アジア地域の歴史や隣国関係に関する資料を踏まえ、さらに服飾の資料を整理し、新たな東アジアの服装史を構築することを目指したい。以上をもって、本チャプターを締めくくる。

註

（1）李志梅『東亜服飾文化交流研究』中央編訳出版社、二〇二〇年。
（2）拙著『近代日本と中国の装いの交流史』大阪大学出版会、二〇二〇年。
（3）蒋宏宇「我国近現代中小学体育教科書歴史変遷研究」北京体育大学博士論文、二〇一四年。
（4）郎浄がまとめた一八九〇年から一九一一年までの間（清末・中華民国が建国される直前）に、中国で出版された体操の書籍のリストによると、総数八六冊中、日本の教科書の翻訳、あるいは日本の教科書が底本として使われた本の数は、なんと二九冊にのぼり、全体の三割以上を占めていることになる。日本以外のもので中国の体操教科書が参考にした外国書籍は、ドイツが三冊、イギリスが二冊、アメリカが二冊という状況であったから、いかに多くの日本の教科書が参考にされたかがわかるだろう（「晩清体操教科書之書目沈鉤及簡析〈清末体操教科書の書目調査と簡単な分析〉」〔『体育文化導刊』国家体育総局体育文化発展中心、八号、二〇一四年、一六四～一六六頁〕）。
（5）筆者はいくつかの日本の体操教科書を考察してみた。その結果、一九〇〇年代前後の体操教科書の一部に、挿絵が添えられていることがわかった。また、挿絵がある場合、ほとんどの学生はシャツにズボンという格好であった。
（6）「答客問剪髪易服事〈客の質問に答える――断髪と服装の変更について〉」『大公報』（天津）一九〇四年九月二五日、第二面。
（7）商務印書館編訳書『中華民国法令大全』（第九類　教育）商務印書館、一九一二年、一～二頁。
（8）難波知子『近代日本学校制服図録』創元社、二〇一六年。

(9)斯亦為「我的改良衣制観〈私の衣服改良に対する考え〉」『申報』一九二一年二月一七日、一七頁。

(10)志政「改良中国男子服装談〈中国男性服装の改良についての話〉」『申報』一九二六年一二月一六日、二二頁。

(11)九獅「改進我們服装應有的条件〈私たちの服装を改良するために必要な条件〉」『申報』一九二六年一二月一六日、二三頁。

(12)「女子教育家懇話会」『読売新聞』一九一〇年一一月二七日、朝刊第三面。

(13)『読売新聞』一九二〇年一一月九日、朝刊第四面。

(14)「支那婦人の活躍振り」『朝日新聞』一九二三年二月二四日、東京朝刊第六面。

(15)「近頃目立って来た支那服の流行」『読売新聞』一九二四年九月二八日、朝刊三頁。

(16)「夏向きの可愛らしい少女用支那服の仕立て方」(『婦人公論』第一五六号、一九二八年八月一日、二四六~二五〇頁)。

(17)「支那型スエーターとボレロの編み方」(『婦人画報』第二七八号、一九二八年一〇月一日、一三〇~一三一頁)。

(18)「支那味を交へたる女学生用スエーター」(『婦人画報』第二八三号、一九二九年二月一日、一五四~一五五頁)。

参考文献

刑部芳則『洋装の日本史』集英社、二〇二二年。

平芳裕子『日本ファッションの一五〇年——明治から現代まで』吉川弘文館、二〇二四年。

袁仄、胡月『百年衣裳〈百年の衣装〉』三聯書店、二〇一〇年。

呉昊『中国婦女服飾与身体革命〈中国人女性の服飾と身体革命〉(1911~1935)』東方出版中心、二〇〇八年。

Chapter7

近代上海服装史

卞向阳（東華大学）

はじめに

近代上海服装史は、中国の服装の歴史や中国と外国の文明交流の歴史を研究するうえでいずれも大きな意味を持っている。本チャプターでは、四つの面から検討を行う。最初に、中国の服装の歴史や上海の文化史における、近代上海の服飾の独特な地位について説明する。

第二に、清朝末期の上海の服飾の変化を、流行の状況、伝統的衣装、西洋式衣装の三つの側面から探る。第三に、中華民国時代の上海の服飾ファッションの発展を、ファッションのシーン、服装に関する条例、流行の体系、中国風服装・西洋風服装とその融合等の角度から分析する。最後に、上海の服飾ファッションの基本的な特徴を、スタイル、形式、内外の動機、都市の習慣等の面から整理する。

1 近代における上海の服装の歴史的地位

服装の流行は時代の縮図であり、社会の鏡であり、文化の象徴であり、文明の精髄である。それとともに、人々の生活を構成する重要な部分でもある。中国の服装史、上海の文化史乃至は世界の文明史において、近代上海の服装は特殊な地位と役割を有している。

近代上海の服装は、中国における服装文化の変化の中できらきらと輝く真珠のようである。それは中国の伝統的な服装から西洋の服装体系への移行であり、一種の転換を反映している。それはまた一つのピークとして、中国における東西文化の衝突、交流の中で起こった結合の成功例である。それはまた一つの旗印として、中国の近代の服装の流行をリードし、アジアの服装の流行に影響を与えた。更にそれは東洋における西洋文明の再生を促進し、伝統的文化の創造的な転換、刷新的な発展を推進するうえで、上海が果した重要な役割をはっきりと示している。

近代の上海の服装は上海という都市の「名刺」のようなものであり、上海というこの国際的な大都市の開放性、寛容、革新性、進取の精神を伝え、上海の流行、上海の文化の独特な魅力と文化の根底にあるものを世界に示している。

近代において、中国の近現代の服装史は、上海の服装に導かれて伝統的な軌道から逸脱を始め、次第に西洋の服装体系を吸収し、受け入れ、文明が相互に影響を与え合う中で上海的な特徴と中国的な特徴を持つ新しい流行を創造していった。

2　清朝末期の上海の服飾の流行

1　流行のシチュエーション

上海は一八四〇年代以降、大河沿いの小さな町から、豊かで開放的な大都市へと急速に発展した。上海が都市として発展し、その地位が高まるとともに、通商の都市となり、様々な地域からの移民、中国と西洋との雑居といった特徴が現れるようになった。独特の歴史的なめぐりあわせ、特殊な地理的位置、商業的機能、社会環境が相まって、上海は次第に北京に代わって清朝末期の中国の流行の中心へと発展した。一八八〇年代中期になると、上海の服装の流行はすでに中国の服装の流行を完全に左右する存在となっていた。

清朝末期以降、上海は近代中国乃至は東アジア全体で西洋文明の影響を最も大きく受けた都市であった。この地には、中国人のエリアと西洋人によって作られた租界（公共租界とフランス租界を含む）が併存し、それぞれが独特の司法的特権を享受しながら、共同で上海という都市の独特な多元的文化を構成した。租界は、西洋式の服装文化を中国に伝える足掛かり、拠点となった。日常生活において、上海の住民は西側の文明の影響を色濃く受け、西洋式の生活様式を受け入れるばかりでなく、西洋の服飾文明を含めた多様な文化的要素を日常生活の中に溶け込ませていった。

上海では、重商主義と利益追求の社会心理、商業的な行動様式、派手やかな消費革命がまず服装に反映され、服装で人を判断する商業社会の雰囲気が生まれた。服飾は社会生活に欠かせぬツールとなり、また上海に暮らすそれぞれの人の仮面となった。服飾は上海の様々な社会階級が自分の価値を示し、社会的地位を追求し、社交を行うための重要な手段となった。清朝末期の上海において、人々はたとえ家が貧しくても、「家の中でどんなことがあっても、外ではメンツを保ちたい」との思いから、まともな衣服を身につけることに心を砕いた。(1) 服装の流行は、社会的地位を極度に求める当時の上海の人々の気持ちを映し出している。こうした社会現象は、当時出版された『点石斎画報』の「賽馬志盛」のある一つのイラストに生き生きと映し出されている。競馬の催しでは、「娼婦たちの服装は、どれもこれも異様にきらびやかで、金持ちの息子の馬車もあり、人々が競い合って賭けをしている。外国人はあちら側で競馬をし、中国人はこちら側で異様な有様を競っている」(2)。

上海の流行の目まぐるしさといったら、まるで永遠に止まることを知らないファッションマシーンのようだった。呉趼人が「上海の流行は、時々刻々と変化し、三年ばかり経つだけでまるで世代が代わったかのように変化することもしばしばある」(3) と書いているが、この言葉は瞬く間に変化する上海の流行の有様を如実に表している。その変化の速さは、人々の想像をはるかに超えていた。上海では、誰もが衣服の流行を追いかけ、その盛んなことと言ったら、馬車の御者ですら大きな影響を受けるほどだった。『九尾亀』には、御者の様子が、「頭には非常に細い、つばの狭い外国の麦わら帽子をかぶり、ソメモノイモで染められたシルク織の玄色の印法被を身につけている。周りは湖色の金闌紗で、霊芝如意を巻き、青紫のシルクのズボンに、黒のファストブーツを履き、ブーツには『如意頭』の形の緑色の皮革が嵌め込まれている。その様子が非常にしゃれているのだ」(4) と記されている。

当時の上海では流行のファッションのリーダーは主に商人、娼婦、近代に始まった新式の学校の学生といった、伝統的な中国社会の中下層の人たちであった。一八九八年四月二四日の『申報』には、「二〇年前には良家の子女と娼婦の間にはまだ違いがあったが、今は娼婦が自由に率先して流行の先端を行き、様子は一変した。良家はその後を行くわけだが、ともすれば失敗し、派手であでやかになりすぎて、見ている者には良家の子女なのか娼婦なのか区別がつかなくなってしまうのが恐ろしい」と記されている。

清朝末期の上海において、流行のスタイルはしばしば「時髦〈ファッショナブル〉」という言葉で表現された。「時髦」は最初、上海人が仮装したり流行の服装を身につけた娼婦や役者を指して言う言葉だった。しかし、新しいファッションを好んで身につける人が増えると、この言葉は人をけなす意味を表さず、「斬新でおしゃれ」という意味を表すようになった。斬新でユニークであることはファッショナブルであり、他より優れていることと同義となった。ファッショナブルで豪華であることは美しく、好ましいこととなって、ファッショナブルな服装は人から羨ましがられ、人は豪華な服装によって社会から重んじられるようになった。一方で、古臭ければ、田舎臭いと見られて、「阿木林〈まぬけ〉」、「阿土生〈やぼったい〉」などと言われるようになった。服装が「時髦」であることは、清朝末期の上海人が追い求める見た目のいい消費スタイルの一つとなり、ファッショナブルであることは上海という都市を象徴する重要な特性となった。

こうした状況を背景として、シルクの店、毛織物の店、既製服の店、洋服の仕立屋等服飾関係の様々な店がどんどんと増え、流行の衣服を取り扱う店も次々と登場した。誰もが流行を追い求める雰囲気や、服飾の流行の更新によって利益を追求する商業社会の特性が、ともに上海を流行の流れをリードする道へと押し上げていった。

2 伝統的な衣服

全体的に言えば、清朝末期の上海人の主な衣服の種類と着方は依然として伝統的なままであった。その特徴は、「複雑なものからシンプルなものへ、ゆったりとした服装から身体にフィットした服装へと変化した。従来通り装飾性は重視されたが、複雑さを強調する装飾から、シンプルさ、洗練度、斬新さが強調されるように変わっていった」とまとめることができる。

(1) 婦人服

①着方

女性の服装は依然として伝統的な形式が中心であった。「披風」(中国風マント)に赤のスカートを組み合わせるのが典型的な礼装であった。一八八〇年代以前には、トップスとスカートを組み合わせるのが主な着こなし方で、スカートの内側に更にズボンを組み合わせた。その後、ズボンが次第に普及し、トップスにズボンの組み合わせが、トップスにスカートという伝統的な組み合わせに次第に取って代わり、女性の主な服装となった。女性のパンツスタイルの普及は西洋よりも七〇年も早かった。

②服装の種類

清朝末期の女性の服装では、伝統的な「袍」(中国風上着)、「褂衫」(単衣の中国風上着)、「襖」(裏付きや綿入れの中国式上着)、「馬甲」(中国風ベストで、「背心」「坎肩」とも称された)、スカート、ズボン、キュロット風ズボン、「披風」等が依然として重要な地位を占めていたが、以前と比べると流行には明らかに変化が見られた。女性が男性の服装を模倣する現象も当時は非常に人気があった。図1から3に、典型的な女性用の短い上着、スカート、ズボンを示す。

③流行の主な特徴

清朝末期、上海の婦人服流行の変化のポイントの一つは、ウエストの太さ、シルエットの幅、サイクロイドの高さが次々と変化したことである。その変化は三つの段階に分けて見ることができる。一八六〇年代、七〇年代には衣服の丈が非常に大きく変化したが、シルエットは比較的広めであった。一八八〇年代以降は次第に細身になって身体にフィットする方向に変化した。二〇世紀の最初の一〇年間、婦人服はまるで鞘のように身体にフィットするタイトなものとなり、トップスは膝まで延びる、平らでまっすぐなシルエットのものになった。ズボンについては、張愛玲が『更衣記』で、「ひょろひょろと頼りない、ズボンを履いた二本の細い痩せた足[5]」と記している。

流行の変化の二つ目のポイントは、服装の細部の造形にある。二〇世紀初頭には高いスタンドカラーが流行し、

図1　清朝末期 赤みがかった薄紫色の地模様つきシルクを使った大襟の女性用上着（上海紡織服飾博物館所蔵）

図3　清朝末期 黒綿布の刺繍付き股広ズボン（上海紡織服飾博物館所蔵）

図2　19世紀後期 パールローズ地模様つき・彩色刺繍の花鳥模様プリーツスカート（上海紡織服飾博物館所蔵）

婦人服の襟には頬を覆うほどの高さのものまであった。その外形から時に「元宝襟」（スタンドカラー、「元宝」は馬蹄形通貨）と呼ばれ、それが「鞘状スタイル」の細長い衣服とマッチして、「元宝襟」の中では、どんな顔の形の女性もみなうりざね顔の美人に見えた。このほか、たっぷりとした袖がタイトな袖に変わり、長さは短くなった。[6] プリーツスカートのプリーツの数は数本から数十本と様々であった。プリーツの間をメッシュ状に交差させてとめてあるスカートは、動くとプリーツが鱗のように伸び縮みすることから、「魚鱗スカート」と称されることもあった。また、様々な色のストライプ状の生地をプリーツ状に合わせたスカートは、プリーツが開閉する時の色の感じがまるで月明かりのようで、「月華スカート」などと呼ばれた。

　流行の三つ目のポイントは緻密で細やかな装飾である。中国の伝統的な装飾技法である縁取り（パイピング）、象嵌、ボタン留め等はすでに非常に発達していた。装飾のスタイルはまずは複雑化する傾向を見せた後、シンプルなものが求められるようになったが、緻密で精巧な特徴が変わることはなかった。衣服と装飾は早期には通常多くの色彩、多くのモチーフを組み合わせたものであったが、次第にシンプルな色に変化していった。縁取りの数の組み合わせを見ると、通常の縁取りは「三鑲三滚」（線三本と縁取り三本のパイピング）または「五鑲五滚」（線五本と縁取り五本のパイピング）であったが、同治、光緒年間には限りなく複雑なものを求める流行に影響されて、縁取りの数は顕著に増え、線と縁取り合わせて一三の縁取りひいては一八の縁取りなども出現した。しかし、一八九〇年以降、装飾は明らかにシンプルな傾向を持つようになったが、エレガントな美しさが失われることはなかった。[7] 一八九七年前後には、幅の広い太い縁取りはすでに時代遅れとなり、非常に狭いものが流行りとなって、平らなものは「ニラ風エッジ」、丸いものは「ランプの芯風エッジ」、「線香風エッジ」などと呼ばれるようになった。[8]

(2) 紳士服

①着方

清朝末期の上海では、伝統的な中国服が男性の通常の服装であり、とりわけ昔ながらの紳士たちや普通の市民たちには伝統的な中国服が好まれていた。一方、新しいスタイルを好む人々は西洋式の服装をしたが、衣装タンスの中では、中国の伝統的な男性用衣装がかなりの場所を占めており、どんな服装をするかはしばしば着用するシーンによって決められていた。「長袍」(中国風長上着)または「長袍」に「馬褂」(中国風の丈の短い上着)を着るのが主な礼服の形式であった。

②服装の種類

伝統的な男性用衣装の主なものには、「長袍」、「短衫」(中国風の単衣の丈の短いシャツ)、「馬褂」、「馬甲」、長ズボン、ズボンカバー等があった。こうした様式は、裁断が比較的安定していて、規格化された裁断によって伝統的で直線的な平面が作られていた。図4、5は清朝末期の典型的な男性用「袍」と「馬褂」である。

③流行の主な特徴

男性の服装の流行の変化は主に、シルエット、ディテール、生地、色彩、図案、組み合わせ等の点に集中していた。従来や他地域と比べ

図4　19世紀後期 ロイヤルブルーの龍の地模様つき「長袍」
(上海紡織服飾博物館所蔵)

て、高級感、洗練さ、色の多さ、変化の速さがその傾向として見られた。

流行のポイントの第一はシルエットとディテールである。シルエットの点では、ゆったりとしていたものが次第に身体にフィットしたものへと変わっていった。また、ディテールとは、身ごろ、袖、裾の広さ、長さ、高さのことであり、具体的には三つの段階に分けて考えることができる。第一の段階は一八六〇年代である。この段階では、依然として蘇州式・広州式のスタイルが流行しており、縁取り等の装飾はどんどんと複雑化していった。第二の段階は一八七〇年代前後で、「北京風」の幅の広いゆったりしたスタイルが流行した。第三の段階は一九世紀末からで、西洋の影響を受けて、服装は体にフィットし、ひいてはかなりタイトなものへと変化していった。装飾はシンプルな方向へ向かった。二〇世紀初頭には、細長い袖、短い「馬掛」、タイトで長さが下につくほどの「長袍」が流行り、その様子は「手を束ねているしかないほどの袖に、心配でどきどきする『馬掛』、出かければ地面を掃除してしまう『袍』」(9)と形容された。

図5　清朝末期 石青色サテン地の「寿」の文字入り「坎肩」

流行の二つ目のポイントは衣服の材料にあった。『大清会典』には衣服の生地に関する規定が定められていたが、上海ではその規定はないも同然であった。西洋式の生地も中国式の服装に用いられた。たとえば、もともと宦官上層部のものであったミンクやキツネ等の細かい上質な毛皮が、おしゃれな人たちのあこがれとなった。毛皮が衣服の内側や端から出るように伝統的な毛皮を使ったものもあれば、かつては成金の象徴とされた毛皮を全面にあらわにしたものもあり、一般的な動物の皮を黄色や黒く燻してミンクと称する「燻し毛皮」まであった。

流行の三つ目のポイントは色彩、図案、装飾、組み合わせである。色彩と図案には急速に、そして多様に変化する流行が現れていた。装飾面では、「瓜皮帽」（おわんを伏せた形の中国帽）が伝統的な頭にかぶる帽子で、その形、帽子の前につける宝石等の飾り、帽子の結び紐といった細かな部分の変化が流行となった。組み合わせの面では、ズボンカバーをズボンの上に履くのが一般市民の間で流行った。ズボンカバーはもともと防寒のための脚だけの股のないもので、「袍衫」や長ズボンの中に組み合わせるものだったが、一八八〇年代にはズボンカバーと「短衫」を組み合わせて外に出して履くのが流行った。これは紳士たちの間では見向きもされなかったが、市井の人々の間では非常に流行した。その様子は、『点石斎画報』の絵の中に見ることができる。(10)

興味深いことに、一九世紀の終わりから二〇世紀の初めにかけて、上海の男性の伝統的な服装は洗練度を強く求めると同時に、女性化の傾向が顕著に現れた。その美しくモダンなスタイルは、一九世紀ヨーロッパのロマン主義時期の男性の装いに似て、同工異曲の趣があった。中国の伝統的な男性の服装はもともと色彩が豊富であったが、この時期には更に赤唐辛子色、青紫、ターコイズブルー等も男性の服装に普遍的に用いられるようになった。衣服の縁や靴に施される複雑な装飾や「大卍、小卍、一枝梅、一枝松」等の文様もまた女性用の衣服に類似してきており、常に櫛や小さな鏡を持ち歩いて装いを改めたりする「女性化」した行為も見られた。

3 洋装とその影響

清朝末期、上海人は率先して洋装を取り入れ、洋装の体系は中国式の服装にも極めて大きな影響を与えた。西洋の服飾体系を取り入れたのは、主に西洋文明の理想的な要素へのあこがれや、外国のものでも優れたものは受け入れようという考え方の影響、異様なものからくる劇的効果への追求によるものであった。

(1) 洋装文化の女性の服装への使用とその影響

①洋式婦人服の使用

一九世紀の上海では純粋な洋装を日常の服装とする女性は少なく、ごく一部の若い女性が時折洋装をするだけであった。[11]

二〇世紀の最初の一〇年、そのファッションは「番装（異人服）」と呼ばれていたが、女性は時折完全な洋装をすることがあるだけで、それも写真館の鏡の前で「番妹（異人の女性）」をする時のみで、完全な洋装で街を歩く女性は大変少なかった。ただ、一部の女性は西洋の男性の狩猟服、半ズボン、ブーツ、フェルト帽に結び付けた装いをし、社交界にも少数だが目新しさを演出するために洋装をする人がいた。

②婦人服における東西融合

上海の婦人服に対する西洋の服装体系の影響は、中国式と西洋式の組み合わせの中により多く反映されていた。具体的には次の五つの点を挙げることができる。第一に、全体の造形面において、洋服の美的感覚から知らぬ間に影響を受けて、伝統的な服装が次第に身体にフィットしたものへと変化していった。第二に、細部の造形面において、「元宝襟」の流行の背景には、男性の洋服の「船襟」（ボートカラー）流行がある。第三に、一九世紀の後期から、女性が着るスカートが、巻きスカート系の中国式スカートから、西洋式のかぶる形式のスカートへと次第に変化した。第四に、服飾品と化粧品の面において、多くの西洋式の服飾品や化粧品が次第に上海の女性に用いられるようになった。たとえば、西洋式のダイヤモンドの指輪、腕時計から西洋式の櫛、手鏡、化粧水等である。シュシュにまで西洋人が作るガラスの製品を模した装飾品が流行し、「焼料」と呼ばれた。第五に、一九世紀の末から二〇世紀初頭になると、纏足をしていない女学生が上海の流行の新しい機軸となった。『海上竹枝詞』には、「学問の世界が、金縁メガネで自由な髪形をし、革靴に黒いストッキングを履いた自然な足の、金蓮（纏足をした女性）が最も恥ずべきと笑う、女性たちに開かれた」と記されている。(12)

(2) 洋装文化の男性の服装への使用とその影響

①「洋装」の採用

上海は中国で最も早く西洋の紳士服が流行った都市である。上海の男性が服装を洋服に改めるようになった流行現象には五つの特徴がある。第一に、戊戌変法へのあこがれや洋務運動の影響であり、これは西洋式の服装が上海に入った政治的な誘因である。第二に、経済も洋装への変化の理由の一つとなった。『文明小史』では、瀟洒な見かけだが実は貧しい「洋装の友人」が次のようなことを言っている。「どうしてぼくが洋装に換えたのかって? それは単に、中国服はお金がかかりすぎるからなんだ。一年のうちに何度も衣替えをしなくちゃならず、それには百十元のお金がかかる。でも、今じゃ、この格好で、頭の先からつま先まですべてで、たったの十数元。一年中着ていられるわけだが、その一年の間にどれだけ節約できたと思う?」。これを聞いた相手は大いに納得し、「君。僕も帰ったら必ず君に倣ってそうするよ」と応じた。(13) この対話から分かる通り、生活が決して楽ではない上海の男性にとって、洋装を取り入れるより強い理由は服飾の消費コストを抑えることであった。第三に、清の時代の服飾体系の中では、西洋式の衣服を着ることは違法であったが、租界の存在が西洋式の服装に使用の合法性を提供した。第四に、西洋式の学校で学ぶ学生は、一九世紀末、二〇世紀初頭には西洋式のファッションの急先鋒となり、彼らは西洋式の服装を身につけ、辮髪を切り落とし、金縁の眼鏡をかけて、当時の上海において西洋式服装の新しい波をリードした。一九〇三年の『申報』には、「上海の私学の学生で軽薄で衝動的な者たちは、しばしば辮髪をやめて洋装に改め、普通ではないことをして自分を際立たせようとする。中国服を身につけながら頭には西洋の帽子を載せている者や、西洋の靴を履いて外国人の集まる場所を長く歩き回っている者までいる。そうした者たちの多くは得意満面で、自分の仲間など眼中になく、傲慢である」と記されている。[14]最後に、流行を追求する上海人の習性は、男性が西洋式の服装をすることで精神的な満足を得るための最高の言い訳となり、当時は職人までもが西洋風の服装をした。

西洋風の紳士服の流行において、そのスタイルは西洋の同じ時期のスタイルのものが最も流行った。海外から入ったサージ、柄物ツイード、ポプリン等の流行の生地が流行の服飾材料として最も広く受け入れられた。西洋風のニットも次第に上海に伝わり、ニットシャツ、スウェット類、西洋式のウールのセーター等が流行し始めた。

②中国と西洋が融合した服飾

中国と西洋が融合した服装はどんどんと増えた。具体的には、男性の伝統的な服装の身体にフィットしたシルエット、細めの袖、ボートカラー、更には散髪や組み合わせ等様々な面に表れた。一八九〇年代には、「ボートカラー」が一世を風靡したが、これは明らかに西洋風のシャツの襟の形の影響を受けた流行だった。「長袍」、「短衫」、チョッキ、「馬褂」のどの襟も高くし、その上四枚重ねて着る人もいた。これは「ハイカラ族」等と呼ばれた。二〇世紀の初頭には、「身体にフィットし、袖が細い半洋装」が一時非常に流行った。また、辮髪を切り、髪を短くすることが急進派と保守派の境界線となったこともあった。もちろん、清の時代の法律の規制があったため、辮髪を切った人の多くも租界から出る場合には偽の辮髪をつけて出た。中国式の上着に西洋式の長ズボンや礼帽を組み合わせるのが当時の風潮となった。

西洋式の流行のアイテムには、大人数の新思想の男性や一部の旧式の男性に好まれたものがあった。金縁の眼鏡やサングラスはエレガントさを表現するのに用いられ、懐中時計は洋風好みの表れだった。当時「文明の杖」やら「ステッキ」と呼ばれた西洋式のステッキは、風格を表すのに用いられた。ルソンの紙巻タバコ（葉巻）が伝統的な乾式タバコや水タバコに取って代わって流行した。喫煙のための装具も真鍮のものから白銅のものへと変化し、煙管の吸い口を黄金で作った物まであった。ダイヤモンドの指輪はすでにステータスや富を表現するために必須のグッズとなり、ダイヤモンドは非常に人気があった。

3　中華民国の時期の上海の服装の流行

1　流行事情

中華民国の時代、上海は中国最大の経済、貿易、金融、商工業、文化の中心であり、アジアの都市の中で西洋文明の影響を最も強く受けた都市であった。中国乃至は極東のファッションの都であって、「東洋のパリ」と称された。当時、パリの最新のファッションが上海に伝わるのに一か月余りしか時間がかからなかった。上海では外来の文化に対する開放的な姿勢、中国・西洋の文化の融合が十分に体現され、新しい思想、新しい文化、新しい芸術、新しい視点、新しい行動が次々と生まれて、西洋式の生活様式に対する上海人のあこがれから、独特な特色を持った「上海の生活」が形づくられた。それらがすべて独特なファッションのシーンを構成していた。

民国の上海における服装の流行は「摩登〈モダン〉」と形容されている。「摩登」は英語の「modern」やフランス語の「moderne」の音訳である。上海の「摩登」には東洋的なコロニアリズムのニュアンスがやや含まれるが、それは完全な西洋化と同じではない。「摩登」は一種の流行のスタイルとして、西洋風、都会的、ファッショナブル、斬新であり、美しく、ユニークで、優雅で、変化に富んでおり、品位があることを表しており、「上海ライフ」らしいことを意味している。そうでなければ、つまり田舎っぽく、時代に遅れ、流行に遅れていることになる。上海にはモダンな生活、モダンな女性がいるし、モダンな様式と強く結び付いた服飾の流行がある。ファッショナブルで、優雅で美しいモダンな装いは「上海ライフ」の象徴であった。それは若い人たちだけのものではなく、社会を席巻する雰囲気であった。一九三三年の『玲瓏』には、様々な年齢層を網羅する「モダンな女性」のイメージが描き出され、「若い女性も、中年女性も、更には高齢の女性であっても、パーマをかけ、化粧をし、口紅をさし、細い眉を描き、ロングの半袖、ショートパンツにストッキングを履き、マニキュアを塗り、ハイヒールを履けば、みなモダンな女性と称される」と記されている。[15]

もちろん、「東洋のパリ」の「モダン」については、当時の上海でも賛否両論があった。一九三四年の『良友』には「都市の刺激」をテーマとする一組の写真が掲載され、その中には道徳的な注釈がある。そこには、「これは、都会の刺激が引き出した悪果であり、資本主義社会の文明である……中国には第二のパリがあると言うが、文明は幸運なことなのか、それとも悲痛なことなのか分からない」[16]と記されている。

2 二回の「服制条例」

中華民国の時代、二度にわたって服飾に関する法律が公布された。一九一二年、中華民国政府は一回目の「民国服制」条例を公布した。この条例では、男子の礼服は大礼服と小礼服の二種類に分類された。大礼服は西洋式のもので、通常の礼服は中国式一種類、西洋式一種類であった。西洋式の服装は当時の欧米の服装に類似するものであり、中国式は伝統的な「長袍」、「馬褂」であった。女性の礼服は中国式のトップスとスカートである。国産の生地を使用することが強調されたが、日常の服装には規定はなかった。この制度が公布されたことには、深い意味がある。この制度は、千年にわたって続いてきた服飾の階級制度や服飾をめぐる清の時代の悪習を廃止し、万人が平等であるという共和主義の思想、時代の新しい雰囲気を反映するものであった。西洋式の服装様式の使用は世界主義の傾向を示すものであった。また、中国産の商品を使うように求めたのは国民経済の発展のためであった。この条例は、法律の面で西洋式の服装の使用に依拠を与えるものであり、上海人は身体的な美しさを強調する西洋式の服装の美的感覚を更に受け入れることが可能となった。こうして、西洋式の服装は中国で堂々と導入されることとなり、上海の服飾の流行の基本的要素となり、西洋の服装文明は上海から更に全国に広く伝わり、拡散されることとなった。

一九二九年、国民政府は法令の形式で「服制条例」を公布した。この条例では、礼服に西洋式の服装が残されたほか、男性の礼服は黒い上着に青い「袍」の一種類のみで、冬と夏にそれぞれ異なる西洋式の礼帽が配された。女性の礼服は二種類で、衣服はいずれも青の右衽で、一種類は丈が膝と踝の間の「袍」、もう一種類は丈が腰より下に来る「衫襖」（裏付きや綿入れの中国式上着）で、これに黒い踝までのスカートが配された。男女公務員の制服はそれぞれ一種類で、男性公務員の上着は詰襟、前衽が中央合わせで、丈は腹部までであり、左前の上下にあわせて二つのポケット、右前の下端にもポケットが一つあり、袖は腕まで。材質は素朴なもので、冬は黒、夏は白で、西洋式のフロッグボタンが五つついている。これに同じ質、同じ色の西洋式の長ズボンが配される。コートは西洋式の折り襟で、帽子は礼服の規定の通りとされた。女性公務員の制服は礼服の中の「袍」と同じだが、色の規定はなかった。注目すべきことだが、男性公務員の制服は伝統的な中国式でもなければ、伝統的な西洋式でもなく、中国で早い時期の洋風学校の学生の服装に似たものであった。同時に孫中山（孫文）が着用した立て襟の服装に類似しており、西洋式の服装を中国式に改造したものであった。ただ、この時にはまだ明確な「中山装（中山服）」の呼び方はなかった。一方、「旗袍」（チーパオ：チャイナドレス）形式の女性の服装が女性の礼服の一つとなり、唯一の女性公務員の制服となったが、これは中国式の服装が西洋式に改良されたものであった。条例にはこれらの規定と同時に、西洋式の礼服以外の服装にはいずれも国産のものを使うことが明確に規定された。つまり、この服飾条例は、中国式、西洋式をいずれも採用することを前提としつつ、更なる刷新と発展を行ったもので、当時の中国的な特色を有する服装を特に強調して採用するとともに、国産の製品であることを提唱して、時代の精神を鮮明に体現するものとなっていた。

3　上海の服装の流行体系

上海の服装の流行体系を構成するものは、およそ一群の様々な身分の女性と男性、一冊の流行雑誌、自分のスタイルに合う一つの服装、アーティストとしての一群のデザイナー、特色ある一連の商店と工房であった。

①ファッションリーダーと流行雑誌

流行のリーダーは社交界の有名人、名士エリート、学生、知的女性、働く女性、スターやアイドル、多くの人に影響を与える情報発信者、人気のダンサー等様々なグループをカバーして多様に分布していた。様々なアイデンティティ、バックグラウンドを持つこうしたファッションリーダーはそれぞれ独特のスタイルやファッションセンスによって当時のファッションの流行をリードしていた。

『玲瓏』、『良友』、『上海画報』等の雑誌が流行の文化の風向計となり、ファッション情報を伝える効果的な媒体であるとともに、社会の美的感覚の傾向やファッションの流行をリードする役割を果たした。

②セルフデザインとデザイナー、作品

当時、通常の服装デザインは、おしゃれに詳しい顧客に、仕立て作業が加わって成し遂げられるものであった。女性たちは慎重に衣服を選び、組み合わせることで自分だけに属するファッションイメージを創り上げ、個人の魅力とファッションの要素を完全な形で融合させた。

一部のブティックでは、専門に洋式のデザインやウインドウ・ディスプレイ・デザインを行う者を雇用するようになり、その後更に国外でファッションデザインを学んだ人々が上海で服飾デザインに従事するようになった。同時に、葉浅予等のアーティストがデザインに加わるようになった。彼らは自分の芸術的な才能を生かし、上海の服飾の流行に新しい活力とアイディアを注入した。

③特色あふれる商店、工房

民国時代の上海の服装店は、中国式既製服の店を除き、西洋式の服装業界では「朋街時装店」、「西比利亜皮貨店」、「男式西服店」といった西洋人が開く店もあれば、中国人が開く婦人服の「鴻翔時装公司」、紳士服の「培羅蒙」や「亨生」等があった。また、中国資本や外国資本の様々なデパート（四大デパート等）もファッション産業の重要な構成要素であった。

文化資本もこの業界に入るようになった。一九二七年八月一二日には、「雲裳」という名の「高級婦人服店」が静安寺路（現在の南京西路）一一二号で開業した。これは唐瑛、陸小曼、徐志摩、宋春舫、江小鶼、張宇九等が立ち上げた会社で、社会的にはアートサービス会社とされていた。「雲裳」は経営戦略として、「世界で一番人気のある服を取り入れて、中国の習慣に加えること、第二に材料はできる限り国産のものを採用し、外国産のものは補助とすること、第三に低廉な価格として、普及に努めること」を掲げて[17]、一世を風靡した。

4　中国式の服装

(1)女性用の中国式服装

伝統的な女性用の中国式服装は次第に流行からはずれ、ファッションリーダーの地位は「旗袍」や改良された服装に取って代わられた。中国式の女性用トップスに西洋式のスカートを組み合わせる形が一部の女子学生や若い女性たちに多く取り入れられるようになり、通常は西洋式のコート、帽子、ストッキング、革靴、バッグなどと組み合わされて中国・西洋混合の女性用の服装となった。

(2)男性用の中国式服装

男性用の中国式服装は男性のファッションの基本であったが、次第に身体にフィットする簡潔なものへと変化していった。また、中国と西洋の生地を共に使用すること、西洋式の長ズボンや靴、帽子と互いに組み合わせることが二つの大きな特徴であった。中国式の「袍」に西洋式の長ズボン、コート、礼帽、西洋式の靴下、革靴、マフラー、手袋、腕時計、乃至は西洋式の葉巻の箱やパイプ、ライターやマッチ等を組み合わせたスタイルが、典型的な上海の中産階級男性の、服装イメージの一つとなった。

5　西洋式の服装

(1)女性の西洋式の服装

民国時代に入ると、女性用の西洋式服装が上海で次第に流行するようになり、ファッション業界も大きく発展した。上海の街に出現した西洋式婦人服はパリの流行を追いかけ、二つの都市の間の流行の時間差はどんどんと短くなった。更に、ハリウッドスターの影響も受けた。西洋式のファッション、ウェディングドレスや陸上競技用のウェア、テニスウェア、水着等様々なスポーツ用ウェアも次第に新しいファッションとなった。

(2)男性の西洋式の服装

上海のモダンな男性たちは洋服に関して、ファッショナブルであること、洗練されていること、完璧であることを一貫して追求する姿勢を貫いた。一九三四年の『時代漫画』に掲載された「モダンの条件」という文章の中で、男性に関する図表には「洋装の代価――かわいい男の子の最低限の支出」というテーマがつけられ、春物の西洋式服飾としてベスト、半ズボン、スウェット風シャツ、襟付きシャツ、ダークグレーのスーツ、スプリングコート、フェルト帽、ネクタイ、革靴、ガーター、靴下、安全ピン、シルクスカーフ、司丹素（ヘッドオイル）、白手袋の計一四種類が挙げられ、総額八八・七元と記されている。当時上海では粳米の価格が約七・八八元／担であった。つまり、西洋式の服装でかわいい男の子になるためには、相当な経済的代価を払わねばならなかったことが分かる。この記事はまた当時のおしゃれな上海の男性がすでに洋装の様々な品種を使用するようになり、こだわりを持つほどになっていたことを、別の角度から物語っている。(18)

6 中国式・西洋式が融合した服装の新しい創造

(1)「文明新装」（文明的な新しい服装）と「旗袍」

①「文明新装」

一九一五年頃、女性の服装の流行に、教育を受けた女性の新しい服装が現れた。この服装は後に「文明新装」と呼ばれるようになった。これは日本に留学した女子留学生の衣服の影響を受けた、トップスとスカートの新しい組み合わせで、短めのトップスにロングスカートが特徴で、模様はほとんどなかった（図6）。一九四六年に出版された『上海市大観』にはこれに関する記載がある。「……日本への留学が大変盛んになり、日本風の服装もおしゃれな普通の女性たちのあこがれとなった。当時流行したトップスは細身で長く、スカートには刺繡は入っておらず、色は黒が好まれた。腕時計と楕円形の小さな青の眼鏡をかけ、皮のバックとシルクの傘を合わせれば、これ以上にファッショナブルなスタイルはなく」[19]、衣服は「次第に短く、次第に細くなり、ウエストあたりまでしかなくなった。丸い二本の足が外に出て、曲線形が流線形となった。当時の士大夫（伝統的な知識人）はみな少し見苦しいと感じたが、これは女性たち自身のことであって、干渉したいとは思っても、どうやって話したものか分からない」[20]。トップスとスカートの「文明新装」にも当時、様々な流行の変化があり、モダンな服装は女性の体の形を見せるものとなり、中国式の改良された「衫襖」と西洋式のスカートの組み合わせが一般的なものとなった。

②「旗袍」流行の起源と変化

「旗袍」の流行の起源となったのは一九二五年の上海の女学生グループで、その様式は「旗袍」のベストと「文明新装」のラッパ型の大きな袖を組み合わせたものであった。中国伝統の「袍」の形式を採用しながら、内側にズボンを履くという「袍」の様式を捨て去り、類似した西洋のワンピース風の着方を採用しており、流行が始まるや否や、新しい女性の象徴となった。三〇年代になると、肩の縫い目、胸と腰のダーツといった西洋式の裁縫方法が次第に吸収されるようになり、伝統的で平面的な構造から立体的な形へと変更されて、「旗袍」は更に女性の体形をはっきり見せるものとなった。これは改良型「旗袍」と呼ばれた。

「旗袍」の流行の変化のポイントは、主にシルエットと細部の整合に

図6　1920年代後期「文明新装」（上海紡織服飾博物館所蔵）

あり（図7）、「旗袍」の襟の高さ、両側のスリットの長さ、袖の長さと裾の位置には絶妙な配置の法則がある。一般的に言って、裾が長くなればなるほど、襟やスリットは高くなり、袖は短くなる。「旗袍」のシルエットと裾のラインの位置に関する流行の変化はパリのファッションの影響をますます強く受けるようになった。

一九二〇年代のパリの婦人服は筒状であったが、当時の「旗袍」もまたウエストを強調しないものであった。しかし一九三二年のパリでは、腰を絞った、地面につくほど長いスカートが流行した。すると、一九三四年には上海でも「旗袍」は腰が絞られ、裾は床を引きずるほどの長さとなった。パリと上海の流行のリズムは一致していた。一九四〇年の『良友』第一五〇号には「旗袍の旋律」と題する図と文章が掲載され、「旗袍」の変遷について説明されている。その内容の一部は当時の流行の様子を十分に表したものではないが、それでも我々には貴重な資料として残されている。(21)

図7　1930年代 黄色のチェック模様の「旗袍」（上海紡織服飾博物館所蔵）

「旗袍」が流行することができ、急速に上海の女性の主要な服装品となったのは、どの年齢層の中国女性の体形にも合っていたこと、どの年齢、どんなアイデンティティの女性にもふさわしかったこと、どんな社会階層の女性にとっても手に入りやすかったことによる。「旗袍」は、同時に社会のどのグループの美的感覚にもよくマッチしていた。「旗袍」は伝統の「袍」を基本的な形式としていたため、当時の古い考えの人々の伝統的な心にも受け入れられたし、また西洋のワンピースと着方が類似しており、どんな女性のスタイルにも合ったことから、新しい考え方の人々の美的感覚、衣服に対する好み、価値観にも合っていた。もちろん、「旗袍」は中国風、西洋風のアクセサリーや生地のいずれにも大変寛容だった。当時のおしゃれな女性は、春には多くの服飾品を準備する必要があった。これについては、一九三四年の『時代漫画』に掲載された、「春の服装の見積もり価格——モダンな女性に必要な最低限の費用」を見ても分かる。(22)

一九四〇年代の末まで、上海の「旗袍」は世界の華人社会のトップを走っていた。二〇世紀後半においても、香港や台湾、海外の華人の社会では、上海の職人が作った「旗袍」を誇りに感じていた。世界的な規模で、「旗袍」は中国の典型的な服装と考えられている。

(2)「中山装」(中山服)の起源

中山服は二〇世紀の中国服装史において非常に重要な位置を占めている。中山服は東西文化の融合によって生まれた優れた服装である。

中山服の起源については現在、定説がない。『上海日用工業品百科誌』は、「中山服は一九一六年に上海の『栄昌祥呢絨西服号(店舗)』の店主王才運が孫文(孫中山)の求めを受け、日本の陸軍士官服を改良して作った男性用のカジュアルスーツであり、軍服として一部の様式を残しながら、洋服や立て襟の広東のカジュアルな装いの長所も吸収している」としている。(23) 中山服は、西洋式の服装を「改善してほしい」という孫中山の要求を実現し、衛生的で、動きやすく、経済的であるとともに、中国人の好ましい外形的イメージを確立し、本国の経済発展を推進したいという孫文先生の願いを表現したものだった。

中山服が最初にどのような様式のものであったかについては、現在、確かなことは分かっていない。しかし一つ確かなことは、中山服が西洋式の服装で最も代表的な開襟様式を、前胸部を完全に覆った閉合の立て襟もしくは開襟式の立て襟に改めていることである。まさにこの改変によって、西洋式の服装が前胸部を開くことで首が寒くなるのに慣れない中国人や、シャツやベストを合わせたり、蝶ネクタイやネクタイを締める煩雑な着方、首が絞めつけられる感覚に慣れない中国人にも、中山服は受け入れられたのである。中山服は同時に男性の服装が厳粛で、整い、落ち着いたものであり、鷹揚であるとともに抑制的でなければならないといった、中国人の伝統的な考えにも適応していた。

中山服は民国時代に多くの改良を加えられ、様式面において次第に以下の特徴を有するものとなった。○開襟式の立て襟（詰め襟）で、襟の合わせ目にホックが付いている、○前の中央で開く開襟で、一列に五つのホックが付いている、○蓋つきのポケットが四つあり、下のポケットはアコーディオンタイプで、蓋の形状は中国式の筆立てを逆さにした形である、○カフスボタンは三つで、ポケットの蓋のボタンは四つ、○背面は一枚になっている。中山服はまた、中国人の体形の特徴や着衣の習慣に合った立体構造を有しており、西洋式の服装技術に基づいて制作されている。

4　上海の服装の流行の基本的特徴

上海の服装の流行は近現代の歴史的な変化を背景として形成されており、上海の大都市としての伝統と商業文化を基礎として、服装の美しさを求める独自性の追求である。それは同時に、洗練された優雅さ、上品さを求める大都市の上質な衣服の伝統を徐々に形成してきた(24)。

①スタイルの特徴

上海の服飾の流行は精緻と斬新さ、優雅さと華やかさ、西洋と地域性、自己と大衆、誇示する要素と実用性、矜持と奔放さの混合体であり、矛盾をはらんだ中から咲いた奇抜な花である。上海の服飾の流行は古今を貫き、東西を融合させて急速に変化し、非常に包括的で、自己生成的である。上海の服飾の流行は西洋の息吹をまず受けた移民都市——上海に根差し、異質の様々な文明を異化して自ら力ある秩序を生み出し、西洋の服飾と最も親しみながら自らの形を作り上げてきた。西洋式の服装を取り入れるばかりでなく、西洋式の流行の影響の下で中国式に改良を加え、更には中国式と西洋式を互いに取り入れた「旗袍」や中山服を新たに創出した。

②形式上の特徴

上海の服飾の流行は矛盾の渦巻きのようなもので、「目立ちたがり」、「騒ぎたがる」ことで、服飾の流行の独自性の追求は明らかに模倣という極限の形として現れた。流行は「一年の間に何度も変わり、あっという間に世界が変わる」かのように変化が目まぐるしく、流れに定まった形はなかった。大きな上海では、様々なバックグラウンドを持つ上海人がそれぞれに異なる「こだわり」を持った。四方から移民が集まり、中国人と西洋人が共に暮らしていたため、常に刷新が行われ、こだわりも変わって、上海の服飾の流行はその瞬間、瞬間にいつも様々な色を放った。上海の服飾の流行は中国の流行の先端を行き、中国の服飾の流行の変化をリードしていた。

③内在的動機

「服装で人を判断する」考え方によって、服装は重要な社会的記号となる。移民の都市では、人々の中に成功を求める気持ちも強く、服飾の流行の独自性の追求は市民階級の心に深く入り込んでいた。市民階級は服装について差し迫ったニーズを持ち、また大都市の薫陶を受けて流行にはことのほか敏感で、彼女（彼）等と流行の製品を提供する商店、メーカーの間には一種の奇妙な主客逆転現象が起きていた。ある意味、上海ではメーカーが流行の渦の中に入り込むよう、市民の方がけしかけていたと言うことができる。

④外在的動機

それぞれの歴史的な段階において、上海は強力な文明、強力な文化に遭遇し、上海の服飾の流行は外部からの影響で発展した。西洋の服装に対しては、「どこの物でもいいものは取り入れる主義」を原則とし、美しさと実用性を重んじる自らの秩序の中に次第に融合させて自身のものを作り出した。さもなければ、世界が決して忘れることのない「東洋のパリ」は存在しなかったことだろう。

⑤都市のシンボル

上海の服装、流行は、上海という都市を映し出す傑出したシンボルであり、現代的な意味では、「市民たち」を動員した全国的な「運動」であった。そこから逃れられる可能性はなかった。その独自性の追求から距離を置きたいと思っていても、ひいては目を閉じて流行を拒否したとしても、着ている服が流行の服ではないことまでもが「他の人と違うこと」としてどんどんと注目を浴び、真似されることになり、それが一種の新しい流行になってしまう。つまり、流行によって、新しい別の独自性追求の運動員にさせられてしまうのだ。

五　結び

一八四〇年代から一九四〇年代までの上海における服装の変遷は、上海の近代史ならびに中国近代服装史の縮図であるとともに、世界の文明交流史の典型的なサンプルでもある。

上海は、清朝末期、一九世紀後期に中国で最も重要な開放都市、商業都市となり、次第に北京に代わって中国唯一のファッションの都となった。「ファッショナブル」であることは上海の服飾の流行の重要な特徴であった。上海の服装は当時、古今東西を包含し、華やかさを誇示し流行を追い、新しいこと、他と異なることを重んじ、目まぐるしく変化していたと言うことができ、流行を追い求めることこそ上海の特性となり、娼婦、学生、「買弁」（植民地で外国資本化のために市場の仲介役をした商人）等が清朝末期の流行のリーダーとなった。伝統的な服飾の流行は、高度に様式化され、豪華で洗練されており、モチーフ、色、ディテールが多く、ユニークであり、奇抜なことさえも求められた。また、流行のスタイルは複雑なものからシンプルなものへと変化した。西洋の服装の影響が次第に大きくなり、西洋式の服装が直接取り入れられたり、西洋風の影響を受けて中国式が改良されたり、中国式と西洋式が融合したりした。これは、上海が中国の他の地域よりも顕著であったし、上海でも男性用の服装の方が女性用の服装よりも更に顕著であった。上海の服装は中国における服飾の流行の風向計のようなもので、中国の服飾の流行はこれに導かれて次第に西洋の服飾体系に重なっていった。

中華民国の時代、上海は中国最大の経済、貿易、金融、商工業、文化の中心であり、中国乃至は極東のファッションの中心都市となった。民国時代の上海の服飾は「モダン」なスタイルを追求しており、ファッショナブルで、非常に美しく、独特で、斬新で、急速に変化し、古今を融合し、西洋にぴったりと付き従い、中国風と西洋風を併せ持っていたと言うことができる。一部の名家の若い男性や女性、芸能界のスター、社交界の花、学生、知識人が特有の服飾イメージで流行の先端を行き、新興の中産階級が服飾の流行を支える中堅的な力となっていた。男女の服飾の流行はそれぞれに変化したが、伝統的な服飾の流行に変化が生じ、西洋式の服装が使用されるようになり、更には「旗袍」や中山服を代表とする新しい創造物も誕生した。辮髪を切り、纏足をやめ、白いトップスに黒いスカートから西洋の革靴、パーマと「旗袍」に至るまで、服飾の流行は上海にとって重要な都市の特性であった。

上海の服装の流行は、スタイルの特徴、形式の特徴、内外の動機、都市のシンボル等の面でそれぞれに独自の特徴を有していた。上海の服飾は流行の先端を行き、服装の美しさを追求する希少性の競争の中で、美しく、優雅で、個性的な都市の服装の伝統を構成し、上海人の明らかな象徴となったばかりでなく、今でも依然として中国乃至世界の服装の流行に影響を与えている。

＊備考：本チャプターで使用した写真についてはいずれも、上海紡織服飾博物館から許可を得て使用しているものである。

註

(1)呉趼人『近十年之怪現状〈この十年の異様な有様〉』第七回、天津古籍出版社、一九八六年、四八頁。
(2)作者不明『点石斎画報』第一冊、上海画報出版社、二〇〇一年。
(3)呉趼人『我佛山人筆記〈佛山人の筆記〉』広益書局、一九三六年、一二六頁。
(4)漱六山房『九尾亀』上・下巻、上海古籍出版社復刻版、一九九五年、二二四頁。
(5)張愛玲『張愛玲精選集』北京燕山出版社、二〇〇六年、二八六~二八七頁。
(6)屠詩聘『上海市大観』中国図書編集館、一九四八年、下巻一七~二二頁。
(7)唐振常『近代上海繁華録』商務印書館国際有限公司、一九九三年、二四六~二五一頁。
(8)張愛玲『張愛玲文集』第四巻、安徽文芸出版社、一九九二年、二八~三五頁。
(9)金泰鈞の取材記録。インタビューを受けた人:金泰鈞。上海のアパレル会社の元上級デザイナー。「鴻翔」ブランド継承者。インタビューをした人:馬晨曲、張文佳。二〇一二年五月。
(10)作者不明『点石斎画報』第一四冊、上海画報出版社、二〇〇一年、三一三頁。
(11)作者不明『点石斎画報』第五冊、上海画報出版社、二〇〇一年、二〇頁。
(12)朱文炳「海上竹枝詞」(顧炳権『上海洋場竹枝詞』上海書店出版社、一九九六年、二〇〇頁)。
(13)李伯元『文明小史』中華書局、二〇〇二年、一〇三頁。
(14)作者不明「易服色辯」『申報』一九〇三年一月一九日。

（15）劉異青「由摩登説到現代青年婦女〈モダンから現代の青年女性を語る〉」（『玲瓏』一二四号、一九三三年、二四三九～二四四〇頁）。
（16）作者不明「都市的刺激〈都市の刺激〉」（『良友』八五号、一九三四年、一四～一五頁）。
（17）成言、行雲「楊貴妃上海来訪」（『上海画報』二六二号、一九二七年、三頁）。
（18）作者不明「西装的代価——漂亮少年最起碼的支出〈洋装の代価——かわいい男の子の最低限の支出〉」（『時代漫画』一号、一九三四年、一九頁）。
（19）屠詩聘『上海市大観』中国図書編譯館、一九四八年、下巻一九頁。
（20）同右、下巻一八頁。
（21）作者不明「旗袍的旋律〈旗袍の旋律〉」（『良友』一五〇号、一九四〇年、六三頁）。
（22）作者不明「春装的估価——摩登女子最低的費用〈春の服装の見積もり価格——モダンな女性に必要な最低限の費用〉」（『時代漫画』一号、一九三四年、一九頁）。
（23）上海日用工業品商業誌編纂委員会『上海日用工業品百科誌』上海社会科学院出版社、一九九九年、二二三頁。
（24）卞向陽『中国近代海派服装史』序、東華大学出版社、二〇一四年。

Chapter 8

国際代の観点から見る中国旗袍及びその流行の変遷

劉瑜（東華大学）

はじめに

旗袍（チーパオ：チャイナドレス）は、これまで長らく、中国女性の伝統的服飾の典型と見なされてきた。それは伝統服としての細かな特徴を最もよく備え、中国の伝統的服飾の美しさを表現し得る典型的な民族衣装である。しかしながら、その発展過程、流行の背景、典型的な特徴等さまざまな要因から見た時、それは中国の伝統的服飾の典型というよりも、むしろ時代の発展に順応した流行のスタイルであることがわかる。つまり、旗袍は、中国女性服の近代化、流行化の典型的事例であり、流行服の範疇（すなわちFashion）に含めるべき存在なのである。実際、旗袍は、少数民族の服装（満州族等の北方少数民族）、漢族男性の伝統的服装、そして西洋女性の近代的ドレスの特徴を融合し、さらに改良を重ねた結果、全く新しい服飾形式として生み出されたものなのだ。ここでは、中国女性の旗袍を研究対象として、

その登場と流行の変遷の中での国際化、近代化、主流化の角度から、旗袍と西洋女性の流行服を整理、比較し、この中国女性服の流行について検討していく。そして、旗袍がその歴史的起源、各時代区分における流行の変化、そのいずれにおいても明らかに主役的な立ち位置を示しており、モダンファッションの最前列にあったことを論証する。旗袍は、ある部分において伝統服のディティールを保持しながらも、また別の部分においては、西洋の主流ファッションを選択的に吸収した西洋化を実現しており、その姿勢こそが当時の社会環境下で旗袍をしっかりと生き残らせたと言える。伝統とモダン、民族性とメインストリームの融合の手本は、民族の服飾文化の伝承と革新にとって、積極的に参考とすべき意義を備えている。

1　中国旗袍の登場

服飾史において、二〇世紀初頭は、まさにアジア各国の女性服近代化革命の転換期であり、一〇〇年前に中国で出現した旗袍も、まさしくこの歴史の証であり、その独特な形状的特色とハイセンスな存在感でもって、当時の女性服の流行商品となり、幅広い認知と高い評価を獲得した。

一〇〇年前に起きた中国の伝統女性服の近代化は、女性解放運動と密接に関連している。それは、女性の社会的地位、思想・観念、服装・外観という三つの変化によるものだった。当時、通商貿易によって沿岸地域から中国に入ってきた西洋の思想文化、生活様式、衣服や装飾品の影響は、沿海部から内陸部へ、知識人女性から一般女性へと広がり、中国人の身体に対する認識、服装や外観、感覚を徐々に変化させていった。また一方では、中華民国初期におけるマスメディアの出現が、思想から身体へ、内から外へと女性の解放を推し進め、女性が主体性を持つ思想への意識を強く促した。これによって、ますます多くの婦女が伝統的な礼儀や道徳による束縛から解き放たれ、社会の発展に応じた伝統的服飾に対する改良のニーズが日増しに顕著となっていった。一九二一年、民国で最も影響力を持つ女性雑誌の一つ、『婦女雑誌』が、突如として第九号の中で「女子の服装の改良」[1]と題する七篇の文章を発表した。その各記事のタイトルの下には余姚、貴陽、成都、蘇州等、中国の主要地区の都市名が注記されていた。さらに、第一一号でも「女子の服装の改良に関する討論」[2]と題する文章が矢継ぎ早に発表されるなど、女性服の近代化への改良は世間を賑わせるホットな話題となった。ここからは女性服の改良が一刻も早く解決しなければならない問題として認識されていたことがわかる。このように全く新しい女性美への賛同が湧き起こり流行する中で、一九二〇年代には文明新装（訳註：一九二〇年代の女学生が主に着用した服で、短めの中国風上着にひざ丈位のスカートを合わせたもの）や旗袍等、多種多様な新型女性服が次々と登場した。これらの女性服は、ディティール、スタイルやボディライン、コーディネート等のどれを取ってもこれまでの伝統的服飾とはかけ離れていたので、装いで新旧いずれの女性なのかを判断するという現象が出現することになった。例えば、襖裙を着ていれば伝統的女性、旗袍を着ていれば新しい女性を代表するという具合である（図1）[3]。中国の伝統的女性服の大変革は、ここから始まったのだった。

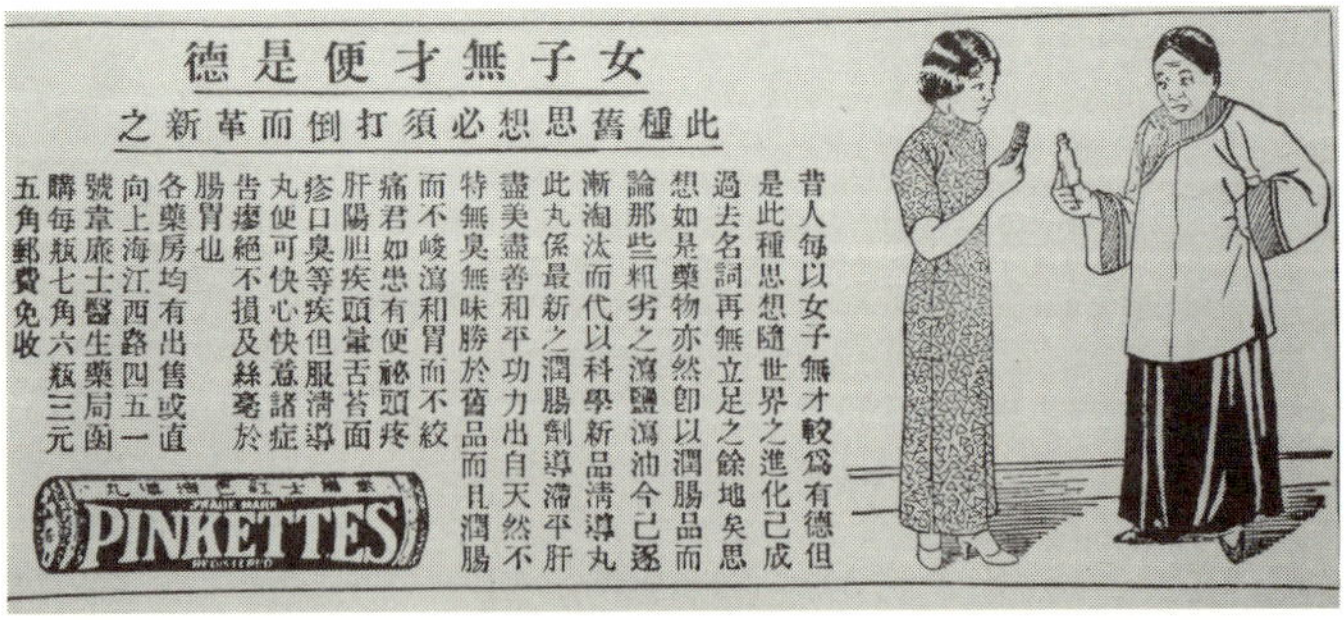

図1

旗袍の起源について、現在広く普及している説は次のとおりである。一九二〇年代初め、上海の女学生が率先してこの斬新なファッションを着用し始めた。民国の海派作家・張愛玲は次のように書いている。「一九二一年、女性は長袍（訳註：チャンパオ、中国式の長い衣服）を身に纏った……」[4]。一九二一年の上海の『解放画報』第一一号に掲載された「旗袍の来歴と流行」（図２）[5]の一文にも「最近、ある企業で値下げセールがあったが、行き来する婦女は皆、色とりどりの旗袍を着ていた」とある。[6]以上から、旗袍を最も早く着用したのは女学生のグループであり、都市は上海に現れ、登場時期は一九二〇年代初期であったことがわかる。

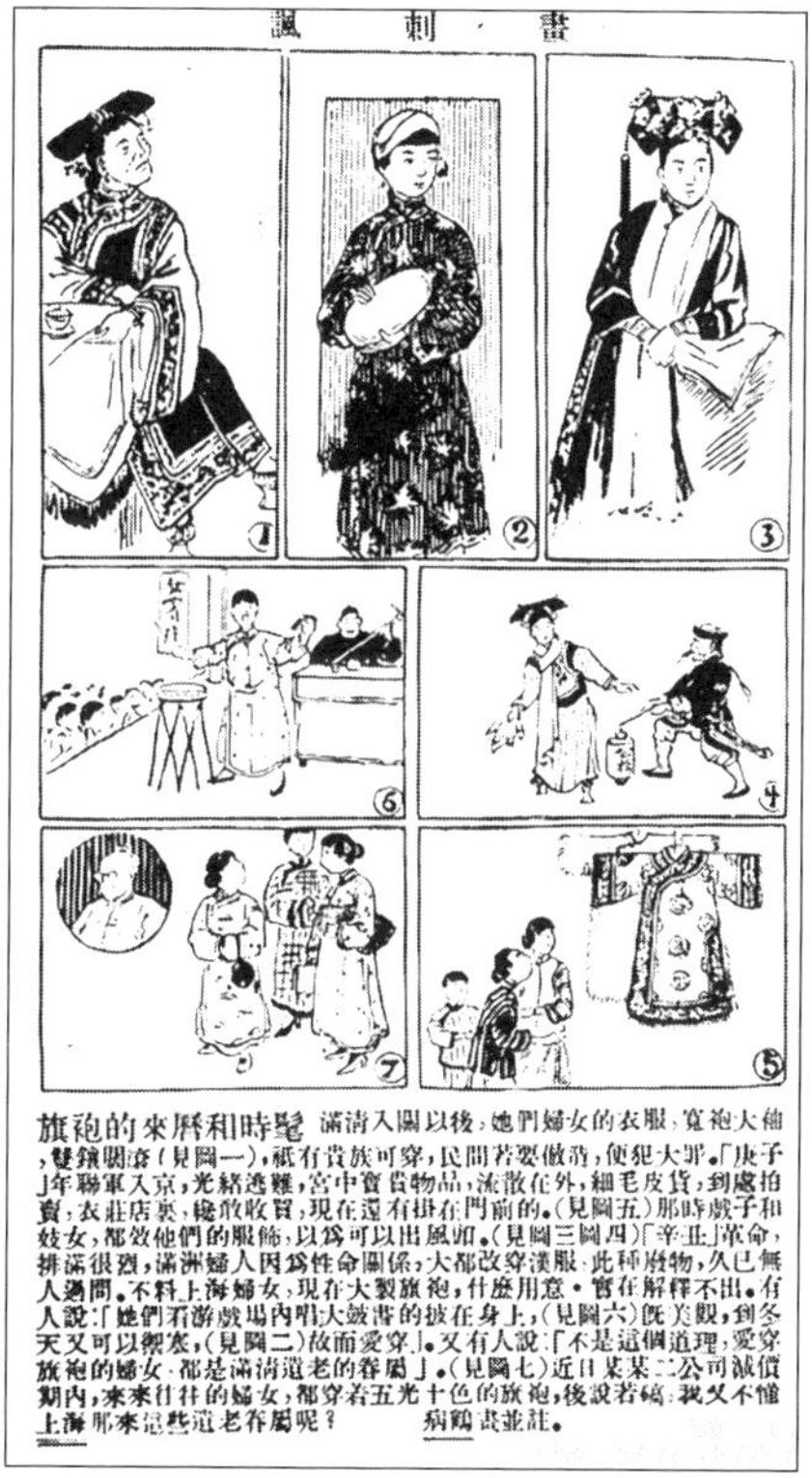

図２

旗袍が最初に登場した都市は上海であった。中国の政治的中心である北京から距離がある上海は、伝統的観念による束縛が比較的緩い都市である。同時に、中国で最も早い時期に開港した都市の一つとして、最も早く西洋の思想文化と物質を享受した場所でもあった。記録によれば、早くも一九世紀後半、全国でたった三か所しかなかった西洋学問を紹介する公的機関のうち、二か所が上海にあったという。また、上海では、一九世紀末時点で、既に一〇種類以上の西洋言語の新聞が相継いで発行されていた。民国期、上海で西洋学の機運がますます高まりつつあった時期に、西洋人の美的感覚、倫理道徳、価値観等も静かに近づきつつあった。服飾品では、早くも一九世紀末には上海に洋装が現れた。さらに、辛亥革命前後(一九一〇年代初期)になると、大量の西洋式スーツ(男性服)が現れた。そして一九二〇年代初期には、永安(Wing On)、先施(sincere)といった百貨店の上海子会社が次々と設立され、さまざまなスタイルの外来服飾品が大量に上海に入ってきて、西洋式の思想を身につけ、経済的にも豊かな上海女性たちが早速洋装を試し始めた。以上から、海派旗袍が登場したのは一九二〇年代初期だが、この時には上海人は既に西洋式の服飾に慣れ親しんでおり、スムーズに着用し始めたことがわかる。

社会の変革がさらに進むにつれて、新しい思想や観念、さらには女学生という現象が日増しに存在感を強めていき、女学生は社会の前衛的なグループとなった。彼女たちは当然、モダンと流行ファッションの代表であった。一九二四年発行の『婦女雑誌』には「女学生服装問題」という一文があり、「女学生は女性界のリーダーであり、時代の先端を生み出す義務がある。つまり、女性に関する各種の問題は、まず女学生がムーヴメントを起こすべきなのだ」と記されている。(7) 旗袍の最初の着用者については、多くの民国当時の記録と研究から「上海の女学生グループ」だと明らかにされている。民国初期は未だ大多数の庶民が非識字者であった時代であり、女学生と言えば、学識と思想を身につけた知識人であり、度々「新女性」と称されていた。彼女たちは旧式の規範的な束縛をあまり受けず、心理的に新しい事物や観念を受け入れる土壌が整っていた。女学生は、最新の流行ファッションの代弁者であり、社会全体にも女学生を手本とする新たな装いが出現するようになった。

実は、上海に出現したばかりの旗袍のスタイルは、ゆったりと重厚で、踵まで届く長さであった。今日から見ると、こうしたスタイルはむしろ保守的で、女性の優美なボディラインを完璧に表現したものではない。しかし、こうした全身を包む服装、つまり袍服こそが中国の女性服にとっては画期的な産物であり、新女性のシンボル的な服装であり、また新生活と新思想の具体的な体現であった。旗袍の形の細部を見ると、この従来と全く異なる新たな女性服は、以下の三つのルーツを手本としていることがわかる。

まず一つ目は、清代の女性が着用した袍服である。即ち、旗袍は清代の旗装袍服（訳註：満州人女性が来た袍服で、旗袍の原型）の延長である。漢民族女性の伝統的な服飾は、上衣下裳（上着とスカート）式であり、この伝統は数千年続いており、民国初期においても相変わらず続いていた。その一般的なスタイルは、上衣はたっぷりとした身頃、極端に広い袖口、臀部を覆う長さの漢民族式大掛（単衣で丈の長い中国服）であり、下衣は脚を覆う馬面裙（襞付きのロングスカート）である。また、この時代の漢民族の女性服の流行として、大掛にロングスカートを合わせた衣服の上に、ごてごてとした装飾を大量に合わせていたため、埋め尽くされた刺繍模様と幾層もの縁飾りから、まるで女性が幾重もの衣服でくるまれているように見えた。こうした服装は、女性からすると日常的な動作が不自由で、社会との関わりを阻むものに他ならなかった。中国東北地区を源とする満州族の服装は、中原地区の漢民族と全く違い、男女とも袍服を着用していた。一七～二〇世紀初期までの三〇〇年近く、中国全土を統治したのは満州人であり、彼らの伝統的な服飾は漢民族にも馴染んでいた。満州族女性の袍服の特徴は、上下がつながる幅広い筒状の形をしており、漢民族女性の大掛と長スカートを組み合わせたものより全体的に軽快且つシンプルであった。一〇〇年前の漢民族女性は、まさにこの満州族の女性服、袍服の形を参考にして旗袍を発明したのである。

二つ目は、漢民族男性の袍服である。旗袍の発明は、女性が伝統的服飾の禁忌を打破し、男性の着衣方式に大胆に寄せた行為でもある。数千年の間、漢民族の日常服の伝統的モデルは、次のようなものだった。男性は上下連続した袍服、女性は上下を分けた上着とスカート（もしくはズボン）を着用する。男女の区別がしっかりとあり、着用における性差を乗り越えることは絶対に不可能だった。即ち、上下連続の袍服は、あくまで男性専用の服装であり、女性が着用できるものではなかった。二〇世紀初頭、中国人男性の袍服は、幅広の筒状、立ち襟に右前であり、一般的には細かな装飾が無く、非常に素朴なイメージだった。ごてごてした伝統服を脱ぎ捨てたいと願う新女性が、このシンプルな袍服を大胆に着用し始めたのである。上下が連続した旗袍の出現は、服装の外見における男女の明確な区別をなくし、女性が男尊女卑という社会の伝統に大胆に挑戦した行為であった。一九二六年発行の『北洋画報』の文章では、長袍を着用した短髪の女学生を次のように描写している。「イヤリング等は付けず、束胸と長袍、ぺたんとして先の尖った靴、余計なものを省いたシンプルな姿は、男女の見分けがつかないものである」(8)。

最後の三つ目は、西洋女性のローブ(robe)である。西洋女性のクラシックなドレスは上下がひとつながりだが、より軽快で動きやすい。しかもモード感が高いこのスタイルは、近代化の転換期にあった都市の知識女性を魅了した。彼女らは西洋思想や観念を認識し、生活様式の近代化も進んでいたため、服装面に対しても西洋スタイルを認知して嗜好する意識が高まっていた。彼女らは、より主流でモダンな服装へ接近することを渇望していたのである。

一九二〇年代初期に登場した女性の旗袍は、清代の満州族女性の袍服、漢民族男性の袍服、西洋人女性のドレスという三種類の服飾の影響を総合的に受けた産物と言える。その登場は、中国女性の伝統服の近代化であるが、ここで述べる近代化とは単に流行やファッションの変化でも、主流ファッションへの単純な歩み寄りでもない。伝統服の近代化の重要な任務とは、従来の服装の煩雑さや重さから脱却することによって、着る者を服装という装いの重圧と束縛から解放し、近代化した生活に軽やかに適応させることであった。つまり、服を着るという行為をより自然、健康、便利、簡単にさせるということに他ならない。中国の伝統的観念では、女性のか弱さ、儚さを美と位置付けていた。着衣も慎ましく儀礼的で、等級が明確に区別されていた上に、幾重にも重ねる複雑なものであった。しかし、西洋式観念が導入されることで、シンプルで健康的、自然なイメージが民国社会における女性美の新基準となっていった。自然でシンプルという装いの観念もここから出現し、それが旗袍を生み出したと言える。

2　中国旗袍の流行や変遷と主流ファッション

登場後の数年間で、旗袍は奇抜にして独特、少数の都市の知識女性しか着用しない前衛的装いから、民国期の中国女性の代表的な日常服にまで発展した。上海女学生の奇抜な服装から、ほぼ中国全土の女性に最も広く浸透した服装となったのだ。変遷の時間と空間のいずれから見ても、その発展の速度と広がりには驚くべきものがある。中国服飾史上、一つの女性服がここまで短期間の間に圧倒的な流行のピークに達したのは、ほぼ例を見ない。旗袍を、その発展過程、流行の背景、典型的特徴等のさまざまな要因から見ると、その発展初期（一九二〇年代）、全盛期（一九三〇、四〇年代）を問わず、旗袍は濃厚な伝統文化のエッセンスを含みながらも、つねに伝統服が近代的に改良されていることがわかる。旗袍は、中国女性の伝統服の近代化、流行ファッション化の典型的事例なのである。それは、少数民族の伝統的服飾（満州族等の北方少数民族）、漢民族男性の伝統的服飾、そして西洋の現代的女性服の特徴を総合した上で、さらに変革が重ねられたものであり、中国伝統服の近代化としては、ある意味特殊な道を辿っていると言える。その近代化プロセスにおいては、中国風の保持のみならず、メインストリームを追うことも忘れず、西洋の流行を度々参考としながら融合しており、ここから「新中国服」または「新中国式」と通称されるようになった。旗袍は、その大流行期において、西洋発の流行ファッションと同様のモダンさと受容性を備えており、西洋式と新中国式という二つの装いの共存という流行現象が形成された（図３）[9]。つまり、時代のニーズに応えて生まれた新中国式ファッション――それが旗袍であり、その特徴的な服飾形式と、中国と西洋の融合という芸術美は、中国服飾史において特別な地位と影響力を獲得している。

西洋のファッション流行史上、一九二〇年代は「ギャルソンヌ」時代と呼ばれる。女性が、身体的イメージと服装から自身の女性的な特徴を否定し、男性と同様の外観を追った時代で、平板な身体に合わせた服装、つまり平板式の、胸や腰のラインを無視した筒状の造型の服装が流行した。一九二〇年代中頃には、こうした男性化または平胸型の女性イメージはほぼピークに達していたようである。一方、中国女性には、数千年にわたって薄い胸を美とする風俗的習慣があり（唐代等ごくわずかな朝廷時代を除く）、胸用バンドやきつい下着で胸を締め上げ、不自然な平面を作り上げていた。こうした、所謂「平胸の美学」思想は、民国初期においても依然として盛んであり、面白いことにその平らな胸を美とする伝統が一九二〇年代の西洋ファッションとかみ合ったのだった。小さくきついビスチェ、束縛した胸部の曲線との一致こそが、平直で幅広の造型を持つ旗袍を生み出した（図４）[10]。こうした胸や腰のダーツを含まない真っすぐな腰、直線式の旗袍は、造型構造的には中国の伝統的な平面構造ならびに平面裁断方法を借用している。全体の外観効果は平ら

図３

で薄く、脇の下とサイドの腰身頃部分は基本的に内側に折り込まず、折り込んだとしてもごくわずかで、そのため脇の下にはたっぷりとした余裕があった。前身頃の胸ダーツと腰ダーツはほぼ無く、胸元の膨らみも持たせない平胸のイメージを表現した。平板式の身頃にはバストｰウエストｰヒップの起伏が無く、これは同時期の西洋の女性服とそっくりであり、明らかに筒状の服装外形とスタイルの傾向がある（図5）[11]。

「ギャルソンヌ」時代と異なり、一九三〇年代の西洋女性のファッションは優雅で、より女性らしい味わいを加えたファッションが追求された。流行服の典型的な特徴は、バストｰウエストｰヒップを際立たせたボディラインと長く裾を引きずるスカート、成熟した淑女の必需品としての手袋と帽子、パーマで波のようにうねらせた巻き髪であり、これらがエレガントで成熟した女性らしさを演出していた。このような西洋の女性服の特徴が当時の旗袍にも影響を与え、その結果として外部の輪郭がそれまでの直腰直線式からヒップ部分を身体に沿ってカットする曲線式へと転換した。技術面で言えば、身頃処理に西洋式の造型方法がふんだんに取り入れられ、前身頃と後ろ身頃のダーツ、長袖旗袍の脇の下の分割等、生地の余りや不足を処理できる構造が出現したことで、旗袍はさらに身体にフィットし、女性のボディラインを際立たせるものとなった。また、西洋式の裁断技術の採用で旗袍はより立体的となり、まろやかな肩部分の造型、身頃の複数分割やダーツ等、同時代の

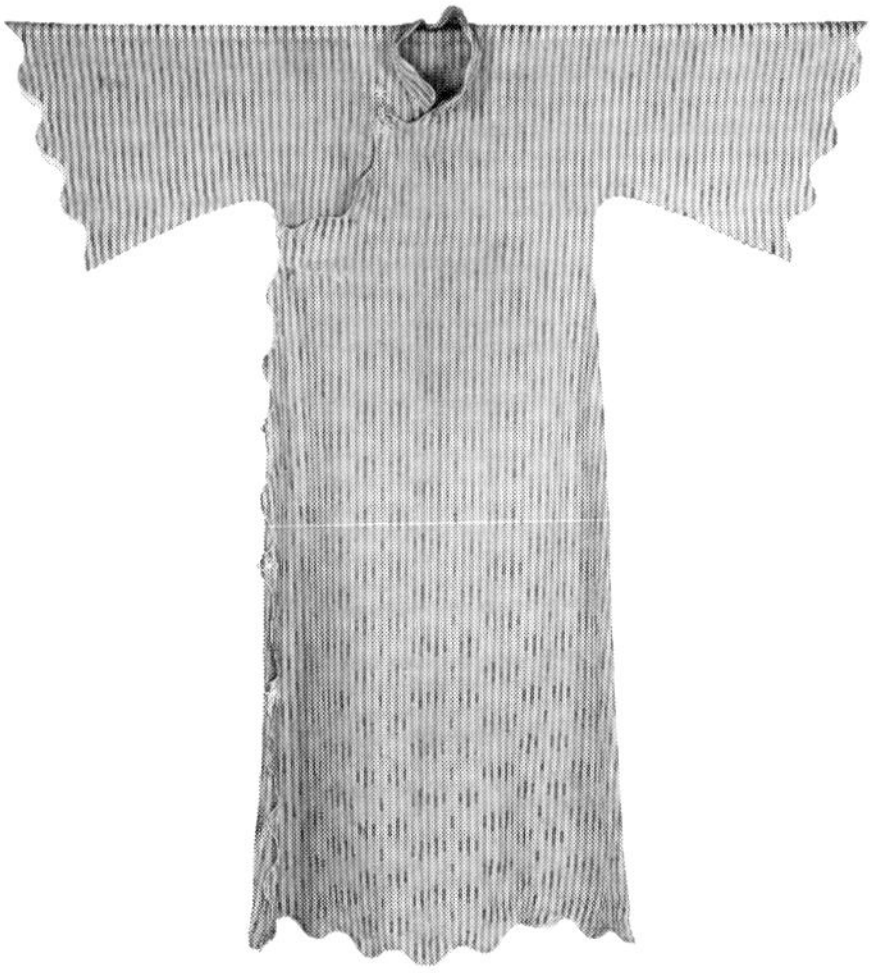

図4

ヨーロッパの女性ファッションとほぼ変わらない造型となり、女性の流行ニーズに応えていった（図6）[12]。特筆したいのは、一九三〇年代の中国旗袍の流行丈である。一九三二年から一九三八年までは丈の長い旗袍が特に流行した時期で、中には裾が地面を引きずるものまで登場し、「床掃除旗袍」の別称までであった。西洋女性にロングドレスが流行した一九三〇年代、中国女性の旗袍もまた「ロング」を良しとするようになった。この時代、ロング旗袍と西洋式服装の組み合わせが一般的なものとなったが、例えばこれには西洋式のショートジャケット、ロングコート、トレンチコート、ベスト等がある。二〇世紀初めに中国に伝わったストッキング（当時は「玻璃絲襪（ガラスのストッキング）」と呼ばれた）がハイヒールと組み合わせられ、旗袍の女性の典型的なコーディネートとなった。長い五本指手袋、革製のハンドバッグは究極の西洋化アイテムであった。中国女性服飾史上初めて登場したこうした服飾品が、この時代の中国の都市女性が旗袍を着用する時の必需品となった。アメリカ発の世界的に有名な女性ファッション誌『VOGUE』の一九三六年一一月号では、「中国美人」と題して、孫夫人（Mrs. Russell Sun）が旗袍

図5

図6

をファッショナブルに着こなす姿が掲載されており、そこには次のような記述がある。「中国人女性は、身体を非常に重視している……あるいは人種的な理由だろうか、彼女たちの旗袍姿は非常に美しく、こうした伝統的な中国式衣装を中国の上流階級女性のほとんどが着用している。孫夫人のワードローブの中でも最も美しい旗袍は、光沢があり、銀龍の刺繍が施された黒繻子の旗袍だが、こうした伝統的衣服に彼女が合わせたのは、中ヒールのサンダル、貴重な金襴緞子のバッグと優美な宝石、たくさんの玉石で作られた現代的な装飾品である。着用している銀狐のマントも西洋のデザイナーの手によるものだ[13]」。

一九四〇年代は戦争の時代であった。この時代、西洋の主流の女性服は、そのスタイル、テイストともに大きく変化し、中性化の傾向が現れ、実用的で剛健な外形イメージが作られた。主な変化は、服飾の全体的なラインの剛健化、上衣の肩パッド、スカートのミニ化等である。この時代、中国の旗袍にもスタイルのディティールに便利で実用的な傾向が現れた。様式は簡素で実用的、長さはふくらはぎから膝の間、襟も着脱可能な付け襟に変わるなど、より直立的になったほか、洗濯も簡単になった。袖も短袖から袖無しに徐々に変わり、戦争期の旗袍として軽快性と実用性を打ち出したスタイルとなっている。同時に、製作面から見ると、西洋発祥の新鮮なアイテムがさらに多く取り入れられた。例えば、

図7

銅製のファスナー、スナップボタン等である。こうした西洋式服装を源とする各種の新材料の使用は、着心地をさらに快適にしたばかりでなく、同時に製作技術面においても、軽快でシンプルな近代化テイストがますます現れるようになった。中でも特筆したいのが、旗袍に初めて西洋式肩パッドが採用された点である（図7）[14]。伝統的な中国女性風俗の美的感覚では、女性の肩はあくまでほっそりと、下に落ちている「撫で肩」が美しく、平らで直線的、しっかりとした肩は「醜い」とされていたため、中国の伝統的女性服はそれまで女性の肩部分を強調してこなかった。一九四六年の雑誌『幸福』の「時装品評」という記事では、次のように記されている。「旗袍の肩を盛り上げる改良は、もはや逆らうことができない時代の流れとなった。西洋風を少しばかり取り入れても、中国女子の服装様式には何の助けにもならない。肩パッド入りの旗袍はまず映画の中で出現し、昨年からじわじわと流行し始めている……私はこれまで、撫で肩、細腰こそが中国女子の美の基準であると主張してきたが、時代は進んだ、ということである」[15]。一九四〇年代における旗袍の肩パッド使用は、中国服飾史上初ということ以上に、中国女性の美的感覚の大転換であった。こうした観念の転換は、明らかに西洋で流行した女性服の影響を受けている。

一九四九年以降、旗袍は中国大陸でほぼ見られなくなったが、かなり長い期間（一九五〇～一九六〇年代）、香港、台湾女性の日常服の一つとして変わらず存在していた。一九五〇年代の西洋のモードは「NEW LOOK」の年代であり、その特徴はなだらかで自然なショルダーライン、きゅっと絞ったウエスト、ふわっとしたスカート、ふくらはぎ丈のフレアスカートであった。こうした柔和で優雅、高貴なセクシーさを備えた全く新しい外見が、服飾を通して女性性を際立たせた。この時代の旗袍を着用したグループは香港、台湾等の中国女性だったが、その柔らかで優雅な雰囲気は変わっていない。しかし西洋のトレンドの影響は受けており、中でも比較的目立った特徴として、旗袍のスリーサイズの差が以前よりも強調された点がある。即ち、より強く絞られたウエスト、やや誇張されたヒップとバストで、ボディーラインにおいて追求されているのは、たおやかなライン、強調させた斜めの肩、丸いヒップと極度に絞られたウエストだ。こうしたスリーサイズの差を際立たせたスタイルの特徴は、Diorの「NEW LOOK」の流れを汲むもので、成熟、エレガンス、高貴なセクシーさを備えた都市の女性を演出している。一方、一九六〇年代の西洋女性のモード「超ミニ」(MINI LOOK)のトレンドは旗袍にも現れており、超ミニ丈の旗袍が一時期、香港女性の流行ファッションとなった。

中国の旗袍は、清代の満州族女性の幅広の袍服、そして中国漢民族男性の簡素な長袍をルーツとし、さらに西洋の主流ファッションであるロングドレスを参考とした融合の産物であり、新しい女性の流行服となった。流行の歴史から見ると、それぞれの時期でいずれも西洋主流ファッションに対して関心を持って参考としており、その上で伝統的服飾を何度も大胆に改良している。特に一九三〇年代後期の裁断と型紙技術は、西洋の近代式裁断製作技術をふんだんに取り込んだものである。とはいえ、旗袍は決して西洋をまるごと真似したわけではなく、多くの装飾ディティールについては全く変えていない。例えば、旗袍の襟、袖口、裾のパイピング、手工芸の紐組みボタン、立ち襟、合わせが右前といった中国式の記号的アイテムはほぼ変化していない。同時に、旗袍の外観の輪郭から見ると、女性の身体を見せたという点では、中国歴史上出現したことがなかった服飾と言えるが、これはただの見せ方に過ぎない。ウエストを絞り、バスト、ウエスト、ヒップのラインを表現したとはいえ、やはりその全身は包まれたままで、全身を通して直接肌が露出する箇所はそれほど多くない(一九六〇年代後期のほんの短い時期に出現した超ミニ旗袍のみである)。以上から、旗袍は西洋の服飾における人体の美しさを表現するという観念を大胆に取り入れたが、その見せ方には多くの含蓄があったことがわかる。こうした赤裸々に人体美をさらけ出さない知性の表れは、中国人の文化伝統風俗によりマッチするだけでなく、道家の含蓄の美学を体現するものでもある。西洋式エレメントを参考としながらも決して全てを受け入れず、中国式ディティールを改良しながらも完全に放棄することはしない。こうした近代化の手法が、中国旗袍の輝きを確固たるものにしたと言えよう。

3　伝統的服飾の近代化、国際化、西洋化

人類が衣服を着るということは、日常的でありながらも重要な行為であり、それはつねに人と密切な関係にあり、人が行うさまざまな活動と切っても切れない関係にある。また、人類社会の発展にともない、その着衣も必然的に発展した。服飾の近代化は人類社会の発展にとって必然であり、人類に重大な社会的変革が発生するたび、生産、生活様式にも画期的な変化が生じた。そして、服飾はその最も直接的な反映である。西洋の服飾の近代化は、男装と女装で時間的な差が大きく、それぞれ一九世紀初期と一九世紀末期だった。両者には一〇〇年近くの開きがあるが、発生した時期がどうであろうと、その背景にはつねに既存の服飾による新生活の不便さ、新しい観念とのミスマッチが存在しており、必要に迫られての変革であることに変わりはない。西と東、男装、女装に関わらず、その近代化への改良のポイントは、全て脱装飾、脱煩雑で、軽快さと機能性の強調であるとともに、服飾の美しさ、人体の美しさの表現にある。

服飾研究学界には、「非西洋型服飾（Non-Western Fashion）」という用語があるが、地域、民族、人種とは関係がない、西洋の服飾体系以外の服飾の総称である。東アジア地域に位置する中華ファッションも当然「非西洋」型の体系に属する。こうした分類方式の前提には、西洋の服飾こそが主流、中心、近代的で、全世界において広く受け入れられ、認められている服飾体系であり、その他の非西洋型ファッション体系は非主流、非中心的で、民族性や

地域性が濃い服飾体系であるという共通認識が存在している。一九世紀の欧州における工業文明は、西洋世界を近代化の先駆者、手本として位置付け、その結果として西洋人の服飾も人類の服飾近代化の先駆者、手本となった。西洋化（Westernization）という言葉は、「非西洋」型服飾の国際化（Internationalization）にとって通らなければならない必然的なルートであった。

まさに前記の背景により、国際化と言えば通常、西洋化を指す。近代化も通常、国際化、西洋化と同義語と見なされる。しかし旗袍を代表とする伝統服の近代化から見ると、近代化、国際化、西洋化は極めて密接に関連しており、それぞれがそれぞれを内包しながらも、決して完全に同一ではない。二〇世紀に入ると、多くのアジア国家が近代化の道を歩み始め、社会変革の中で、人々の伝統的服飾や装いの観念も必然的に影響を受けることになった。二〇世紀初期はまさにアジア各国の女性服の近代化変革の転換期であり、中国、日本、朝鮮等の東アジア地域の民族の女性は、みな伝統的服飾と新しい社会の環境、生活様式、思想や観念との間の矛盾に直面することになった。この時、アジア各国の服飾の近代化は必然となった。伝統的服飾を継続するのか、継続するなら如何に継続させるのか、伝統的服飾を如何に近代化して新生活に適応させるのかが、社会の転換期における重要な課題の一つとなった。

前述の中国旗袍の登場と流行の変遷に関する論述からもわかるように、中国の旗袍は一〇〇年前に中国人が特別に発明したもので、その起源は中国の伝統的服飾にある。同時に、民族や性別、文明の境界を越えて、さまざまな種類の服飾のディティールや特徴を参考としながら、これまでにない女性服の新スタイルを生み出した。それは、中国女性の伝統的服飾の近代化の産物であるが、決して西洋の流行をそのまま引用したわけでも、完全な西洋化でもない。近代化という変革である。同時に、大量の中国の伝統的ディティールと中華文化の記号をそこに保持させることで、伝統と近代、西洋化と中国式を画期的に融合するという方式によって近代化という改良を行った。そして中国の近現代服飾史において最も注目され、最も世界中で認知され、尊敬される中国服の代表となった。旗袍は、紛れもなく中国女性の伝統的服飾の近代化の成功例でありながらも、同時に西洋の主流ファッション界も肯定と尊敬を寄せており、中国女性の旗袍に注目してメディアで大量に報道している。例えば、西洋で最も影響力のある女性ファッション誌の一つ『Harper's Bazaar』も、一九三七年一二月号の「THE MODERN CHINESE WOMEN」で、旗袍のイラストを例に挙げ、当時の中国婦人の服飾の変化、髪型の変遷、着衣方式の改変について解説しており、これをモダンな新中国婦人のイメージと称している。[16] このほか、『VOGUE』の一九三三年一二月号でも、西洋の評論家が旗袍を着た中国女性を例に挙げて、西洋本土のデザイナーによる当季の流行ファッションと比較し、そこから東西のファッションが相互に影響し合っている点を指摘している。具体的には、当季の西洋人デザイナーが中国式ワンピース（即ち旗袍）から多くのデザイン的特徴、例えばハイカラーや中国式服装の裾を広げたパゴダフレアー（Pagoda flare）、ならびに中国式外套等を取り入れていることに言及し、中国の旗袍女性の装いに対して次のように評価している。「短かい袖、二名の女性が手にしているジャケット、そして身体の曲線を露わにしたヒップライン等は、絶対に西洋的なものだが、衣服の襟口のラインと女性達のポーズは疑う余地なく東洋的である」[17]。ここから、中国の旗袍が西洋の主流ファッションに一定の影響を与えていたことがわかる。

4　結論

中国女性の伝統的服飾の重要な代表である旗袍は、一九二〇年代初期の上海で始まり、短期間のうちに急速に普及した。そして、大都市に暮らす一部の知識女性が着る前衛的ファッションから、中国全土の女性に幅広く好まれる日常着にまで成長し、世界中で幅広い評価を受けた。中国の旗袍という伝統服の近代化の成功例を振り返ると、容易に気づくのは、変遷と発展の中で、それはつねに社会環境と女性の生活に密接な関わりを持ちながら調整、変更を重ねてきたということである。それはある面で「新中国服」の「中国服」としての要素の保持であり、中国の伝統的服飾に起源を持つデザイン上のさまざまなディティール、例えば、立ち襟、斜め襟、紐組みボタン、パイピング装飾等を一貫して変えなかった点に見られる。また別の面では、「新中国服」の「新」しい変革の堅持がある。スタイルのディティール、製作技術面の構造、生地の図案等においては、刷新を怠らず、西洋女性ファッションのメインストリームの感性をつねに保持していた。同時に、服飾イメージの全体像においては、より大胆に西洋ファッションを取り入れて、伝統の中にも流行のトレンドを際立たせる全体イメージを演出することで、より多くの広範なファンの関心を引き寄せた。

旗袍の事例からわかることは、一〇〇年前に発生した中国の伝統的服飾の近代化の過程においては、決して近代化イコール「西洋化」ではなく、伝統的な方式を全て捨て去り、完全に西洋の主流に寄せたわけではないという点だ。つまり、中国の服飾の近代化は、単純な「西洋化」ではない。服飾の改良に対する当時の中国人の視点や見方からしても、最終的に生み出された近代化モデルから見ても、一〇〇年前に中国で発生した近代化は、いずれも伝統と現代の融合であり、決して中国の服飾及び文化の否定や破棄ではなかったと言える。それは、社会の発展に適応するために行われた自己調整、改良なのである。中国の伝統的服飾の近代化の変遷のうち、中山服、改良旗袍、学生服といった新中国服の登場とその広い流行という現象は、伝統的服飾の近代化への道のりをよく示しているが、決して伝統の完全否定でも、非西洋の絶対的肯定でもないことをしっかりと裏付けている。民族的服飾の合理的なスタイルと特徴を留めつつ、積極的に外から来た服飾の合理的エレメントを吸収してこそ、近代における服飾改革の潮流の中で生き残ることができたと考える。

註

（1）庄開伯等「女子服装的改良〈女子の服装の改良〉」（『婦女雑誌』第七巻第九期、一九二一年、三九～四四、四四～四六、四六～四八、四八～四九、四九～五〇、五〇～五一、五一頁）。

（2）黄澤人「女子服装改良的討論〈女子の服装の改良に関する討論〉」（『婦女雑誌』第七巻第一一期、一九二一年、一〇六～一〇八頁）。

（3）一九三二年に上海で出版された雑誌『良友』第七〇号に掲載された文章「女子無才便是徳，此種旧思想必須打到而革新之〈女子は無能が美徳である。このような旧思想は打倒し革新しなければならない〉」。イラストは、女性の服飾から伝統と現代の違いを表したもので、そのうち襖裙姿は伝統的な女性を、旗袍姿は新しい女性を代表している。

（4）張愛玲『張愛玲全集』第三集、十月文芸出版社、二〇〇八年。

（5）一九二一年に上海で出版された雑誌『解放画報』第一一号に掲載された「旗袍的来歴和時髦〈旗袍の来歴と流行〉」の文章と挿絵。

（6）佚名「旗袍的来歴和時髦〈旗袍の来歴と流行〉」（『解放画報』第一一期、一九二一年）。

（7）姜麟「女学生服装問題」（『婦女雑誌』第一〇巻第四期、一九二四年）。

（8）筆公「剪髪禁令与女学生〈散髪禁令と女学生〉」（『北洋画報』第三三期、一九二六年）。

（9）一九二七年に天津で出版された雑誌『北洋画報』第一一二号に掲載された婚礼のイラスト。服装から見ると、典型的な中国と西洋を合体した組み合わせで、そのうち新郎を含めて男性はみな濃い色のスーツに白いシャツ、黒い革靴という完全な西洋式衣装だが、女性はロング旗袍といういでたちである。新婦は立ち襟の旗袍に白い西洋式ベールを被り、西洋式のブーケを手にしている。ここから、伝統的服飾の近代化への過程では、西洋式の装いとの共存だけでなく、肩を並べるファッショナブルさがあったことがわかる。

（10）チョコレート色のストライプ柄旗袍。東華大学上海紡織服飾博物館所蔵。全体的に緩やかで、一九二〇年代の典型的な幅広、平直スタイルの旗袍である。

（11）一九二六年に天津で出版された雑誌『北洋画報』第四〇号の映画スター黎明暉の写真。一九二〇年代の中国都市「新女性」の典型的な装い、やや大きめの旗袍である。伝統的な象嵌や刺繡の手工芸装飾はほとんど使用されておらず、耳まで切り揃えたショートカット、皮のハイヒールは、西洋の主流女性服である筒状のスタイルとそっくりである。

（12）漆黒の縁取りがある紺色の旗袍。東華大学上海紡織服飾博物館所蔵。このスタイルは一九三〇年代中後期の西洋式技術改良を経た後の旗袍で、身頃の前後にそれぞれ腰ダーツを一つずつ、肩には肩縫（斜めに肩部分を分ける）を採用し、脇の下部位に一定の折り込みを取ることで、より女性のボディラインの美しさを際立たせている。

（13）“Features: Mrs. Russell Sun, Chinese Beauty.” *Vogue*, vol. 88, no. 9, 1 Nov. 1936, p. 723.

（14）肩パッド入りのカラーストライプ旗袍。東華大学上海紡織服飾博物館所蔵。このスタイルは一九四〇年代の旗袍で、肩パッドを入れることで肩部の造型を平らにして硬くさせた。
(15)東方綴練「時装品評」(『幸福』第一巻第一期、一九四六年)。
(16)Koo, Wellington. "THE MODERN CHINESE WOMEN." *Harper's Bazaar*, vol. 70, no. 2703, 1937, p. 90.
(17)"Fashion: But Sometimes the Twain do Meet." *Vogue*, vol. 82, no. 12, 15 Dec. 1933, p. 50.

参考文献

屠詩聘『上海市大観』中国図書雑誌公司、一九四七年。

佚名「関于婦女的装束〈婦女の装束について〉」(『東方雑誌』第三一期、一九三五年)。

劉瑜『中国旗袍文化史』上海人民美術出版社、二〇一一年。

劉瑜『中西服装史』上海人民美術出版社、二〇一五年。

劉瑜「民国文明新装及其与改良旗袍的流行更替研究〈民国文明新装及びその改良旗袍の流行と入れ替わりに関する研究〉」(『装飾』第一期、二〇二〇年)。

Chapter 9

清朝宮廷旧蔵品から見るソロン毛皮文化の変遷

多麗梅（故宮博物院）

はじめに

清朝宮廷旧蔵品には、絵画、弓矢、印章等、「ソロン」と命名された文物が一〇〇点余り保管されている。これらの文物は、一方で清朝ソロン人の輝かしい戦功の史実を反映しているものであると同時に、貂や馬の貢納、巻狩りといったソロン人の経済生活における特徴も示している。清代の東北地方で貂貢納を担当したのは、黒竜江地区に住むソロン族、ダフール族、オロチョン族等で、中でもソロン族の貂貢納数が最大であった。ここでは、清宮のソロン旧蔵品を掘り起こし、整理、研究することによって、ソロン（現在のエヴェンキ族）による貂貢納が宮廷に及ぼした影響を復元する。同時に、時代の移り変わりと環境の変化にともない、今日のエヴェンキ族の服飾がどのように変化していったのかを研究する。

かつて乾隆帝はこう言った。「我が国の軍隊について言えば、建国から最近の回部族（イスラム民族）平定まで、いずれも我が満州及び索倫（ソロン）の勇しく力強い将軍や兵士が万里を駆け抜け、大功を収めたものである（1）」。この時代、「ソロン」の名をもって栄誉とする多くの周辺部族がいた。「黒竜江人は部族を問わず、すべてソロンと称された……ソロンはその勇壮さで天下に名を轟かせ、その名があれば誇るに足るものであった」[2]。まさに、戦場のソロン兵は、「名声と実力を兼ね備えた、一人で百人に当たることができる存在」であったと言える。

清朝宮廷旧蔵品には「ソロン」と名付けられた関連文物が多く保管されている。それは、清代の政治、軍事、制度、民族関係及び宮廷生活を研究する際の重要な実物の証拠であり、ソロン史の復元に新たな視点を提供するものである。同時に今日のエヴェンキ族服飾文化の歴史的変遷を探究するのに資料となるものでもある。故宮博物院の曹連明研究館員は、『紫禁城』に「ソロン鈚箭《ひせん》（平らで幅広の矢先）とソロン部族」という文章を発表したが、これはソロン部族のルーツについて文献整理を行ったものであり、清朝宮廷旧蔵品であるソロン鈚箭の文物を通して、清朝におけるソロンの歴史的貢献を論述したものである。また、王子林研究館員は、著作「清代弓矢」において、弓矢の分類、用途、製作、給付と点検検査、ならびに性能面の詳細な分析と研究をしており、ソロン鈚箭とソロン鏑《かぶら》についても言及している。史料としては、国家第一歴史档案館の呉元豊研究館員が、『清朝珍蔵海蘭満察漢文奏折彙編』を監修しているが、その内容は主にソロン人・海蘭察（ハイランチャ）の金川、甘粛、台湾、チベット出征期間における活動、ならびに乾隆帝が海蘭察に賜った賞賜犒労（訳註：功労に対する褒美の授与）、嘉奨授官（訳註：官位を授ける）、晋封爵位（訳註：爵位を授ける）等の状況である[3]。また朱批奏折（訳註：清代の皇帝が朱筆で意見や指示を書き入れた上奏文）には重要な史料価値がある。ソロン歴史研究の最古且つ最も直接的な一次資料であり、ほかの如何なる文献資料をもってしても代替することはできない。ただ、前記の論考以外には、清朝宮廷旧蔵品とソロン関連文物に価値があり、そのため清朝宮廷旧蔵品とされている。さらに、朱批奏折自体にも非常に高い文物的価値注目する者はほぼなく、ましてや毛皮に関するソロン文物となれば、未だ誰も言及したものはいない。

崇徳年間、元々黒竜江中上流域に居住していたソロン、ダフール（訳註：原文は「達呼尓」、現在の達斡尓［ダウール」族）は清政権によって統一され、順治年間に嫩江流域に移住した。康熙初頭、清朝はこれらの南部に移住させた部族を全て扎蘭《ざらん》、牛録《ぎゅうろく》（いずれも基本的な単位）に編入して設置し、それに対応する総管、副管、佐領（ニル）、騎兵指揮官等の官位を設置した。これによりソロン、ダフールを主体として、オロチョン、ビラール等少数の部族を含めた地方行政管制区が設立された。所属する民は貂を捕獲して貢納する責を負うとされ、当時の人々はこれを「布特哈（ブトハ）」（butha、満州語で漁猟）と呼んだため、後世の人々は布特哈打牲部落と呼んだ。康熙年間の半ば、清朝はソロン、ダフールの二千余りの兵を黒竜江駐防八旗に編入し、アイグン、モーガン、チチハル等の町にそれぞれ配属させた。このとき布特哈打牲部落も黒竜江の将軍によって統括されることとなった。一七三二（雍正一〇）年春、布特哈から再び三〇〇〇人が引き抜かれ、フルンボイル八旗として別編成された。同年夏、布特哈打牲部落の各扎蘭は旗色を付与され、布特哈八旗と号を改めた。その後、ジュンガル、回族討伐平定の戦役で目覚ましい戦功をあげたことから、一七六〇（乾隆二五）年、清朝は二〇〇〇の兵を正式に甲缺《こうけつ》（役職名）に割り当てたほか、全ての官兵に半分の給与と食料を与え、布特哈は正式に黒竜江駐防八旗内に編入された。しかし、光緒末期になると駐防は廃止され、黒竜江には省が設置された。このとき、元の社会組織単位であった布特哈八旗もまた牛録の解散や甲缺の解雇等によって嫩江を境界とする東西二路に分かれ、それぞれ一時的な行政区の八旗となった。そして清国滅亡の前後、最終的に河庁、布西接治局等の民間の行政組織に取って代わられた[4]。

内務府造弁処の乾隆帝時代の档案には、次のように記されている。「十二月二十五日、命を承り、照忠祠列伝に布特哈とある文字は、即ちソロンの呼称であり、調査にてこの文字があれば、ソロン（索倫）の二文字に改める。謹んでこれを受け取ること[5]」。ここで「布特哈」が指すのはソロン、ダフールを主体とし、これにオロチョン、ビラール等少数の部族民を含めたもので、単に「ソロン」のみを指すものではない。布特哈には黒竜江布特哈、吉林布特哈があり、昭忠祠（忠義を尽くした者を祭る神殿）の中では混交しており、そこでまとめてソロンと呼んでいる。一方で「ソロン」は民族的な概念でもあり、民族的概念としてのソロンはエヴェンキ族を指している。しかし軍隊としてはその範囲は比較的広くなり、少なくとも布特哈八旗の各族が含まれており、また黒竜江駐防八旗全体を指すこともできる。現代に入ると、一九五七年から「ソロン」の旧称が取りやめられ、エヴェンキ族と称することになるが、これについては本チャプターで論じる内容でもある。

エヴェンキ族は国境に跨がる民族であり、中国、ロシア及びモンゴルのどこにも分布している。二〇二一年の第七次全国人口国勢調査の統計によると、中国域内のエヴェンキ族の人口は三四六一七人であった。主に内モンゴル自治区の呼倫貝爾（フルンボイル）市エヴェンキ族自治旗、陳巴爾虎（陳バルグ）旗、莫力達瓦（モリンダワ）ダウール族自治旗、根河市敖魯古雅（オルグヤ）郷、オロチョン自治旗、阿栄（アロン）旗、扎蘭屯（ジャラントン）市、黒竜江省訥河《とつが》県等の地に分布している。また、エヴェンキ族は三つの民族に分けられ、旧称は「ソロン」、「ツングース」、「ヤクート」等である。

1　弓矢の旧蔵品と毛皮猟師

清代でも、康熙帝、雍正帝、乾隆帝の三つの王朝の時代は、中国の辺境地域がほぼ平定され、多民族国家として一層発展した、歴史的に重要な時期である。この時期、清朝の統治者は数えきれない程の統一戦争を統率しており、ソロンはその勇敢な戦闘ぶりで清朝統一の立役者となった。その理由は遊牧と狩猟を結び付けたソロンの生産生活様式と密接に関係している。即ち、こうした生活様式がソロンが天性の毛皮猟師、出征戦士となることを決めたと言えるのだが、その点については、清宮旧蔵品のソロン文物が証明している。

ソロンが毛皮を獲得する過程で、矢は狩猟の必需品であり、重要な武器の一つであった。当時、清宮が備えていた兵器は、総管内務府管轄の武備院によって専門的に統一管理されており、兵器、火器、装具に分類されていた。例えば、兵器は弩弓、チベット弓、刀槍、火器は火縄銃、大砲、銃等、装具は鎧かぶと、馬具、鹿哨（呼び子）、鼓、大旗等である。清朝宮廷旧蔵品の中でも矢の数量は特に多く、五万本余りが現存している。矢の種類や名前は非常に多い。例えば梅針箭は、乾隆朝時代に矢の製作で、梅針箭一〇万本の製作を命じられている。[6] 一方、現存するソロン鈚箭とソロン鏑は、まさしくソロンにちなんで名前がついたものである。『飛龍閣恭貯器物清冊』には、「黒羽毛索倫長披箭二十本（虫食い、錆有り）、乾隆十九年収蔵、高宗純皇帝御用、白档索倫長披箭十本（虫食い、錆有り）」の記述がある。[7] 調査によると、清朝宮廷旧蔵品には九九本のソロン鈚箭が現存しており、そのうちの一〇本は長さ九九センチメートル、幅一・五センチメートルの鉄鏃（矢じり）白擋ソロン長鈚箭であり、護衛の装備類である。乾隆帝のために使われ、一級文物に定められている。この一〇本の鈚箭には黄条簽（黄色の細長い紙）が付けられている。「高宗純皇帝御用の白档ソロン長披（鈚）箭十本、一本を高覧のため献上する」。このほか、各種寸法の鉄鏃ソロン鈚箭が八九本あり、それぞれ長さ一〇五センチメートル・幅二・五センチメートル、長さ九二センチメートル・幅三センチメートル、長さ一〇〇センチメートル・幅三センチメートルである。これらの鈚箭は御用品ではないため長さと幅が統一されていないが、皇帝の御用品は規格が統一されている。嘉慶帝時代の『清会典』には、ソロン鈚箭について次のような記載がある。「ソロン鈚箭は、鏃の長さが二寸八分、幅は五分、鈚箭のような形でやや狭く、花雕羽（模様のある鷲の矢羽）である」[8]。さらに光緒帝時代には、以下が加えられている。「ソロン鈚箭は、鉄製鏃の長さが二寸八分、幅は五分、鈚箭のような形でやや狭く、柄先の飾りは黒い桃皮、花鵰羽、朱塗り。軍事に用いるが、熊や野豚を射ることもできる」[9]。以上からわかるのは、ソロン鈚箭の矢頭は鉄製で、胴部の材質は楊木、黒い桃皮で装飾され、尾部は鷲の矢羽であった。このほか、文献にはソロン箭に毒が塗られていたとの説明もある。「領侍衛内大臣等曰く、落葉の松は往々にして毒を有し、ソロン国の人はつねにこの木を弓矢に近づけ、折って獣の射的に使用する。当たれば毒は鴆（伝説の毒鳥）の如し、折らぬよう注意すべし。毒を受けないよう護衛や従者への周知を命ずる」[10]。しかし、現代から見れば、松の落葉は実際には銀杏、クヌギ類、プラタナス、女貞、マサキ等のその他の樹木と同じく微毒である。清朝における鈚箭の用途は幅広く、主に皇帝の閲兵式、皇帝の重要儀式や伝統儀式の随行、皇帝の随行、皇帝の行囲（宮廷内の儀式）、皇帝の射靶（弓による軍事訓練）であり、王公貴族用、職官や兵丁（兵士）用もあり、軍事狩猟等に用いた。また、清宮旧蔵品であるソロン鏑は、実物こそ保存されていないが、『清会典』にソロン鏑についての具体的な記述がある。「鏑の製造は十本、すべて楊木の柄、黒鷹の羽、朱塗り、呼子が付いた鉄製の鏃である。ソロン鏑は一説によると、柄の長さが二尺八寸、呼子はやや平たく、長さは一寸五分、その音は鋭く清らか、獣をよく射ることができる」。『清会典』には構造図もあり、おおよその形態が見て取れる。ソロン鏑は主に皇帝の伝統儀式の随行、皇帝の随行、皇帝の行囲、軍事狩猟等に用いられた。ほかにも、ソロンは開弓角決を貢納しており、「ソロン等より開弓角決の貢納あり、貯蔵庫にてその価値を評価し、褒美を取らせよ」の記述もある。[11] 現在のエヴェンキ人から、開弓角決とは弓の硬度と弾性を増すために用いた動物の角であることがわかる。

一七五四（乾隆一九）年、清朝は布特哈八旗をジュンガル部族平定の戦役に参加させた。曰く、「ソロン、ダフールは貂の捕獲と狩猟を生業としており、彼らが用いる弓矢は、全て個々の必要に応じて製作する」との理由で、全出征兵士四五〇〇名に自製の狩猟用弓矢を持って参戦するよう要求した。これは、ソロンの弓矢が軍事、狩猟等さまざまな用途で使用できることを物語っている。鳥撃ち銃と比べても、弓矢には優位性があった。つまり、銃の場合は、射撃の後に火薬の充填、鉛弾の装填、火縄への点火を行わなければならないため、弓矢より確実に時間がかかる。戦場での騎射の威力は明らかで、勇猛な虎の如く、弓矢は力強く安定した威力を発揮する。清代中期、満州語と騎馬による騎射の衰微に直面し、康熙・雍正・乾隆三代の皇帝は、満州族が満州語と騎射の能力を保持することを強化した。同時にソロン人に対しても満州語の学習と騎射の能力の訓練を提唱し、これをもって尚武精神を保持しようとした。乾隆帝の即位の時には、満州軍の精鋭が具えていた開国精神は既に崩れ始めており、八旗の勇士もかつての輝きを失っていた。乾隆帝はこうした状況に殊の外関心を寄せ、つねに金史を鏡とし、金朝が「その騎射戦術を忘れた」ために滅んだので、「繰り返し先祖の伝統と制度を忘れぬよう命じなければならない」と考えていた。乾隆帝は、その統治期間中、旗人に対し何度も、騎射は「満州の根本」、これこそが「家法」であり、これらの荒廃は祖先に背くことであるという訓示を垂れた。乾隆帝自身は屈強な身体の持ち主で、統計によると、乾隆帝はその統治期間、計五〇回余りの巻狩りを行い、最後の一回は八四歳の高齢であったという。さらに、ソロン兵の戦闘意欲を保持するため、乾隆一五年にはソロン兵の鳥撃ち銃の使用を禁じている。乾隆帝曰く「我が満州族の本業は、そもそも馬による騎射を主体とするもので、巻狩りには鳥撃ち銃を必要とせず、弓矢のみを用いた。即ち、ソロン等の巻狩りは今まで鳥撃ち銃を決して使ったことがなかった。現在、弓矢で狩りをしないと耳にするが、それはただ便利のため、鳥撃ち銃が習慣化したものである。そもそも、巻狩りに弓矢を用いることは古よりの規則であり、この理は謹んで行わなければならない。ましてやソロンはみな狩猟民族であり、弓矢に精通するのは当然である。以前より精鋭の兵隊の中でも特に素早さを賞賛されてきたのだ。然るに簡単に獣を得られることが長くなると、弓矢は古びたものとなり、必ずや衰退するであろう[12]」。乾隆帝は傅爾丹にソロン兵の鳥撃ち銃を回収するよう命じて「不正購入、自製を固く禁ずる。発見した場合はこれを罰する」とし、ソロンは「これ以降、巻狩りを行う際は、必ず旧規則に従い、弓矢にて獣を狩るものとする」としたが、同時に「特に優秀で且つ、騎馬の射撃に秀でる者については、宮廷警護に引き立てる」と励ました。[13] 以上から、ソロン人の弓矢及び鳥撃ち銃使用に対する乾隆帝の姿勢には、第一に、満州は尚武で天下を統一したが、長期間の平和に甘んじて兵士の士気が緩み、騎射戦術を実行できなくなることへの憂慮があったこと、第二に狩猟時の巻狩りにおいて、ソロンの本分はあくまで狩人であることから、鳥撃ち銃を使用して弓矢を廃するようなことはあってはならないと考えていたことがわかる。しかしながら、これをもってしても鳥撃ち銃の盛んな使用を止めることはできなかった。

弓矢以外に、清朝前期では、黒竜江地方の朝廷への貢物として馬が非常によく使われ、これは主に布特哈管轄下のソロン人が担当していた。一六九七（康熙三六）年、清朝が初めてソロン五阿巴に良馬を求めた。康熙三八年以降、大凌河小馬を定期的に五阿巴に送って、ソロンに騎乗調教を行わせ、優良な馬を選定して貢納させた。康熙四二年、五阿巴は各地に蘇魯克（スルク）を設置し、現地の良馬を育成して貢納した。雍正年間には、大凌河小馬を代理で調教させることを停止して、布特哈の蘇魯克を八か所に増やした。乾隆初年、牧畜と狩猟の兼業経済が布特哈で衰退するにつれて、ソロンによる馬貢納も次第に消滅し、蘇魯克も一七九一（乾隆五六）年に廃止された。現在、ソロン馬は絶滅危惧状態にあり、ソロン馬の原生地である扎蘭屯、阿栄旗、莫（モリダワ・ダウール族自治）旗の少数の狩猟民家で使用されているに過ぎない。さらに二〇〇三年、エヴェンキ狩猟民郷鎮に対する狩猟の禁止と農業への転換にともない、ソロン馬はその地区に住むエヴェンキ族の生産生活から徐々に消えていった。

2 貂貢納と出征戦士

騎射は、ソロンにとって最も基本的な生活技能であった。全ての成年男子は普段から騎馬と狩猟の訓練に励み、ひとたび戦闘が発生すれば瞬時に有能な戦士となった。そのため、弓矢と馬の貢納のいずれもがソロンの経済方式であり、つまり巻狩りによる貂の捕獲によって展開された。『欽定満州源流考』には次のような記述がある。「貂、烏拉の山林に多く生息し、ソロン人は貂の捕獲を生業とした。毎年の義務である貢納品には、等級評価に従って報奨が与えられる。冬季は御用裘冠（毛皮の冠）として供され、王公や大臣もまた着用し、自らの風格を示した(14)」。さらに、康熙末年の書『龍沙紀略・経制』においても、貂貢納について、ソロンの全部族は、「年に一回官に納めなければならない」と記されている(15)。また、「起居注」（皇帝の身辺を記載した書物類）には、次のとおりある。「布特哈においては、官兵、一般庶民に関わらず、身長五尺余りの者はみな貂皮を一枚納めなければならない。これを制度とする(16)」。実際、ソロンは一民族として、清朝のために清朝の存続する限り、貂の貢納を行い続けた。

乾隆帝の御製詩には、内廷における貂の使用について次のような記述がある。「瀛物産富難詳、美毳尤称貂鼠良、食喜松皮和栗実、色惟重黒乃軽黄（貂は豊かで厚みのある濃い黒色が上等、紫色はその次、黄色はまたその次である。毛が潤沢で香りが良いものは、松や栗の実を好んで食べるからである）。蝨談敝困蘇季子、狗盗献嗤斉孟嘗、狐白那堪相比擬、名裘黼黻（輔服）佐朝章。（貂毛皮は日常の服を作ることができる。三品以上の大臣及び京堂翰詹官［官吏名］はみなこれを使用した。端罩［服飾名］としてであれば、皇帝のみに使われ、残りは皇子諸王も朝廷儀式用の服として使うことができた(17)」。実際、清政府は貂皮独占制度を確立することで内務府に充分な貂皮の供給源を提供し、それによって大量の貂皮が絶えることなく宮廷に貢がれることとなった。清朝は、貂皮の使用に対して厳格な規定を設けていた。宮廷への貂貢納は人員、時間、数量、品質等級、報奨、処罰等に至るまで、あらゆることが具体的に規定されていた。宮廷に貢納された貂皮は、毛色や種類に基づいて厳格に等級が区分されたが、等級には、最上等、二等、三等、四等、五等、黄貂皮の六つのランクがあった。[18]そのうち、最上等及び二等から五等の貂皮は、主に皇帝と皇族の衣類の製作に使用された。雍正二年一二月、宮中は雍正帝のために黄龍の織物をあしらった白狐の皮袍（中国式の長衣）を二着製作したが、その襟口と袖口には四等の貂皮が二枚、五等の貂皮が四枚使用されている。道光元年、黒竜江が貢納した貂皮は五五三八枚で、そのうち冠帽用として三等貂皮二枚、黄色地の掛（上着）用として四等貂皮七一枚、襟、袖、如意端罩（服装名）用として五等貂皮二一五枚が使用されている。また、これらの貂皮は宮中の上位階級にも使用されていた。統計によると、清宮では毎年、合計六〇〇〇〜七〇〇〇枚余りの貂皮が使用されていたという。一八〇〇（嘉慶五）年、黒竜江から五九〇三枚の貂皮が貢納されたが、このうちソロンによるものは五〇四七枚、オロチョンによるものは八五六枚であった。また、嘉慶六年、黒竜江から四五一四枚を貢納されたが、そのうちソロンによるものは三七二二枚、オロチョンによるものは七九二枚であった。[19]さらに光緒元年、黒竜江から貂皮三三八二枚を上納されている。このうち、ソロンが納めたものは、三等貂皮四枚、四等貂皮一一〇枚、五等貂皮五四枚、黄貂皮二五一五枚だった。また、オロチョンが納めたものは、三等貂皮二枚、四等貂皮二四四枚、五等貂皮二一四枚、黄貂皮二四〇枚だった。こうした貂皮は、管理し易いよう入庫時に全て等級印が押印されなければならなかった。以上から、宮廷で使用される貂の主な供給源はソロンであったことがわかる。[20]

清宮旧蔵品の官印の中には、貂皮の等級区分に使われる専用のものがあった。このうち、四つの印に「ソロン」

の名前がついており、白檀「ソロン黄貂皮」印と呼ばれた。印面は満州語で、ラテン語で「solun suwayan ehe seke」と転写されている。訳すと「ソロン劣等黄貂皮」である。ここで言及したいのは、清中後期、貂皮の品質は過度の捕獲によって大幅に下降しており、良質な貂皮が減少しつつあったという点である。最上等、二等はほぼ無く、三等から五等の貂皮も僅かで、主に黄貂皮となっていた。黄貂皮は、主に大臣への報奨に用いられたが、その状況は全て古文書の中で詳細に記載されている。つまり、「ソロン黄貂皮印」は黄貂皮の優劣を区分する等級印であり、「ソロン」という文言はソロンからの貢納品であることを意味している。『清会典』にも次のような記載がある。「ソロン処が毎年貢納する貂皮は、戸部（財産管理を担当する部署）から転送され、一時的に銀庫に保管される。内務府総管を待ち、戸部堂官（官吏名）と共に検品を行い、等級を選定して共に報告し、印を押し、記録して貯蔵庫に引き渡す[21]」。また、ソロンからの貂貢納品の選定に関する文献には、次のような記載がある。

まず楚勒罕（場所名）で貂皮が納められ、合格した物は貢納された。余りは布特哈によって自主販売され、これは「瑪克塔哈色克（マクタハセク）」と呼ばれた。訳すと「差戻しの貂」である。因沁屯で合格している物でも、差戻しとされると、裏で格安の値で売買をするしかなかった[22]。これらは、大小問わず銀九銭である。布特哈は内心怒り心頭だが、敢えて口に出す勇気がなかった。また値下げの議論が終わらないうちに、後で聞いたことによると訴訟が起こり、朝廷から使者が来たため、慌てて貂を墓地にかくしたが、これを樵や牧人等に拾われることが多かった。今は将軍が来て、貂を高くで買い、再び値段をつけた。これが貂選定の制度である。将軍、副都統（官名）は共に堂内におり、協領及び布特哈総管は東西に分かれてそれぞれ地面に座し、陳列された貂皮を詳細に見定め、甲乙を決定する。決定すると、小印を皮背面に押し、貯蔵庫に貯蔵、保管される。その後、差戻し印を押印された皮は爪を一つとった。皮背面に押印されず、四爪が全てそろっているものは私物である。このような私物は法によって禁じられているため、人々は買う勇気がない。貂貢納品には、一等、二等好、三等尋常、三等の区分がある。嘉慶十五年において、一等と選定された物は四二枚、二等好は一四〇枚、三等尋常は二八〇枚、三等は四九四〇枚で、毎年ほぼ同様である。一等に選定された物は、すべて雅発罕オロチョン及びビラール物で、布特哈は、官兵と庶民の別なく、身長五尺に達する者は、毎年貂皮一枚を納めなければならず、これが規則である。甲皮に入選しなかった場合は、乙皮から一枚を加える。甲が出れば銀三両が乙の代価となり、この類が非常に多かった。すべては総管が取り仕切り、そのためその年の報酬は、貂選定後に支払われた。損益の程度はその際初めて明らかとなる。雅発罕オロチョンの場合は、納めた皮の量が他の部族より勝っていた。故に一等は充分な収入となる。余りは二等に（入？）なる。二等の余りは三等好に入る。すべて定価どおり、貯蔵庫から銀が給付され、その余りの数と合わせて報酬が支払われる。雅発罕オロチョンは山林に広がって住んでいるため、ソロン・ダフールと摩凌阿（場所名）オロチョンとは比べものにならなかった。制度はこのようであった。また、ビラールの一部も然り、布特哈による貂皮貢納品は、まず自身で等級を定める。三等尋常を除き、すべて綸子布片が記しとなった。紅の布片はソロン・ダフール物、緑の布片は摩凌阿オロチョン物、黄の布片は雅発罕オロチョンビラール物である。毎年の貂皮貢納では、まず等級と数を六か月以内に報告する。その後、チチハル官僚が派遣され、布特哈総管一名と共に、貢納品を木蘭囲場に護送し、戸部、理藩院、内務府にて申告手続きをする。選別と貯蔵庫保管は内務府が楚勒罕で行った。そこは西北の広大な僻地で、男女が雑踏する、布特哈の駐屯地である。少し東には売買を行う通りがあり、軒を列ねて商品を並べているのはみなアンペラ小屋である。牛馬市場は日中開かれ、羊群は原野に放牧されている。呼倫貝爾から来た者、蒙古から来た者もいるが、これをまとめて営子と呼んだ。[23]

以上が、ソロンによる貂皮貢納の状況であった。

ソロンの貂貢納の不合格品については、さまざまな文献に記載が見られる。例えば、康熙二四年には「また、戸部は次のように提示した。『ソロン地方からの貂皮貢納が不調のため、ソロン副都統、扎木蘇（個人名）等の報奨を停止して当該部門に引き渡し、それぞれ処分を議す』。帝曰く『ソロン達胡里（馬を管理する人）は黒竜江軍前に宿場の設立で奔走したため、貂の狩猟を行う暇がなかった。故に今回は処分の議を免じ、従来どおり報奨を与える[24]』」、康熙二八年には「また、理藩院の奏上『ソロン馬布代（役職名）等のソロン、達胡里等が生計窮乏が甚だしいと奏上したことを覆す』に対して、帝曰く『本年の用兵において、ソロン、達胡里はよく貢献したため、今年の貂皮大鹿の捕獲を免じる』」との記載がある。[25]さらに同年「また、戸部の奏上『ソロン等が貢納した一等、二等貂皮は不合格であるため、総管はビラール等をまとめて理藩院に引き渡し、処分を議する』に対して、帝曰く『ソロン、打虎里等は、年間を通してアルバジンとネルチンスクを行き来した。その兵役の労苦により、今年の貂皮大鹿の捕獲を免じるとともに、処分を議することを免じ、例に照らして報奨を支給する』」との記載がある。[26]さらに雍正三年にも「戸部による処分の議を覆す請願『上納された貂皮の等級不足により、ソロン等に対して、処分を議し報奨を停止することを免じるよう求める』に対して、帝曰く『今年の貂皮の上納数は既に足りているため、ソロン等に従来どおり報奨を与える』」との記載が見られる。[27]

以上から、ソロン人の満州八旗編入以降、ソロン八旗の官兵は、平時においては地方の治安維持、貂貢納品の上納、卡倫（清代の防御施設）の駐留警護、定期パトロール等の任務に就くなど、長年にわたり国防安全維持に努めていたことがわかる。ソロンの貂貢納品の等級の不合格は、度重なる出征要請によるソロン人の犠牲が甚大であり、それが貂の捕獲に影響を及ぼしたことによるもので、清代の国境防衛戦争におけるソロンの傑出した貢献を説明している。清代皇帝は、これに対し寛容的な態度を示しているが、だからといってソロン人に義務付けた貂貢納制度を廃止することはなかった。

ソロンの貢納した、劣等貂皮印が一部現存しており、国境警護の戦役におけるソロンの際立った活躍が文献中でも点をつけて強調されている。博尔奔察、海蘭察、穆図善、莽喀察、明興といった傑出したソロン人将校が次々と輩出された。

海蘭察を例に挙げると、彼は生涯にわたり卓越した戦功を成し遂げ、一等超勇公の栄誉を受けたほか、「紫光閣」の肖像画として四回も描かれている。清代にこのような栄誉を与えられたのは阿桂と海蘭察二人だけである。「海蘭察は、多拉尔（ドラール）氏、満州鑲黄旗人で、代々黒竜江に住む。乾隆二十年、ソロン騎馬軍としてジュンガルに遠征した[28]」その評価は、「海蘭察は勇敢にして智略に優れていた。戦いにおいては毎回、忍びで馬に馳せて敵状を探り、その欠点を見抜き、兵を集めて攻め、一気に勝利する[29]」その一生は、ジュンガル部族の反乱や大小和卓の反乱の平定、ミャンマー出征、大小金川の平定、甘粛サラール回族蘇四三の討伐遠征、甘粛反乱の討伐、台湾林爽文の平定、グルカの出征等、戦いに明け暮れたもので、乾隆宮廷より「武臣之冠」の誉を受けている。海蘭察の勇敢な功績は清朝の絵画の中で何度も表現されている。例えば、清朝宮廷旧蔵品である『平定台湾戦図』の中の『清音閣凱宴将士』や『平定台湾得勝図』等だ。

このほか、清朝では順治帝時代よりソロン人を宮廷警護に任用したが、これを「sain haha」（三音哈哈）と呼んだ。即ち「好漢（立派な男）」の意である。また、清宮旧蔵品の『郎世寧、方琮叢薄行詩意図軸』に描かれているのは、乾隆帝が巻狩り後、布魯特（ブルート人、キルギス人等を指す）特使に謁見した際、ソロン人護衛の貝多爾が素手で生け捕りした子虎を彼に貢納している情景である。この場面は、非常に勇壮、豪華で、細微にわたり、具体的に描写されている。当時四八歳であった乾隆帝は弓袋を斜めに背負って馬上に座し、堂々とした気品に満ち溢れている。これに対し、布魯特からやって来た特使達は畏怖、恐縮した様子で傍らに控えている。乾隆帝の御製詩には、ソロン警護に対する次のような賞賛が綴られている。

叢薄之中聞有虎，三子逐逐隨其母。鎗斃於菟及一子，其二曳尾藏深莽。惡獸應弗留余孽，是非所雲不探卵。因命生擒觀壯材，羽林僥郤皆暴怒。兩人搏一何足雲，一人獨攫誠堪詡。其名乃曰貝多爾，索倫侍衛中英楚。手尾挈領安且詳，須臾虎兒入柙擄。被斑絝白涉鋪張，豈似今朝萬目睹。喜亦詎為萬目睹，適有新歸化布魯。(30)

肖像画における乾隆帝と特使達の特徴は、清代の宮廷史ならびに民族史を研究する上での重要資料である。この図は、乾隆帝が国威によって四方を降服させるさま及び護衛の勇壮さを賛美した作品で、かつては西苑瀛台の聴鴻楼の東側壁面に掛けられていた。

以上から、ソロンに対する清代皇帝の寛容さは、決して大袈裟な恩寵ではなく、ソロン将校がその勇壮さで清朝統治のために貢献した功労によるものであることがわかる。

3　毛皮の衰退と現代への伝承

清朝が衰退するにつれて、貂貢納制度も次第に終結に向かっていった。そこには複雑な背景があるが、そのうちの一つが鳥撃ち銃の普及である。ダフール、エヴェンキ語の「火薬」は満州語から借用したものである。鳥撃ち銃の使用は、清代に入った後に満州人を経てダフール人、エヴェンキ人に伝わったものである。清代のダフール人、エヴェンキ人のうち、最も初期に鳥撃ち銃を狩猟具として使用したのは、黒竜江駐防八旗内の二つの部族の官兵であった。鳥撃ち銃を狩猟具として使用することで、確かに巻狩りの効率は上がったが、それは同時に動物の減少を加速させることになった。また一方では、近代以降、「愛琿条約（アイグン条約）」や「北京条約」の調印によって、黒竜江、吉林は大半の土地を失うことになり、それが貂捕獲業に深刻な打撃を与えた。貂貢納については、各地で既に取引ルートが開発されていたのである。一九〇〇（光緒二六）年以降は、戦乱の影響や鉄道建設、さらに東北産の貂の数量が急激に下降したことで、東北には既に貂貢納を行う力が無く、中央政府は拠出金で貂を購入して宮中で使用するなど、本来の特産品貢納の意味は失われていった。ここに、二〇〇年余りにわたって続いた清の貂貢納制度は歴史的舞台から姿を消すことになる。

　ソロンは清朝によって馴化されながらも、自身の言語文化と風俗習慣を失うことはなく、彼らは一貫して自身の毛皮文化の特色を保存した。ソロン人の服飾を見ると、貂貢納制度の影響から、貂皮自体は皇帝貴族や将校以外の多くの人々が手を通すことが不可能であったが、毛皮は依然として庶民の衣服であり、その色や図案にはさまざまな寓意が込められている。上衣やズボン、鞋や帽子、寝具ならびに手袋、鞄等、全て獣皮で縫製された。原料は、主にノロジカや鹿の皮等だが、中でもノロジカが大半を占めていた。ノロジカの皮は耐久性に優れているだけでなく防寒性にも極めて優れており、季節毎に異なる衣類を製作することができる。秋冬は、毛足が長く密で、皮が厚く詰まっているため防寒に適し、逆に夏は毛が疎らで短いため、春夏の服装を製作するのにぴったりである。研究によって、ツングース・エヴェンキ人は、古代においては羊皮や牛皮を原料としていたが、近代では綿布やシルクを原料としていたことがわかっている。ヤクート・エヴェンキ人は、古代はヘラジカ皮、鹿皮を主とし、近現代に入りようやく布生地を使用している。また、布特哈地区に居住するソロン・エヴェンキ人の服飾を見ると、古代はノロジカ皮、鹿皮、ヘラジカ皮を主な原料としていたが、近代は綿布が主である。冬季は毛足が長く厚い皮で、春秋二つの季節では毛足が短く薄い皮で衣服を製作する。また、夏季は毛を抜いたつるつるの皮板で衣服を製作する。布特哈地区のソロン・エヴェンキ人の衣服製作は、ほとんどがノロジカ皮、次に鹿やヘラジカ皮を使用する。「哈拉米」は春ノロジカの衣類全体を指す総称であるが、このほか多くの春ノロジカ製品も含む。輝河流域に居住するエヴェンキ人の服飾原料は、古代はノロジカ皮と羊皮が主で、近代は皮と綿を兼用している。中でも最も貴重なのが子羊毛皮のコートで、これは人々が祝祭日や親戚を訪ねる際に着る礼服となる。(31) エヴェンキ族の服飾はエヴェンキ人にとって重要な意義を持っており、我われはエヴェンキ族の服飾文化を通じて、そこに内包されている自然属性や世代間に伝承される服飾工芸技能、民俗の伝統、歴史等、多方面の価値とともに、芸術、思想、信仰等の非常に重要な非物質文化の価値をも理解することができる。

清朝滅亡後も、ソロン人は変わらず東北地区で生活しており、彼らの毛皮に対する愛情も依然として明らかである。オロチョン、エヴェンキ等のかつて毛皮を主な服飾としていた人々は、現在でもノロジカ製の帽子を被る習慣を留めている。『黒竜江外記』には次のような記載がある。「ソロン・ダフールは、ノロジカの頭を帽子として被る。それは、両耳が屹立しており、まるで人に角が生えたようである。また鹿皮の服を裏返して、黄色の毛をふさふさとさせている(32)」。ここで言うノロジカ帽は、エヴェンキ語で「梅塔阿温」と言い、これを被ってノロジカを偽装すると野獣を錯覚させることができるため、狩猟時に役に立つという。二〇二一年、オロチョン族全国人大代表の代喜院氏がこのノロジカ帽を被って会議に参加し、そのニュースがネットを賑わせた。毛皮の服飾は現代的な服飾に取って代わられ、祝祭日にのみ纏うものとなっていることがわかる。

近代に入ると、長きにわたって閉じられていたエヴェンキ族の生活様式がこわれ、外界と接触、交流することで外来文化が入るようになった。服飾についても、居住環境や生産方式の変化によって材料や様式にも変化が生じ、清代から大きく様変わりしたが、これにより服飾文化もともに変遷することになる。日常生活では毛皮製品の使用が次第に減って人工品に取って代わられるようになり、一貫して地位と財産の象徴であった貂皮もその地位が揺さぶられ、徐々に流行の表舞台から姿を消していった。とはいえ、民族の伝統的毛皮工芸が消失したわけではなく、むしろ良好な形で伝承することとなった。特に人工毛皮にハイテク技術を採用して製作されたフェイクファーは、動物の毛皮に相似する外観、肌触りを備えており、価格面でも一般市民によりやさしいものとなっている。その上、現代テクノロジーの発展で新型の保温材料が次々と出現し、民族の無形文化遺産の伝承に重要な役割を果たしている。毛皮文化は、清朝初期から末期における隆盛から衰退の過程にあり、またエヴェンキ族を狩猟主体の経済から多元的経済に転換させた要因となった。時代の発展にともなう現代服飾文化からの影響力は、エヴェンキ毛皮の伝承に一定程度の衝撃を与え、エヴェンキ族の服装造型芸術を発展させ、舞台化、商業化、国際化などの進展が見られるようになったのだが、これはエヴェンキ族の伝統文化の保護と伝承の推進にとって非常に重要な役割を果たした。当然ながら、鮮やかな民族文化的特徴を備える服飾が生き残るための土壌はだんだんと枯れていっており、それについては紛れもなく遺憾、且つ嘆くべき状況ではある。しかし、エヴェンキ族の服飾の材質がそれまでの動物の毛皮から色々な新しい布類となったとはいえ、「雲巻紋」等、服飾の伝統的要素はきちんと保留されている。伝統的服飾をベースとして、その上に現代的要素を融合させることで、民族的特色が鮮やかに際立ち、より効果的に民族文化を伝承、発展させることができたのだ。伝統的手工芸にもやはりイノベーションが必要であるが、伝統を土台とするからこそ活力と生命力が吹き込まれ、時代に適応させることが可能となる。二〇一四年、エヴェンキ族の服飾は、国務院の承認を受けて、第四回国家級無形文化遺産に登録された。

千年来の狩猟生活の中で、エヴェンキ人は鮮やかな特色を持つ獣皮文化を創造した。エヴェンキ族の「太陽花」は動物の皮毛で製作したもので、皮彫刻、木彫、彩玉、白樺皮、刺繡、畳綉（工芸の一種）に描かれている円心は太陽を、周囲の毛針は陽光を象徴しており、その寓意は暖かさと吉祥である。「太陽花」は、現在では無形文化遺産プロジェクトの保護と救済を第一とする条項を抜けだし、合理的な利用、伝承の発展の道を歩みだした。現在、「太陽花」をあしらった装飾品は、国内外の多くの観光客に人気を博しており、流行の土産品となっている。

一方、皮工芸は、エヴェンキ狩猟民族に古来より伝わる工芸技術である。皮の材料は衣服や靴の製作で余った端切れをもって、縫製して装飾物とした。原材料は狩猟で手にした鹿、羊、ノロジカといった動物の皮であるが、現在は価格面、供給面の問題で主にフェイク皮が使われている。ただし、フェイク皮は硬めなので図案もやや粗くなる。工具は、主にはさみと彫刻刀である。内容は主に人、次に牛や羊で、民族文化に関連するデザインの方がより受け入れられやすい傾向がある。

毛皮文化は、民族としてのエヴェンキ族の歴史を担うもので、救済的な保護、収集、整理及び研究を行わなければ、その豊かな文化的蓄積は消失していってしまうだろう。それは人類の文明にとって大きな損失である。

註

（1）（データベース）『清代歴朝起居注合集』、清高宗／巻一九／乾隆二五年一〇月、二頁（総頁数：四〇七七三）、中国第一歴史档案館、北京書同文数字化技術有限公司。
（2）西清『黒竜江外記』（清光緒広雅書局刻本）第三巻、文海出版社、一九六七年。
（3）中国第一歴史档案館鄂温克族自治旗民族古籍整理弁公室編『清宮珍蔵海蘭察満漢文奏折彙編』遼寧民族出版社、二〇〇八年、五頁。
（4）金鑫「晩清布特哈八旗貢貂〝額丁〟考〈清朝末期における布特哈八旗の貢貂〝額丁〟についての考察〉」（『満族研究』二〇一六年四期）。
（5）中国第一歴史档案館、香港中文大学文物館合編『清宮内務府造辦處檔案總匯』第四三巻、乾隆四四年～乾隆四五年（一七七九～一七八〇）、人民出版社、二〇〇五年、四三五頁。
（6）故宮博物院編『欽定総管内務府現行則例二種』（清咸豊内府抄本）武備院、海南出版社、二〇〇〇年。
（7）鉄源、李国栄『清宮瓷器档案全集』第四七巻、中国画報出版社、二〇〇六年、九一頁。
（8）（データベース）『清会典』、嘉慶朝／欽定大清会典図二／巻六四／武備四／義鈚箭、二頁（総頁数：四六九三八）、中国第一歴史档案館、北京書同文数字化技術有限公司。
（9）同右、光緒朝／欽定大清会典図三／巻九七／武備七／弓箭四／弩附、九頁（総頁数：八〇九五一）。
（10）前掲注（1）清聖祖／巻四〇／康熙三九年八月、一四頁（総頁数：一〇五三三）。

（11）前掲注（8）雍正朝／大清会典二／巻二三三／内務府／武備院、五頁（総頁数：一四九四九）。
（12）（データベース）『清高宗実録』第三七四巻、九〜一〇頁、中国第一歴史档案館、北京書同文数字化技術有限公司。
（13）同右。
（14）（データベース）阿桂『欽定満州源流考』（清文淵閣四庫全書本）、「巻十九国俗」、中国第一歴史档案館、北京書同文数字化技術有限公司。
（15）方式済『龍沙紀略・経制』、『景印文淵閣四庫全書』第五九二冊、台湾商務印書館、一九八六年、八五二頁。
（16）前掲注（2）『黒竜江外記』第五巻、五三頁。
（17）（データベース）『清代御制詩文全集：清高宗御制詩四集』第五四巻、中国第一歴史档案館、北京書同文数字化技術有限公司、一二九頁。
（18）奏案05-0008-029「総管内務府奏報：索倫等処送到貂皮数目事」、乾隆元年一〇月初二日、中国第一歴史档案館蔵。
（19）奏案05-0492-045「内務府奏案與奏銷檔：関与索倫進到貂皮数目的文件」、嘉慶六年一一月一二日、中国第一歴史档案館蔵。
（20）郭威「清代宮廷貂皮的来源及用途〈清代宮廷における貂皮の供給源及び用途〉」（『故宮学刊』二〇一七年一期）。
（21）前掲注（8）雍正朝／大清会典二／巻二二七／内務府／広儲司、一一頁（総頁数：一四六九三〜一四六九四）。
（22）因沁屯は現在の音欽村。嫩江西岸に位置し、都市から二〇キロメートル余り、現在は梅里斯区雅爾塞鎮の管轄区。
（23）前掲注（2）『黒竜江外記』第五巻。
（24）前掲注（1）清聖祖／巻一九／康熙二四年一〇月、二頁（総頁数：四五九八）。
（25）前掲注（1）清聖祖／巻二五／康熙二八年五月、一二頁（総頁数：六二六三）。

（26）前掲注（1）清聖祖／巻二五／康熙二八年一〇月、第六頁（総頁数：六三七六）。

（27）前掲注（1）清聖祖／巻一／雍正三年一〇月、第三四頁（総頁数：一五七〇五）。

（28）趙爾巽等撰『清史稿』第三六冊、清史稿巻三三一／列伝一一八、中華書局、一九七七年、一〇九三五頁。

（29）同右、一〇九五三頁。

（30）前掲注（17）『清代御制詩文全集：清高宗御制詩二集』第八一巻、五三〇頁。日本語訳をすると以下のようになる。「目立たぬ叢の中に有能な虎がいるという、子らはそれぞれ母に従う。銃で一匹が殺され、二匹は繁みに隠れる。悪しき獣は根絶やしにすべきであり、これを深く追求してはならない。命によりこれを捕獲するも、その雄々しさに、人々は激怒する。二人で一人を攻撃することに意味はあるのか、単独で捕らえることは称賛に価するのか。その名は貝多爾、ソロン警護の英雄である。易々と手と尾を摑みとり、虎の子は攫われ檻に入る。贅沢に飾り立てても、今朝のように皆の注目を集めることがあろうか。喜ばしさが人々の注目を集めるとは限らない、ここに新たに戻ってきた布魯がいる」。

（31）湯洋「論鄂温克族伝統服飾的文化功能与変遷〈エヴェンキ族伝統服飾の文化的機能と変遷についての論述〉」（『三峡論壇』二〇一四年二期）。

（32）前掲注（2）『黒竜江外記』第八巻。

付録

「国際日本研究」コンソーシアムについて

設立の趣旨と経緯

二〇〇〇年代に入って以来、日本では「国際日本研究」や「国際日本学」を掲げる研究所や大学院課程等の設置が目立つようになってきた。しかし、それらの機関の相互横断的連携を図る組織はつくられておらず、「国際日本研究」に対する教育体制、理念も個別に模索している状況にある。こうした現状に鑑み、国際日本文化研究センター（日文研）は、研究者コミュニティの要請を反映した連携体制を早急に推進していく必要があると考えた。

このような趣旨のもと、二〇一六年度に「国際日本研究」コンソーシアム準備会が発足し、二〇一七年五月にシンポジウム「なぜ国際日本研究なのか」を開催した。そして、同年九月に、「国際日本研究」コンソーシアムが正式に発足した。

「国際日本研究」コンソーシアムは、「国際日本研究」や「国際日本学」を掲げた大学の研究所や大学院課程のニーズを汲み上げつつ、連携を進めようとする我が国初の試みである。「国際日本研究」に関わる共同研究会や国際研究集会にコンソーシアムとして参加することによって、コンソーシアムを媒介としながら、国内研究者コミュニティを海外研究者ネットワークと結びつけることを目指す。

また、コンソーシアムにおいては、学術的共同研究の推進、国際共同ワークショップの開催を通じて、「国際日本研究」の学問的基盤を構築しながら、若手研究者の育成にも努める。研究成果等はデータベース化し、国内外へ発信する。

会員機関一覧

国内正会員

・東北大学大学院文学研究科
・東北大学大学院国際文化研究科
・東京外国語大学大学院国際日本学研究院
・明治大学国際日本学部・大学院国際日本学研究科
・法政大学国際日本学研究所
・京都大学アジア研究教育ユニット
・大阪大学大学院人文学研究科
・立命館大学アート・リサーチセンター
・国際日本文化研究センター
・総合研究大学院大学先端学術院先端学術専攻
　国際日本研究コース
・上智大学大学院グローバル・スタディーズ研究科
・名古屋大学大学院人文学研究科
・広島大学大学院人間社会科学研究科
・九州大学大学院人文科学府
・大阪大学グローバル日本学教育研究拠点
・名城大学国際化推進センター
・神奈川大学国際日本学部
・ドイツ日本研究所
・京都産業大学日本文化研究所
・帝京大学外国語学部
・早稲田大学角田柳作記念国際日本学研究所
・南山大学南山宗教文化研究所

国内準会員

・独立行政法人 国際交流基金（日本研究部）

海外正会員

・アルザス・欧州日本学研究所（CEEJA）
・北京師範大学外国言語文学学院
・ベトナム国家大学ハノイ校・人文社会科学大学東洋学部日本

研究学科
・南開大学日本研究院
・南開大学東アジア文化研究センター
・東北師範大学東亜研究院
・ベトナム国家大学ホーチミン市校人文社会科学大学日本学部
・シドニー大学人文社会科学部言語文化学科日本研究
・高麗大学校東アジア文化交流研究所
・清華大学人文・社会科学高等研究所
・ペンシルベニア大学東アジア研究センター
・ジュネーヴ大学文学部東アジア研究学科
・インドネシア大学人文学部日本学科
・ソウル大学日本研究所
・サラマンカ大学
・天津大学建築学院
・ゲント大学学芸哲学部
・ダッカ大学社会科学部日本学科
・北京外国語大学北京日本学研究センター
・パリ・シテ大学社会人間学部東アジア言語文明学科
・マカオ大学人文学院
・メルボルン大学人文学部アジア研究所
・オランダ国立公文書館
・リール大学言語・文化・社会学部・研究科
・サラゴサ大学
・エトヴェシュ・ロラーンド大学人文学部
・ポートランド州立大学リベラルアーツカレッジ日本研究センター
・カリフォルニア大学バークレー校東アジア研究所日本研究センター
・南京大学学衡研究院
・高麗大学校グローバル日本研究院
・シカゴ大学東アジア研究センター
・ロンドン大学アジア・アフリカ研究学院
・国立台湾大学文学部日本研究センター
・国立仁川大学日本研究所
・サンフランシスコ大学文学科学カレッジ
・カリフォルニア大学ロサンゼルス日本研究テラサキセンター

・サンパウロカトリック大学東洋学センター
・ジャワハルラール・ネルー大学国際関係学部東アジア研究センター
・ライデン大学人文学部
・カイロ大学文学部日本学研究所
・国立釜慶大学人文社会科学研究所
・復旦大学日本研究センター
・オーフス大学人文学部文化社会学科グローバル・スタディーズ部門日本学
・ダートマス大学アジア社会・言語・文化学科
・カリフォルニア大学・サンタバーバラ校宗教学部
・ハーバード大学エドウィン・O・ライシャワー日本研究所
・社会科学高等研究院（EHESS）
・コロンビア大学ドナルド・キーン日本文化センター
・インドネシア大学日本研究センター
・ソフィア大学「聖クリメント・オフリドスキ」
・オークランド大学ニュージーランドアジア研究所日本研究センター
・香港科技大学人文社会科学院
・ユスキュダル大学コミュニケーション学部
・ワルシャワ大学東洋学部日本学科

海外準会員

・インドネシア日本文学学会
・南アジア日本研究学会
・アメリカ・カナダ大学連合日本研究センター
・イスラエル日本学会

（二〇二四年一二月三一日時点）

ロンドン大学アジア・アフリカ研究学院（SOAS）――日本研究センターと日本学関係のプログラム

佐藤＝ロスベアグ・ナナ（SOAS）

ロンドン大学アジア・アフリカ研究学院（SOAS）はアジア・アフリカ・中東に関する研究を行う専門の研究機関であり、学部から博士までの教育プログラムを提供する大学でもある。SOASにはさまざまな地域やディシプリンの研究所やセンターがあるが、そのうちの一つが日本研究センターだ。このセンターは一九七八年に設立され、さまざまな角度から日本研究を行ってきた。本研究センターではアジア・アフリカ研究学院の多様な学部や学科に所属する日本研究者がそれぞれの専門性を生かして研究を行い、サマースクールなどでも教育に携わる。日本研究者の専門は、たとえば、言語学、人類学、文学、歴史学、音楽に翻訳学と多岐にわたっており、近年はDigital HumanitiesやArtificial Intelligenceなどへの関心も高まっている。また、日本のポピュラーカルチャーへの関心もさることながら、翻訳学の領域で日本に焦点をあて、研究かつ教育を行っているのはイギリスにおいてはSOASのみであり、学部、修士そして博士課程において多くの学生が集まり学んでいる。

SOASは、日本以外の地域でもっとも多くの日本学研究者が研究し教えている大学の一つでもあり、イギリスの内外において日本学の中心的な機関として活動している。学期中には毎週ハイブリッドによる日本学セミナーを行っており、研究者だけではなく一般の市民も多数参加する。また、毎年、ビジネス日本語のスピーチ・コンテストであるSir Peter Parker AwardsをSOASで共同開催し、多くの日本語学習者を鼓舞する活動も行う。

SOASの日本研究所は、多くの訪問研究者やアソシエイトを受け入れ、共同研究などがしやすくなる場を提供し、または毎年日本からも多くの研究者を受け入れ、上述したセミナーによる発表などを介して、学び合っている。

さて、話を日本語教育にうつそう。ガーストルとカミングスによれば「SOASは一九一六年に創設され、教育プログラムを開始したが、日本語教育はイギリスの大学の中でももっともはやい、やはり一九一七年からはじまった」。そして興味深いことに「一九二〇年代には陸軍も海軍も隊員を言語訓練のためにSOASへ送った」[1]。SOASは特に言語学を含む語学教育で有名な研究学院として展開した。現在でもSOASでは言語教育が盛んであり、数あるアジア・アフリカ・中東言語の中でも、学生数がもっとも多いのは、韓国語と並んで日本語である。学生は初級から日本語を学ぶこともできるため、第二言語として日本語があまり提供されておらず、日本語を学ぶ機会のないイギリスの学生も学ぶことができるシステムだ。学生の中には独学で日本語を学んできたものも少なくなく、そのような学生の中には、中級や上級の実力をもっているものもいる。学部終了時にはJLPT二級を獲得できる程度のレベルに到達する学生がほとんどであり、一級も射程内である。SOASの卒業生の中には、学部卒業後すぐに日本の大学の修士へすすむものもおり、日本で博士まで学び、日本の大学で職を得たケースも複数ある。

ここで、現在のSOASはどのような日本学関係のプログラムや授業を提供しているのかについて説明をしておきたい。

SOASの日本学プログラムは二〇二〇年にプログラム改革を行い、学生のプログラムにおいて学生の関心が高いより現在的なテーマを扱うモジュール（授業）を提供し始めた。例えば'Cool Japan: Manga, Anime, Sushi'や'Identity and social relations in Japanese'や'Contemporary Japanese Society'などが新しく導入されたモジュールである。同時に日本を大きな地図に位置付けるために、東アジアという枠の中で、韓国と中国との関係性の中で日本を考えるモジュールも提供している。例えば、'East Asian Civilizations'や'History and Memory in East Asian Cultures'などがそのためにつくられたモジュールである。

また先述したように、SOASはイギリスでは唯一日本に関する翻訳学の学士、修士、そして博士課程を提供していることでも知られている。日英、英日の実践翻訳のモジュールはもちろん、日本や東アジアに焦点をあてた翻訳理論や文化翻訳論なども学ぶことができる。近年、学生に人気なのはゲーム・ローカリゼーションで、院生の多くがゲーム翻訳に関心を持つ。学生は、欧州からだけではなく、アメリカ、中国、南アジアや日本からも集まってくる。卒業生は主に文学翻訳やゲーム関係の仕事につく者が多く、例えばPolly Barton（ポリー・バートン）やAsa YonedaはSOASの翻訳修士課程を卒業した。

最後にSOASの図書館について記しておきたい。本図書館はイギリスにおいてベスト五に位置付けられている国立図書館であり、日本に関する蔵書はイギリスでもトップクラスで、ヨーロッパ各地から日本研究者がSOASの図書館を訪れるほどだ。SOASの図書館は一六万冊に及ぶ日本研究の書籍を保有しており、さらに一〇〇〇冊の日本語と三〇〇冊の西洋言語による定期刊行物、そして三〇〇以上の映像資料がある。主な蔵書は人文学と社会科学の分野だ。このような日本学関係の蔵書の多さが、日本からの研究者がSOASにての研究滞在を選ぶ要因の一つとなっているそうだ。ぜひ多くの日本研究者にSOASを訪問してほしい。

註

（1）Gerstle, Andrew and Alan Cummings. "11 Japanese Studies at SOAS, University of London."（『世界の日本研究　2017　国際的視野からの日本研究』二〇一七年五月三〇日、一二八～一四七頁）
https://nichibun.repo.nii.ac.jp/records/6670（二〇二四年一二月八日閲覧）

パリ・シテ大学社会人間学部東アジア言語文明学科――パリから発信する国際日本研究の歩みと現在

臺丸謙（パリ・シテ大学、東アジア文明研究センター）

パリ・シテ大学社会人間学部東アジア言語文明学科（UFR LCAO-Langues et civilisations d' Asie orientale, Faculté Sociétés et Humanités, Université Paris Cité）は、パリ大学再編後の一九七〇年にパリ第七大学に発足したフランスで最初の東アジア言語文明学科・研究科である。旧パリ大学極東言語文明科を前身とし、一九八〇年代初頭までフランスで東アジア研究の博士号を授与する唯一の研究科だった。二〇一九年に、パリ・デカルト大学（旧パリ第五大学）とパリ・ディドロ大学（旧パリ第七大学）が合併して、医学部、理学部、社会人間学部の三学部を擁するパリ・シテ大学となった。ＰＳＬ研究大学（Université Paris Sciences et Lettres）、ソルボンヌ大学（Sorbonne Université）、パリ・サクレー大学（Université Paris-Saclay）と並ぶパリ四大総合研究大学のひとつである。東アジア言語文明学科は、中国言語文明専攻・韓国朝鮮言語文明専攻・日本言語文明専攻・ベトナム言語文明専攻によって構成され、学士課程（リサンス）、修士課程（マスター）、博士課程（ドクトラ）の約一二〇〇名の学生と約七〇名の教員を擁する東アジア研究におけるフランスで最も重要な学術研究機関のひとつである。

東アジア言語文明学科に所属する日本研究者の多くは、パリ・シテ大学、フランス国立科学研究所（CNRS）、高等研究実習院（EPHE, École pratique des hautes études）とコレージュ・ド・フランス（Collège de France）が共同運営に参画する研究ユニット[1]の東アジア文明研究センター（CRCAO, Centre de recherches sur les civilisations de l' Asie orientale -UMR 8155）にて研究に従事している。CRCAO は、中国研究、日本研究とチベット研究の三つの研究部を統合して二〇〇六年に設立され、三つの文化圏を主要な研究の出発点として、古代から現代までの東アジア諸国に共通する歴史文化を軸とした広範囲の研究事業を進めている。研究領域は、宗教、思想、歴史、社会、芸術、文学、その他古典伝承にかかわるすべての領域を包含している。特に前近代史資料（文字文献、図像、考古史料）の高度専門的な読解に基づいた研究は国際的に評価されている。CRCAOは、約六〇名の常任研究員と約五〇名の外部研究員で構成されている。加えて、約六〇名の博士課程学生、約一五名のポスドク研究員、そしてアジア、欧州、北米を拠点とする専門家も研究協力者としてセンターの活動に関わっている。セミナー、ワークショップ、シンポジウム等の事業、データベース構築とそれを研究資源とした共同研究や共同出版プロジェクトを通して分野横断的研究や国際協働研究を進めている。センター本部はコレージュ・ド・フランス（パリ五区）の別館内に設置されており、所長はマチアス・ハイエク（EPHE）、副所長は徐爽（パリ・シテ大学）とアリス・トラベール（CNRS）が務めている。

東アジア言語文明学科の日本研究者は、国際的に組織された一〇余りの独自の研究プログラムを実施している。例として、二〇〇〇年代以来二〇年以上続いている源氏物語研究、近世日本出版物における文献形式と図像研究、日本文学における奇想の系譜の翻訳、植民地帝国日本と近代東アジア文化史研究、現代日本の人口・社会・規範動態研究、コレージュ・ド・フランス初代日本学講座教授ベルナール・フランクが生前に収集した御札研究、仏・英・中・日農業技術用語集の編纂などがあげられる。CRCAOでは、多数の出版社の支援を受けながら、東アジアの古典や日本文学と歴史史料の翻訳事業を進めており、オンラインでの多言語出版物の編集・刊行などデジタル環境の特性を活かした連携と協働を強化している。

日本研究分野の活動において収集された史資料は、コレージュ・ド・フランス文明研究所日本研究図書館

（Bibliothèque des études japonaises de l' Institut des civilisations du Collège de France）及びパリ・シテ大学社会人間学部東アジア言語文明学科図書館（Bibliothèque de l' UFR LCAO）にて活用されている。前者は、パリ大学文学部日本文明講座教授シャルル・アグノエルによって一九五九年に設立され、古代から明治初期までの日本資料コレクションは約五万冊である。現在はCRCAOの日本研究メンバーの研究支援を目的とした公共図書館であり、個人で購入するのが難しい全集・叢書や一次史料を収集しているのが特徴である。後者は、東アジア言語文明学科・研究科発足直後の一九七二年に、国際交流基金をはじめとする諸機関の寄付によって設立され、近代・現代東アジアに関する中国語・韓国語・日本語・ベトナム語図書（約八万冊）を所蔵している。

フランスでは、高等教育機関における日本研究の歴史は古く、社会における日本文化への関心は今日でも非常に高い。東アジア言語文明学科の教員・研究者は、フランス日本研究学会（SFEJ, Société française d' études japonaises、一九九〇年設立）やフランス日本語教師会（AEJF, Association des enseignants de japonais en France、一九九七年設立）の中心メンバーであり、刻々と変化する学術の動向や社会の展望を見据えて、本質的・根源的な問いを追究する日本研究を推し進めていく必要に迫られている。日本とフランスという二国間の研究交流の深化を図ると同時に、欧州地域に根ざした教育資源を生かし、複言語・複文化という視座から構想する国際日本研究を発信し、豊かな比較のまなざしを持った次世代の研究者の養成を行っている。

註

（1）Unité mixte de recherche, UMR.

北京日本学研究センターの教育・研究・国際交流について

郭連友（北京外国語大学北京日本学研究センター）

北京外国語大学北京日本学研究センターの前身は一九八〇年八月〜一九八五年八月に実施された「北京日本語教師研修班」（俗称「大平学校」）であった。一九八五年九月、中国教育部と国際交流基金の合意により北京外国語大学で「北京日本学研究センター」が設立された。高度成長する日本の国際展開に必要な日本理解の人材と中国の近代化のためのハイレベルの日本学研究人材の育成が設立当初の目的であった。

設立当初は修士コースのみで、日本語学、日本文学、日本文化、日本社会と四つのコースで教育が施されていた。一九九〇年代半ば頃から、博士課程の教育資格が認定され、博士課程の人材育成が始まった。新世紀に入り、中国社会のニーズに応えるため、日本語教育、日本経済の二つの修士課程コースが新設され、現在六コースで修士課程、博士課程の教育、研究が進められている。

北京日本学研究センターは、教育、研究、図書資料収集、そして文化交流を自らのミッションとし、来年で設立四〇周年を迎えようとしている。

北京日本学研究センターは中日教育、研究協力の事業として設立以来の中日協同運営の方式を継続しており、中国側からセンター長（主任）を出し、国際交流基金からも主任教授が派遣されており、中日共同でセンターの運営管理に携わっている。教員も中国人教員以外に、毎年各コースにそれぞれ一名、計六名の日本人客員教員が派遣されており、センターの教育にご協力いただいている。

本センターの教員たちは教育以外に、国からの科研費やその他の団体の助成でハイレベルの日本研究を展開し、日本をはじめ、海外の研究者とシンポジウムや共同研究の形により、多くの優秀な研究成果が生み出された。

本センターは日本の神戸大学（経済、人文）、広島大学（日本語教育）、岡山大学（人文社会）など複数の大学とダブルディクリー協定を結び、ダブルディグリーの人材の育成に取り組んでいる。

また、国際日本文化研究センターをはじめ、東京大学、早稲田大学、御茶ノ水女子大学、東京外国語大学、神戸大学、広島大学、名古屋外国語大学など多くの大学と学術交流協定を結んでおり、定期的に学術会議の開催、留学生の派遣と交換、教員の海外研修など活発な研究活動が繰り広げられている。

また、日本、韓国、台湾の大学と定期的にフォーラムや共同ゼミの開催、関西大学、韓国嶺南大学と年に三回持ち回りで学術シンポジウムの開催、韓国高麗大学、台湾政治大学、筑波大学と年に一回の院生学術フォーラムの開催、お茶の女子大、東京外大と国際コンソーシアムの定期学術会議の制度も行われている。これらの研究活動は教員と院生の国際研究ネットワークの形成や若手研究者の研究視野の拡大に大きく役立っている。

本センターの学術ジャーナル『日本学研究』（一九九一年創刊）は南京大学中国社会科学研究評価センターから高く評価され、二〇二〇年から当該組織が運営する「中国社会科学引用索引」データベース（CSSCI, Chinese Social Sciences Citation Index）に初入選を果たし、中国の大学で唯一選出された日本研究誌となっている。弊誌は今後提携機関と引き続き協力を強化し、中国の日本研究の研究成果の発信、日本ないし海外の日本研究者と学術交流の架橋になるよう取り組んでいくつもりである。

編集後記

本書は、二〇二三年一〇月に国際日本文化研究センター（日文研）で開催された、海外シンポジウム「服飾・装飾から考える東アジアの近代」での報告や議論を元とした成果刊行物である。

シンポジウムを日文研と共に主催した「国際日本研究」コンソーシアムは、「国際日本研究」や「国際日本学」に取り組む国内外の大学・研究所の横断的連携を通じて、「国際日本研究」の研究や教育の基盤を構築することを目指す組織である。二〇一七年に正式発足して以来、活動報告を兼ねて年度ごとに記録集を刊行しており、本書はその八冊目にあたる。

二〇二二年に刊行した記録集の『After/With コロナの「国際日本研究」』というタイトルが示唆する通り、コンソーシアムの活動はコロナ禍で大きな影響を受けた。そのため近年の刊行物では、非常事態下で人文学や地域研究への風当たりが世界的に強まる中で、それぞれの機関や研究者が問題意識や直面する課題を共有して「国際日本研究」の今後に向けて大きな見取り図を展望することが、中心的な目標として据えられていた。

ファッションから東アジアの近代を考えるという具体的な研究テーマを設定した本書は、近年の刊行物とは趣を異にしたアプローチをとっている。「国際日本研究」を取り巻く環境には依然として困難が付きまとうものの、内外の学術交流が息を吹き返し、長く温めてきた見取り図を具体化する段階に入ったことの現れと言って良いだろう。本書刊行の意義は劉建輝教授による「はじめに」に譲るが、本書には世界的なファッションデザイナーであるコシノヒロコ氏との鼎談や、日中韓三か国の服飾史をめぐる最先端の議論が収められている。三か国の服飾史の独自性と交錯の軌跡を明らかにすることを通じ、日本の歴史・社会・文化を相対化する「国際日本研究」の実践を試みたが、その成否を含めて読者の皆様のご批判、ご批評を仰ぎたい。

ご寄稿を快諾して下さった執筆者の先生方はもちろんのこと、多くの助けが得られて初めて本書は世に出すことができた。本書の企画・立案にあたっては石川肇先生（京都日本文化資源研究所）、川口千絵氏（株式会社ヒロココシノ）、原稿の整理には劉影氏（総合研究大学院大学院生）、岩水久美氏（日文研）からご協力を頂戴した。また、厳しい出版事情の中、一人でも多くの一般読者の方々に手を取って頂きたいという劉建輝教授の願いに共感して出版を引き受けて下さった法藏館の戸城三千代氏、本書の制作に熱意と根気を持ってご尽力頂いた金木犀舎の浦谷さおり氏、中安紗葉氏に厚く御礼申し上げる。終わりに、コンソーシアムの事務局である日文研国際研究推進係の佐々木彩子氏、安井真琴氏、後藤万希子氏の常日頃からの手厚いサポートにも記して感謝する。

二〇二五年一月末日

国際日本文化研究センター機関研究員　西村真彦・森岡優紀

執筆者・編著者一覧

〈執筆者〉（掲載順）

コシノヒロコ

大阪生まれ。文化服装学院在学中よりキャリアを重ね、世界各地でコレクションを発表。HIROKO KOSHINO ブランドの婦人服ほかさまざまなデザインを手がける一方、絵画制作活動も続けKHギャラリー芦屋を主宰。二〇二一年には兵庫県立美術館で大規模な展覧会を開催し、所属する長唄杵勝会演奏会で舞台美術を手がけるなど、自在な創作活動を繰り広げる。

一九九七年第一五回毎日ファッション大賞、二〇〇一年大阪芸術賞受賞。

井上章一（いのうえ・しょういち）

国際日本文化研究センター所長。

京都大学大学院工学研究科修士課程修了。京都大学人文科学研究所助手、国際日本文化研究センター助教授、同教授を経て現職。専門は建築史、風俗史。著書『つくられた桂離宮神話』（弘文堂、一九八六年、サントリー学芸賞受賞）、『南蛮幻想』（文藝春秋、一九九八年）、『伊勢神宮』（講談社、二〇〇九年）、『京都ぎらい』（朝日新書、二〇一五年）、『ふんどしニッポン』（朝日新書、二〇二二年）、『ヤマトタケルの日本史』（中央公論新社、二〇二四年）ほか多数。

劉建輝（りゅう・けんき）
国際日本文化研究センター教授、総合研究大学院大学教授。
一九九〇年神戸大学大学院文化学研究科博士課程修了、文学博士号取得。専門は日中文化交渉史。主な著書に、『増補・魔都上海――日本知識人の「近代」体験』（ちくま学芸文庫、二〇一〇年）、『日中二百年――支え合う近代』（武田ランダムハウスジャパン、二〇一二年）、『「満洲」という遺産――その経験と教訓』（ミネルヴァ書房、二〇二二年）、『絵葉書にみる日本近代美術１００選』（法藏館、二〇二四年）など。

刑部芳則（おさかべ・よしのり）
日本大学商学部教授。
中央大学大学院博士後期課程修了、博士（史学）。専攻は日本近代史。著書『洋服・散髪・脱刀』（講談社選書メチエ、二〇一〇年）、『明治国家の服制と華族』（吉川弘文館、二〇一二年、日本風俗史学会江馬賞受賞）、『帝国日本の大礼服』（法政大学出版局、二〇一六年）、『セーラー服の誕生』（法政大学出版局、二〇二一年）、『洋装の日本史』（集英社インターナショナル新書、二〇二二年）、『昭和歌謡史』（中公新書、二〇二四年）ほか多数。

斎藤光（さいとう・ひかる）
京都精華大学マンガ学部教員。
京都大学、北海道大学大学院修士課程、東京大学大学院修士課程修了。専攻は科学史科学論、近代社会文化誌。著書『幻の「カフェー」時代――夜の京都のモダニズム』（淡交社、二〇二〇年）、『幻想の性 衰弱する身体』（洋泉社、二〇〇五年）、共著『ヌードの東アジア――風俗の近代史（日文研・共同研究報告書１６９）』（淡交社、二〇二三年）、『〈いのち〉はいかに語りうるか？（学術会議叢書24）』（日本学術協力財団、二〇一八年）など。

李京美（い・ぎょんみ）

韓京国立大学衣類産業学専攻、教授。

ソウル大学衣類学科修了、博士（服飾史）。国家遺産庁文化財専門委員（二〇二一～二〇二四年）。著書・訳書に『制服の誕生――大韓帝国西欧式文官大礼服の成立と変遷』（民俗苑、二〇一二年）、*Fashion, Identity, Power in Modern Asia*, Palgrave Macmillan, 2018（共著）、*Dress History of Korea: Critical Perspectives on Primary Sources*, Bloomsbury, 2023（共著）、『韓国服飾と韓服の歴史』（韓国放送通信大学出版文化院、二〇二三年、共著）。

崔銀水（ちぇ・うんす）

前・国立民俗博物館学芸研究官。ソウル市、京畿道、世宗市文化遺産委員、国家遺産庁文化遺産専門委員。

ソウル女子大学校博士学位修了（韓国服飾専攻）。代表的な著作として、「沈演墓 出土服飾」（『青松沈氏 司評公派出土服飾』京畿道博物館、二〇一二年、共著）、「豊漁儀禮服 万祝」（『生活文物研究』三五号、国立民俗博物館、二〇一九年、共著）、『官帽匠 ソウル市無形文化財五〇号』（ソウル特別市、二〇一九年、共著）、『朝鮮の服装』（民俗院、二〇一七年、共訳）、『朝鮮時代 百官の團領』（民俗院、二〇〇七年）。

劉玲芳（りゅう・れいほう）

東京大学東洋文化研究所・日本学術振興会特別研究員（ＰＤ）。

大阪大学言語文化研究科にて博士号を取得。日本学術振興会特別研究員（ＤＣ）、大阪大学日本語日本文化教育センター特任助教を経て、現職。著書に『近代日本と中国の装いの交流史』（大阪大学出版会、二〇二〇年、単著）、『異服新穿――近代中日服飾交流史』（中国社会科学文献出版、二〇二三年、単訳著）がある。主な論文に、「近代中国女性の婚礼衣裳における洋風化――ベールの受容を中心に」（『ヌードの東アジア――風俗の近代史』淡交社、二〇二三年、共著）など。

卞向阳（べん・こうよう）

博士、東華大学教授、上海紡績服飾博物館館長。

主にファッション史やファッション理論を研究。これまでに著書一九冊、論文一七〇編を発表。著書『中国近代海派服装史』（東華大学出版社、二〇一四年）は、教育部が授与する第八回高等学校科学研究成果賞（人文社会科学）の二等賞を受賞。国家社会科学研究基金の芸術種類の重点プロジェクトなど七〇余りの科学研究プロジェクトを主催。

劉瑜（りゅう・ゆ）

東華大学ファッション・アートデザイン学部教授。

二〇〇二年、香港理工大学修士学位修了。二〇〇五年、東華大学博士学位修了（服装デザインとエンジニアリング専攻）。現在は主に服飾デザイン理論や文化的研究に従事。主な著書、論文に『中国旗袍文化史』（上海人民美術出版社、二〇一一年）、『旗袍模様』（上海文化出版社、二〇一六年）、「服飾から見たシルクロードの文化交流に関する研究」（『蘭州大学学報（社会科学版）』第二期、二〇一八年）など。

多麗梅（た・れいばい）

故宮博物院研究館員。博士。

故宮博物院と北京師範大学のポスドクを経て、故宮太和学者。現在は故宮学研究院明清史研究所所長、中国中ロ関係史研究会副事務局長、カナダのロイヤル・オンタリオ博物館にて上級訪問学者。中外文明交流史と北方民族史の専門で、学術論文は三〇本以上、著書に『中華の玉文化』（中華書局、二〇一二年、共著）、『ツングース語研究について』（社会科学出版社、二〇一六年、共著）、『清代における中ロ宮廷物質文化の交流研究』（文物出版社、二〇二二年）。

佐藤＝ロスベアグ・ナナ（さとう＝ろすべあぐ・なな）

ロンドン大学アジア・アフリカ研究学院 SOAS, University of London 教授、同学院翻訳研究所所長 Chair of the SOAS

Centre for Translation Studies.
二〇〇七年、立命館大学大学院先端総合学術研究科博士課程修了（学術博士）。Research and Innovation UK and the Arts and Humanities Research Council から研究助成を得て、ロンドンの BAME コミュニティにおける Covid-19 と文化翻訳の問題を一三名の研究者とともに調査（AH/V013769/1）。

臺丸謙（だいまる・けん）

パリ・シテ大学社会人間学部東アジア言語文明学科准教授、フランス東アジア文明研究センター研究員。

博士（歴史学）（パリ・ナンテール大学、ロンドン大学バークベック校）。エクス・マルセイユ大学東アジア言語文明学科助教授を経て現職。専門は、日本医学・医療史、戦争と科学者、近代東アジア身体文化交渉史。

郭連友（かく・れんゆう）

北京外国語大学北京日本学研究センター教授、『日本学研究』（CSSCI学術集刊）編集長。北京日本学研究センター元センター長、中華日本哲学会元会長、国際儒学連合会理事。

著書『吉田松陰と近代中国』（中国社会科学出版社、二〇〇七年）、編著『近世中日思想交流論集』（世界知識出版社、二〇〇三年）、『日本文化芸術叢書』（外語教学與研究出版社、二〇一〇年）、『東アジア、東南アジアにおける孟子思想の伝播と影響』（学苑出版社、二〇〇三年）ほか、学術論文多数。

〈編著者〉

劉建輝（りゅう・けんき）
国際日本文化研究センター教授、総合研究大学院大学教授。

西村真彦（にしむら・まさひこ）
国際日本文化研究センター機関研究員。

森岡優紀（もりおか・ゆき）
国際日本文化研究センター機関研究員。

ファッションと東アジアの近代

二〇二五年三月三〇日　初版第一刷発行

編　者　劉建輝・西村真彦・森岡優紀

発行者　西村明高

発行所　株式会社　法藏館
京都市下京区正面通烏丸東入
郵便番号　六〇〇-八一五三
電話　〇七五-三四三-〇〇三〇（編集）
〇七五-三四三-五六五六（営業）

編集・造本　金木犀舎
印刷・製本　亜細亜印刷株式会社

ISBN978-4-8318-5656-2 C1030